KB144319

『삼국지 기행』 주요 지명

《삼국정립도》

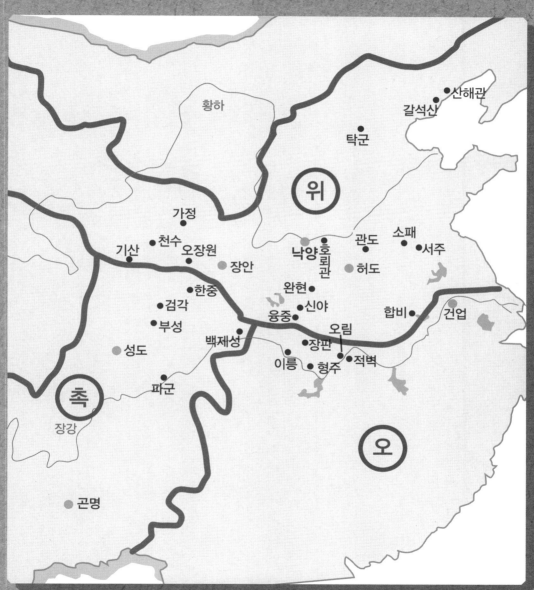

삼국지 기행

2

길 위에서 읽는 삼국지

삼국지기행

2

허우범 지음

BM 책문

독자들과 약속한 삼국지 현장 보고

『삼국지 기행』이 출간된 지 어언 10년이 지났다. 당시 출판사의 제의가 왔을 때 바쁜 일상으로 용기가 나지 않았다. 네 번이나 찾아온 주간이 삼고초려를 빗대어 권유할 때는 나의 마음도 움직였다. 삼국지를 좋아하는 독자라면 누구나 느끼고 있을 현장에의 갈증을 조금이나마 달래줄 수 있을 것이라 여겼다. 그렇게 해서 『삼국지 기행』이 독자들과 만났다.

책은 나오자마자 독자들로부터 열렬한 사랑을 받았다. 실로 삼국지의 독서층이 탄탄함을 실감하였다. 나는 독자들의 사랑 덕분에 바쁜 나날을 보냈다. 그 과정에서 남녀노소의 독자들과 만날 기회도 생겼다. 독자들과의 대화는 책에서 다루지 않은 여러 에피소드와 독자들의 궁금증을 푸는 시간이었다. 아울러 독자들의 좋은 의견도 듣게 되었는데 중국의 삼국지 현장에 대한 관심과 여행에 집중되었다. 이와 함께 삼국지와 관련된 많은 도서들이 발간되었음에도 불구하고 소설 삼국지의 핵심을 제대로 음미하면서 읽고 싶다는 의견도 많았다. 이러한 의견은 대부분의 서적이 경영학, 처세술, 인물론 등 비즈니스와 자기개발에 집중되어 있기 때문이다.

『삼국지 기행』을 내며 미진하지만 나름대로 그 역할이 끝났다고 생각하였다. 그런데 독자들과의 대화가 반복될수록 나에게는 생각지 못했던 일종의 책무감이 느껴졌다. 그것은 나의 책을 사랑하고 응원해 주는 독자들이 목말라하는 부분을 채워 주고픈 것이었다. 그리하여 3년의 과정을 거쳐 먼저 『술술 삼국지』가 완성되었다. 『삼국지 기행』은 비용과 시간이 걸리는 문제다. 이에 10년 동안 같은 주제의 책이 발간되지 않는다면 증보판을 내겠다고 약속하였다. 삼국지 마니아가 많은 까닭에 누군가가 준비하고 있을 것이라는 판단에서다. 초판이 나온 지 8년이 지날 때, 저자는 독자와의 약속이 떠올랐고, 출판사도 증보판의 필요성을 느꼈다.

책을 낸 이후에 답사한 내용들을 정리하고, 추가로 현장 확인이 필요한 부분들을 점검하여 다시 중국을 찾았다. 삼국지의 무대가 된 현장은 10년 안팎 사이에 그야말로 천지개벽을 맞고 있었다. 악인의 대명사로 미움 받은 조조가 그와 관련된 유적지마다 영웅으로 부활하였고, 세계 2위의 경제대국으로 부상한 국력을 바탕으로 폐허나 다름없던 주요 유적지들이 대대적으로 복원된 것이다. 조조의 고향에서조차 유비와 제갈량만을 이야기하며 조조는 아예 말도 꺼내지 않던 때가 엊그제 같은데, 이제는 '영웅 조조'를 자랑스럽게 여기며 관광객을 맞이한다. 관우 숭배사상의 산물인, 하늘을 찌를 듯 거대한 동상은 불법과 부패로 철거되는 수모를 겪었으며, 장강의 삼협댐이 완성됨에 따라 장비묘는 옮겨지고 백제성은 섬이 되어 버렸다. 이처럼 지난 10년간 중국 전역에 산재한 삼국지 관련 유적은 동시다발적으로 새롭게 복원되었는데, 대부분이 역사적인 사실에 근접하기보다는 관광객 유치를 위한 방편에만 치중된 것이다. 문화재에 대한 중국인들의 인식이 상당한 수준으로 변모하였음에도 유적의 복원 수준은 그에 미치지 못함을 알 수 있었다.

증보판 원고를 마무리하며 한두 곳 현장답사를 계획하였을 때 코로나바이러스19 사태가 발발하였다. 팬데믹으로 인한 기다림이 어느덧 3년에 이르자, 더 이상 독자와의 약속을 미룰 수 없었다. 이에 본디 계획에는 미치지 못하지만 그간의 자료들을 정리한 증보판을 내놓는다. 삼국지 기행을 시작한지 20년만이자, 초판이 나온 지 13년만이다.

초판에서 다루지 못한 부분과 현장에 대한 이야기들을 추가한 이번 증보판에서 무엇보다 중점을 둔 부분은 지난 20년간 삼국지 유적지의 변천사이다. 이를 위해 현재의 변화된 유적지 사진을 초판 사진들과 함께 보여줌으로써, 독자들이 변천 과정을 오롯이 살펴볼 수 있도록 도왔다. 아울러 '길 위에서 읽는 삼국지'에 맞게 관련 이미지들을 보기 좋게 편집하여 사진을 보는 것만으로도 어느 정도 내용을 이해할 수 있도록 독서의 시각화를 꾀하였다.

이번 증보판이 나오기까지 많은 분의 도움이 있었다. 10여 년을 함께 여행하며 언제나 길벗이 되어 주는 남창섭 후배, 중국 현장 답사 때마다 만사를 제쳐두고 달려와 삼국지 이야기로 밤을 밝히는 손문걸 사장, 허름한 유적지를 찾아온 저자를 의아하고 반갑게 맞이하며 성심껏 안내해 준 사람들. 이들이 함께했기에 가능한 일이었다. 독자들의 지속적인 관심과 응원 역시 무엇보다 큰 힘이 되었다. 이 자리를 빌려 모두에게 감사의 인사를 전하고 싶다.

끝으로 졸고의 출간을 위해 물심양면으로 지원을 아끼지 않은 최옥현 전무이사, 성근 원고를 언제나 알차게 메워 주는 오영미 부장, 사진과 지도가 많아 까다로운 작업임에도 멋지게 편집해 준 강희연 디자이너에게도 감사의 마음을 전한다.

계묘년 입춘

곡굉재(曲肱齋)에서, 저자

길 위에서 읽는 삼국지

어린 시절, 영웅호걸들의 장쾌함에 마음을 빼앗긴 나는 밤을 지새우며 『삼국지연의』를 읽었다. 대학에 진학해 문학에 뜻을 두면서 그 책을 다시 한 번 더 숙독했다. 그러면서 찾아온 열망 하나. 그것은 천하쟁패를 꿈꾸던 영웅호걸들의 일대기를 그린 『삼국지연의』의 현장을 두루 살펴보는 것이었다. 그러던 2002년 여름, 장강 탐사를 시작으로 20년 전의 소망을 이루는 여행을 마침내 시작하게 되었다.

1,800년간이나 이어져 온 역사가 말해 주듯이 『삼국지』와 『삼국지연의』는 불멸의 고전이자 위대한 문화유산이다. 그 속에는 인간사의 흥망성쇠가 웅대한 서사시로 펼쳐져 있고, 오늘날까지 각 분야에서 위력을 발휘하기 때문이다.

『삼국지』를 세 번 읽지 않은 사람과는 이야기하지 말라."라는 말이 있을 정도로 우리나라에서도『삼국지』의 인기는 무척이나 높다. 이때『삼국지』란 일반적으로 진수의『삼국지』가 아니라 나관중의『삼국지연의』를 말한다.『삼국지연의』는 우리에게 그만큼 친숙하다. 하지만 그 친숙함은 자칫 우리의 정신과 삶의 자세를 편향과 오류에 빠뜨릴 수도 있다. 왜 그럴까?

　『삼국지』는 역사적 사실을 기록한 사서지만,『삼국지연의』는 소설이라는 이름으로 역사적 사실과 무관한 이야기를 섞어 내었다. 실제 사실의 순서를 바꾸는 것은 아주 쉽다. 전혀 상관없는 인물과 사건을 일치시킨다거나 사건의 일부를 다른 사건으로 꾸미는 것도 수준급이다. 동시대에 일어나지 않은 일들을 끼워 맞추거나 필요하면 사실이 아닌 이야기도 아주 감동적인 사실처럼 만들어낸다. 그러니 있었던 사실을 과장, 확대 또는 재창조하는 것은 지극히 쉬운 작업이었다. 여기에는 위정자들도 한몫했다. 그들은 시대마다 자신들에게 필요한 이데올로기를 창출하기 위해 날조도 서슴지 않았기 때문이다. 그리고 시간이 지남에 따라 민중들은 그런 내용을 역사적 사실인 것처럼 인식하게 되었다.

　『삼국지연의』가 이처럼 역사적 사실보다 주관적 사실을 중시하는 이유는 무엇일까? 여기서 주관적 사실이란 '중화주의에 이로운 창조 작업'을 의미한다.『삼국지연의』는 인간 군상의 백화난만(百花爛漫)한 삶을 그려내어 후세가 본받을 만한 삶의 경전이 되었다고 하지만, 이것은 겉모습일 뿐이다. 그 내면에는 중화주의로 표방되는 이민족 역사에 대한 자의적 예단과 폄훼, 그리고 중화민족의 우월성을 드러내는 데 필요한 '중화공정'이 깊숙이 스며들어 있다.

우리가 소설일 뿐이라고 대수롭지 않게 여기면서 삶의 지침으로 편하게 대하고 있는 순간에도 『삼국지연의』의 내면은 쉬지 않고 우리의 마음을 움직이며 파고들고 있는 것이다. 즉 중국인들의 입장에서 『삼국지연의』는 21세기에 '중화제국'을 구현함으로써 과거의 영화를 되찾는 데 꼭 필요한 문화 콘텐츠다. 그러므로 "아는 만큼 보인다."는 평범한 진리를 되새기며 『삼국지연의』도 제대로 읽고 제대로 살펴볼 때가 된 것이다.

나는 이런 점을 염두에 두고 정사 『삼국지』와 팩션(faction) 『삼국지연의』를 꼼꼼히 비교하면서, 영웅들이 누볐던 현장이 오늘날 우리에게 어떤 의미로 다가오는지 반추해 보았다. 이 작업은 상당히 오래 걸렸지만 그것이 밑거름이 되어 고전을 통해 오늘을 조명하는 글쓰기를 부족하나마 이루어 낼 수 있었다. 이런 노력은 지역의 대표 언론지인 《인천일보》에 2007년 벽두부터 13개월간 연재되어 많은 호응을 받았다. 이에 힘입어 당시 연재하였던 내용을 전면 개고하여 조심스레 책으로 내놓는다. 『삼국지연의』의 현장을 둘러본 지 실로 만 7년만이다. 한중일 3국 가운데 가장 『삼국지연의』를 좋아하는 우리나라에서 그동안 온전한 답사기가 없는 것이 늘 안타까웠다. 이제 나의 졸고가 그 첫걸음이 되어서 앞으로 더욱 완벽한 답사기가 나오기를 기대해 본다.

이 책이 나오기까지 많은 분들의 도움이 있었다. 함께 여행도 하며 학문적인 자문을 해준 윤용구 박사, 사업으로 바쁜 와중에도 답사를 위해 모국인 중국을 찾은 나를 물심양면으로 지원해 준 방경호, 책의 제목을 멋지게 써

준 창송(蒼松) 윤인구 등은 모두 잊지 못할 지기(知己)다. 멋진 초상을 그려준 윤필중 선생님, 나보다 더 『삼국지』 여행을 좋아하며 열성적으로 안내해 준 최명성 군, 이 밖에도 찾아가는 도시마다 성심껏 안내해 준 수많은 사람들을 잊을 수 없다. 또한 이 책을 추천해 주신 두 분 선생님께는 감사한 마음뿐이다. 게으른 제자를 항상 넉넉한 웃음으로 지켜봐 주시는 최원식 선생님과, 바쁘신 가운데에도 짧지 않은 원고를 보시고 추천해 주신 정재서 선생님께 머리 숙여 인사드린다. 그리고 어렵고 힘든 여행을 잘 참아 내며 함께했던 아내와 두 아이들에게도 이 자리를 빌려 고맙다는 말을 전하고 싶다.

끝으로 나의 원고를 책으로 출간하는 데 처음부터 끝까지 헌신적인 노력을 기울인 이호준 주간과, 사진과 지도 등 까다로운 작업을 멋지게 마무리해 준 디자이너께도 감사의 마음을 전한다.

2009. 10.
만월헌에서, 허우범

목차

제4부
천하는 누구의 것인가

제3부

용쟁호투의
역사와 전설

25. 천하의 동작대여! 영원하라

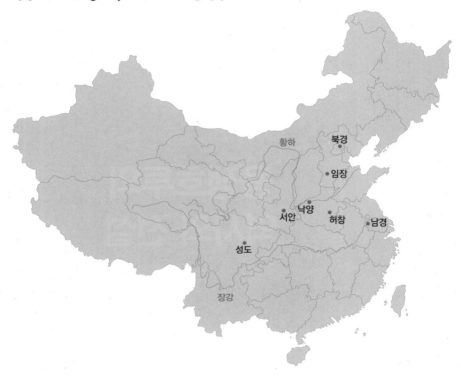

관도 대전에서 승리한 조조는 원소의 세력을 일망타진하기 위하여 북진을 계속하였다. 원소는 연전연패에 복받쳐 피를 토하며 죽었다. 원소는 죽기 전, 장남인 원담을 두고 막내인 원상을 후계자로 지목하였다. 이로 인해 형제간 골육상쟁이 벌어지고 이는 결국 조조를 도와주는 꼴이 되었다. 조조의 참모인 순유(荀攸)가 간파했듯이 원씨 일가가 서로 화합하여 힘을 기른다면 천하의 대세는 아직 확실하지 않았다. 그러나 결국 자중지란(自中之亂)으로 네 개 주에 걸쳐 거대한 지역을 다스리던 원소 집안은 멸망하고 말았으니 적은 항상 내부로부터 시작되는 것이다.

황하 유역의 4개 주를 차지한 조조는 원소의 잔존 세력을 제거하고 원소의 근거지인 업성(業城)을 점령하였다. 그리고 천하통일을 목표로 이곳을 북쪽의 도읍으로 삼았다. 조조는 전쟁으로 폐허가 된 이곳에 엄청난 경제력을 동원하여 성을 쌓았다. 동작대(銅雀臺)와 금호대(金虎臺) 그리고 빙정대(冰井臺) 3대(三臺)를 짓고, 세 누각을 아치형 다리로 연결하는 그야말로 화려한 궁전을 만들었다. 조조는 이곳을 정치, 군사 및 문학 활동의 발판으로 삼았다. 뛰어난 시인인 조조가 그의 아들인 조비, 조식과 함께 '건안 문학(建安文學)'을 태동시킨 곳도 바로 이곳이다.

서기 210년 겨울. 조조가 심혈을 기울인 동작대가 완공되었다. 조조는 문신과 무신을 불러 경축연을 벌였다. 중앙의 동작대를 중심으로 빙정대와 금호대가 좌우로 연결되어 있는데, 황금빛과 푸른빛으로 치장한 천 개의 문과 만 개의 창문이 그야말로 휘황찬란하고 웅장한 자태를 뽐냈을 것이리라.

조조는 기뻤다. 무장들이 활쏘기 시합으로 한껏 분위기를 고조시킨 후, 주연이 벌어지며 문신들의 시 짓기가 시작되었다. 왕랑(王朗), 종요(種繇), 왕찬(王粲), 진림(陳琳) 등이 조조의 공덕을 칭송하는 시를 지어 바쳤다. 조조의 셋째 아들이자 시인으로 명성이 높은 조식이 「동작대부(銅雀臺賦)」를 지었다.

영명하신 부왕 쫓아 즐겨 보세나	從明后以嬉遊兮
누대 정상에 오르니 이 또한 즐겁구나	登層臺以娛情
장대하고 확 트인 대궐을 보라	見太府之廣開兮
부왕의 성덕이 배어 있음이로다	觀聖德之所營
저기 문루가 우뚝 섰구나	建高門之嵯峨兮
두둥실 쌍궐이 하늘에 걸렸도다	浮雙闕乎太淸

하늘을 찌르는 영봉관도 서 있도다　　　　　立中天之華觀兮

구름다리 서쪽까지 이어졌구나　　　　　　連飛閣乎西城

장하의 끝없는 물줄기를 내려다보라　　　　臨漳水之長流兮

풍성한 꽃과 과일 만발하지 않겠는가　　　　望園果之滋榮

좌우 비껴 선 한 쌍 누대를 보라　　　　　立雙臺於左右兮

옥룡대와 금봉대로다　　　　　　　　　　有玉龍與金鳳

대교와 소교를 동남에서 데려오자　　　　攬二橋於東南兮

영원히 함께 즐기리로다　　　　　　　　樂朝夕之與共

넓고 화려한 도읍 굽어 보세나　　　　　俯皇都之宏麗兮

노을과 구름이 서기(瑞氣)로 꿈틀거리는구나　瞰雲霞之浮動

천하 인재 모였으니 기뻐하세나　　　　欣群才之來萃兮

주 문왕 길몽 꾸고 얻은 영재들이로다　　協飛熊之吉夢

화사한 봄바람 향기 그윽하구나　　　　仰春風之和穆兮

온갖 새 노래 소리 함께 들려오도다　　　聽百鳥之悲鳴

하늘이 내린 왕업 저 높이 섰도다　　　　天運垣其旣立兮

부왕의 숙원이 이루어지셨음이라　　　　家愿得乎雙逞

천하에 어진 교화 펼치셨구나　　　　　揚仁化於宇宙兮

만백성이 엄숙히 공경하는도다　　　　盡肅恭於上京

제 환공과 진 문공의 융성함이여　　　惟桓文之爲盛兮

어찌 부왕의 성덕에 비교하리요　　　豈足方乎聖明

훌륭하고 아름답도다 休矣 美矣

그 은혜 멀리까지 미치는도다 惠澤遠揚

우리 황실을 보좌하세나 翼佐我皇家兮

이는 천하를 편안히 함이로다 寧彼四方

하늘을 움직이는 공덕이시여 同天地之規量兮

일월도 밝게 빛나리로다 齊日月之輝光

그 존귀함 영원히 끝이 없으리로다 永貴尊而無極兮

천황 대제의 수명과 같으시리라 等君壽於東皇

용 깃발 어가 타고 노닐어 보세 御龍旗以遨游兮

봉황 수레 위에서 천하를 살피시도다 回鸞駕而周章

은혜가 천지사방에 널려 있도다 恩化及乎四海兮

태평세월을 기뻐하자꾸나 嘉物阜而民康

이 동작대 영원히 남아 있을 것이로세 願斯臺之永固兮

즐거움도 영구히 끝나지 않으리다 樂終古而未央

    조식이 지은 것은 「등대부(登臺賦)」였다. 후세 사람들이 조식의 글에 기초하여 「동작대부」를 만든 것이다. 그러하니 원래의 작품에는 없는 글들이 추가되었다. 두 번째와 마지막 연이 그것이다. 조식이 「등대부」를 지은 것은 212년인데, 나관중은 208년에 적벽 대전을 앞두고 제갈량이 주유의 마음을 움직이게 하는 장치로써 활용한다. 5년이나 앞당겨 놓은 것이다. 우리는 흔히 『삼국지연의』의 내용에 대해 '칠실삼허(七實三虛)'라고 한다. 그러나 정녕 그러한가. 시간적 구성, 사건별 진행 경과, 역사적 전후 맥락을 따져보면 아마도 '삼실칠허(三實

七虛)'에도 미치지 못할 것이다.

『삼국지연의』가 갖는 장점은 무엇인가. 역사적 사실을 반영하였으니 역사라고 이해시킬 수 있고, '역사적 허구다'라고 말하면 연의임을 내세워 문학 작품임을 강조한다. 대다수의 독자들은 칠실삼허도 어느 것이 사실이고, 어느 것이 허구인지 알려고 신경 쓰지 않는다. 소설적 재미에 빠져 있기 때문이다. 위정자들은 필요하면 언제든지 이를 활용하였다. 그렇게 1,800년이 흘렀고, 그러는 사이 중국인은 물론 우리도 역사로 이해하려고 한다. 어린이와 청소년은 더욱 그렇다.

우리는 우리 자신의 시대에 벌어지는 일에만 신경을 쓴다. 내가 있을 때 이룩해야 하고 내가 있을 때 끝장을 봐야만 한다. 다음 세대는 중요하지 않다. 그러다 보니 급하고, 해야 할 일만 많다. 하지만 정작 비중 있고 꼭 해야 하는 것은 몇 가지나 해결하는가. 야단법석과 부화뇌동, 우왕좌왕과 조변석개로 끝난다. 더 급한 일이 생겼기 때문이다. 『삼국지연의』는 중화 제국주의를 이룩하려는 중화 문화의 숨은 칼날이다. 역사와 소설, 사실과 허구로 무장된 카멜레온이 글로벌 시대 전 지구촌을 통째로 중화주의화하기 위한 콘텐츠인 것이다. 이에 비하면 고구려 역사를 왜곡하는 동북공정은 '빨리빨리'를 강조하는 급한 민족을 상대로 하는 국지적 전략일 뿐이다. 단지 이야기책이라고 치부하며 등한시하기에는 너무나 깊게 우리 곁에 와 있다. 역사가 시기마다 그러했던 것처럼, 이제 『삼국지연의』도 제대로 읽고 제대로 살펴보고 제대로 알려줄 때인 것이다. '아는 만큼 보인다'는 평범한 진리를 되새겨야 할 때인 것이다.

오래전부터 가고 싶었던 업성을 찾아 나섰다. 업성은 하북성 임장(臨漳) 현에서 남서쪽으로 20km 지점에 있다. 하북성 남서쪽의 구석, 하남성과의 경계 가까이에 위치한 업성은 '육조고도(六朝古都)'라는 말과는 달리 찾아가는 길

▮ 업성 부근에 있는 장하와 장하대교

또한 만만치 않았다. 춘추 시대 제 환공이 도읍을 정한 후, 조조가 원소를 격파하고 북방 진출을 도모한 곳, 5호16국 시기의 후조(後趙), 염위(冉魏), 전연(前燕), 북조 시대의 동위(東魏), 북제(北齊)의 수도였던 곳, '낙양의 지가(紙價)를 올렸다'는 좌사(左思)의 '삼도부(三都賦)' 중 하나인 「위도부(魏都賦)」가 탄생된 업성을 찾아가는 길은 2월임에도 황사 같은 뿌연 안개가 시야를 가로막는다.

　　은허(殷墟) 유적지로 유명한 안양(安陽)을 출발한 지 약 한 시간. 업성의 옆을 흐른다는 장하대교를 건넜다. 조조가 소중하게 생각한 업도(鄴都)는 산천이 험하여 방어하기에 유리하고, 물산이 풍부하고 수륙 교통의 중심지여서 각지로부터 운반이 수월한 장점이 있었다. 그야말로 제왕의 도읍으로 안성맞춤인 곳이었다.

업성은 장하(漳河)의 남쪽 연안에 위치하며 동서 7리, 남북 5리로 사각형을 이루고 외성에 일곱 개의 문, 내성에 네 개의 문이 있었다고 전한다. 조조가 궁전과 함께 신경 쓴 것은 성의 서북쪽에 위치한 삼대(三臺)의 건설이었다. 높이가 10장(丈)인 동작대를 중심으로 북의 빙정대와 남의 금호대에 각각 8장의 높이와 140여 칸의 집을 지었다. '삼대가 우뚝 솟아 그 높이가 산과 같다'는 말처럼 그야말로 난공불락의 인공 요새가 건설된 것이다.

당시 업성은 진시황의 아방궁에 비견될 정도로 화려하였다고 한다. 특히 업성 밖에도 각종 화원과 과수원, 훈련소와 낚시터 등을 만들어 매우 아름다웠다고 한다. 조조는 전쟁만 일삼는 것이 아니라 예술가로서의 풍치도 누릴 줄 알았던 것이다. 하지만 이는 동작대에 올라 주인 노릇을 하는 조조와 그의 측근들만의 취미생활이었다. 남조(南朝) 시기의 시인 하손(何遜)은 죽은 조조의 노리개가 되어야 했던 기녀들의 이야기를 시로 읊었다.

가을바람에 나뭇잎 지는데	秋風木葉落
소슬한 가락이 청량하게 들린다	蕭瑟管絃清
능묘를 바라보며 단가행을 노래하고	望陵歌對酒
텅 빈 성안 휘장 보며 쓸쓸히 춤춘다	向帳舞空城
적막함에 회랑은 넓게만 느껴지고	寂寂簷宇曠
장막은 펄펄 바람에 나부긴다	飄飄惟慢輕
곡이 끝나 서로를 돌아보며 일어날 때면	曲終相顧起
날 저물고 송백 소리만 들려오누나	日暮松柏聲

심혈을 기울여서 만든 동작대를 아꼈던 조조는 다음과 같이 유언하였다. "높은 지형을 이용하되 봉분은 쌓지 말고, 나무도 심지 마라. 금옥 같은 보물도 넣지 말고, 향료는 여러 부인에게 골고루 나눠 주라. 그리고 제사는 지내지 말라." 묘소는 이러하되, 자신을 기리는 행사는 매번 동작대에서 행하도록 하였다.

첩실과 기녀들은 모두 동작대에 살게 하라. 누대 위에 여섯 척 크기의 무대를 만들고, 가는 비단으로 만든 휘장을 둘러쳐 조석으로 술과 육포 등의 음식을 올리고, 매달 보름 무렵에는 휘장을 향해 노래와 춤을 추라. 너희들도 때때로 누대에 올라 서쪽에 있는 나의 묘를 참배하도록 하라.

하손의 시 「동작기(銅雀妓)」는 바로 이러한 조조의 유언에 따라 춤추던 여인들을 묘사한 것이다. 이후 '동작대의 기녀'는 각종 부(賦)의 소재로 널리 애창되었다. 하지만 이는 시종일관 『삼국지연의』를 관통하고 있는 '조조 악인론'을 완성시키기 위해 꾸며낸 이야기들이다. 문학이 이에 완벽하게 일조한 꼴이 되었다. 그것은 역사서인 진수의 『삼국지』 중에서 「무제기」에 나타난 조조의 유언을 함께 살펴보면 확연한 차이가 있음을 알 수 있기 때문이다. 아울러 영웅 조조의 진면목을 다시금 생각하게 한다.

천하가 평정되지 않았으니 고대의 예에 따라 장례를 지낼 수는 없다. 장례가 끝나는 대로 모두는 상복을 벗도록 하라. 병사를 통솔하며 진지에 머무르고 있는 자는 자리를 떠나는 것을 허락하지 않는다. 담당 관리는 각자 자신의 직무에 충실하라. 나의 시신은 평상복을 입히고, 금은 보물 따위는 넣지 마라.

┃ 예전의 삼대촌(왼쪽)과 관광지로 변모한 오늘의 삼대촌

10년 만에 다시 찾은 업성은 그야말로 신도시와 다름없었다. 업성이 있는 삼대촌(三臺村)에 들어서자 '조위고진(曹魏古鎭)'이라는 거대한 안내물이 제일 먼저 나를 맞이한다. 포장도로가 새롭게 건설되었고 길 옆으로는 기와집들

┃ 삼대촌 광장에 당당하게 자리 잡은 조조의 흉상

이 빼곡히 들어섰다. 예전에 이곳을 찾았을 때는 영락없이 한적한 시골 마을이었다. 조그마한 나무판자에 '삼대(三臺)'라고 쓴 것을 보고 제대로 찾아왔다는 안도감을 느꼈었다. 그러한 삼대촌이 이토록 변하였으니 "십 년이면 강산도 변한다."라는 속담 그대로다.

더욱 놀라운 일은 따로 있었다. 임장현 삼대촌민위원회 앞에는 돌로 만든 조조의 흉상이 우뚝하다. 삼국 유적지 어디에서도 보기 힘들었던 조조가 당당하게 자리를 차지하고 있는 것이다. 이는 동작대의 흔적이 남아 있는 업성도 마찬가지다. 처음 이곳에 왔을 때는 쓰레기 날리는 공터 언덕에 금호대와 동작대의 일부분만이 쓸쓸히 서 있었다. 폐허나 다름없는 업성의 문을 열고 들어가니 오래된 회화나무 한 그루와 시문을 새긴 비석만이 고적한 길손을 맞았었다. 그런데 이제는 업성을 하나의 훌륭한 관광지로 만들어 놓았다. 아울러 동작대의 주인이 조조라는 것을 자랑이라도 하듯 입구 중앙에 조조의 석상이 거대하다. '낮에는 장군들과 함께 적진을 깨뜨리고, 밤에는 문사들과 함께 화려한 대궐에서 시를 지었다'고 노래한 당나라 시인 장설(張說)의 시구가 다시금 떠오르니, 실로 상전벽해(桑田碧海)가 아닐 수 없다.

❚ 예전의 업성 유지(왼쪽)와 동작대 공원으로 변모한 현재의 모습

새롭게 단장한 업성 유지

동작대 건설과 조조를 찬양하는 업성 벽의 부조

여행지로 변신한 업성에는 입장권을 팔기 위해 웅장한 담장이 둘러쳐졌다. 붉은색 담장 사이에는 업성의 역사와 동작대 건설 모습을 부조(浮彫)로 새겨놓았다. 깨끗하게 단장된 공터에는 예전에 없었던 건물터를 발굴한 듯 넓게 자리를 잡았다. 평평하던 공터가 네모나게 불쑥 솟아났으니 이 또한 동작대의 흔적이런가? 목 잘린 불상들만 즐비하던 회랑은 조조의 기상을 보여주려는 듯, 이곳에서 발굴된 것인지는 알 수 없는 비석들로 채워져 있다. 마치 오래전부터 이곳에 있었던 것처럼.

▌금호대와 전군동

| 건안문학관(왼쪽)과 중국 후한 건안 때의 뛰어난 일곱 문인을 일컫는 건안 칠자(建安七子). 왼쪽 끝이 채염이다.

회랑을 돌아 들어가면 금봉대에 오르는 돌계단이 보인다. 계단 왼쪽에는 전군동(轉軍洞)이라는 자그마한 동굴이 있는데, 조조가 이곳으로 군사들을 이동시켰다고 한다.

금호대에 오르니 십 년 사이에 몇 채의 건물이 세워졌고 비각과 나무들이 건물과 함께 그럴듯하게 들어섰다. 중앙 건물에는 조조상을 중심으로 최측근인 문무참모들이 좌우로 도열해 있다. 오른편에는 시인 조조의 모습을 엿볼 수 있는 건물이 있는데, 입구의 '건안풍골(建安風骨)'이라고 쓴 편액은 조조가 창시한 건안문학의 특징을 요약한 것이다. 건물 안에는 건안칠자를 모신 소상들이 있는데 8번째로 여인의 소상이 있다. 이 여인상은 조조가 존경한 대학자 채옹의 외동딸인 채염(蔡琰)이다.

채염은 흉노의 포로가 끌려가서 좌현왕의 아내가 되어 두 아들을 낳았지만, 늘 고향을 그리워하였다. 그녀는 문학과 음악에 능통했는데, 조조가 북방

▌ 금호대 터를 지키고 있는 '삼대대혼수'

을 통일한 후 흉노왕에게 돈을 주고 채염을 데려왔다. 채염은 고향으로 돌아왔으나, 두 아들은 데려올 수 없었다. 자식과 이별해야 하는 어머니의 아픔은 그야말로 죽음과도 같은 것이리라. 그녀의 한 많은 삶과 애끓는 심정이 담겨 있는 「비분시(悲憤詩)」와 「호가십팔박(胡笳十八拍)」이 오늘날까지 전해져 온다.

넓지 않은 금호대 정상에서 옛 모습 그대로인 것은 오직 한 그루의 나무뿐이다. 그런데 이 나무에도 '삼대대혼수(三代大魂樹)'라는 그럴듯한 이름이 생겼다. 조조를 싫어할 때에는 유적조차도 버려졌던 것이, 그가 새로 부상하니 유적지에 있는 나무에게까지도 의미를 부여하고 있는 것이다. 그러니 이쯤 되면 중국인들의 작명법은 가히 역사를 만들고도 남으리라.

업성 터는 관광지로 변하였지만, 그 밖의 풍경은 변한 것 없는 너른 들판이다. 다만 겨울철이어서인지 온통 비닐하우스 천지다. 그 옛날 영화롭던 삼대는 무너져 흔적 없고, 그 자리에는 봄을 준비하는 농부들의 일손만이 분주하다.

유비의 성도와 손권의 남경도 건재한데, 조조의 업성은 어째서 이토록 철저히 부서졌는가. 조조가 업성을 건설한 이후 580년 수나라 양견이 도시를 불태워 폐허로 만들기까지, 모두 6대의 조정이 370여 년 동안 업성을 도읍으로 삼았다. 양견이 업성을 불태운 것은 그의 왕위 찬탈을 반대하여 군사를 일으킨 상주총관(相州總管) 울지형(蔚遲逈)이 업성을 근거지로 삼았기 때문이다. 양견은 화근 덩어리인 이곳을 불태우고, 주민들을 모조리 안양(安陽)으로 이주시켰다. 이때부터 업성은 황성 옛터가 되어 버린 것이다.

▎박물관에 복원 전시된 삼국 시대 업성 모형도

양견에 의해 폐허가 된 업성은 그나마 남아 있던 성벽과 궁전 터도 장하의 범람과 물길의 변화에 다시 한 번 수난을 겪어 떠내려가고 파묻혀 버렸다. 오직 지금의 금호대 전각터와 동작대의 잔해 일부분만이 남아 쓸쓸한 역사의 뒤안길을 반추하고 있을 뿐이다.

말에서 내려 업성에 올라가니	下馬登鄴城
성은 황폐하여 보이는 것 하나 없다	城空復何見
동풍이 들녘의 불길을 날리고	東風吹野火
비운전으로는 날이 저문다	暮入飛雲殿
성 남쪽 모퉁이에 동작대 남아 있고	城隅南對望陵臺
장수는 동쪽으로 흘러 돌아오지 않는구나	漳水東流不復回
조조 궁중의 사람들은 다 떠나갔는데	武帝宮中人盡去
해마다 봄빛은 누구를 위하여 다시 푸른 것인가	年年春色爲誰來

당나라 시인 잠삼(岑參)이 폐허가 된 업성을 돌아보면서 읊었던 감회는 십 년 전 업성을 그리며 찾아간 길손의 감회이기도 하였다. 유비는 당당하게 황제의 자리에 올랐는데도 한나라를 찬탈하지 않은 자가 되었고, 그와 관련된 장소의 유적은 작은 것이라도 잘 보관되어 있다. 그러나 역사의 승리자인 조조는 죽을 때까지 황제라 칭하지 않았건만, 한나라를 찬탈한 간악한 도적이라는 '역사적 사실'로 매장되었고, 더 나아가 '간신'과 '악인'이라는 미명 아래 역사의 간극으로 사라졌다. 이 시는 그런 조조에 대한 애가(哀歌)이기도 하였다. 그런데 이제는 중국에서도 조조가 눈부시게 복원되고 있음을 느낀다.

업성을 둘러보고 나오자 점심때가 되었다. '위왕면(魏王麵)'이라는 식당이 눈에 들어온다. 업성에 그럴듯한 이름이다. 메뉴판에는 낯익은 배우의 사진이 있다. 자세히 살펴보니 조조 역할을 맡았던 배우가 광고를 하고 있다. 음식을 주문한 후, 식당 주인에게 조조를 어떻게 생각하고 있는지 물었더니 주저 없이 좋다고 한다. 그 이유를 물었더니 아주 현실적인 대답이 돌아온 것이다. 중국의 사상과 철학을 뛰어 넘는 중국인들의 현실주의적 사고방식을 다시금 생생하게 느끼는 순간이었다.

인간은 망각(忘却)의 존재다. 망각(忘却)은 망각(妄覺)을 낳는다. 망각(妄覺)이 넘쳐나면 인간이 망한다. 그럼에도 인간은 오늘의 기쁨에만 몰두할 뿐, 어제의 역사도, 내일의 위험도 생각하지 않는다. 관광지 업성도 어제가 되고 역사가 되면, 또 어떤 망각들이 빈 공터를 맴돌게 될 것인가.

'동한 말의 실록', 조조와 건안 문학

조조는 전쟁터에서도 틈이 나면 시를 지었다. 전란의 비참함을 가식 없이 표현했으며, 인간적인 고뇌와 정감을 낭만적으로 표현하기도 하였다. 호쾌하고 진솔한 조조의 시는 당대 최고 수준이었다. 진수는 이런 조조를 가리켜 '안으로는 문학을 수양하고 밖으로는 무공을 완성했다'고 평했다. 문치무공(文治武功)한 조조의 업적을 잘 표현한 것이다.

조조의 뛰어난 문학적 재능은 맏아들 조비와 셋째 아들 조식에게도 이어졌다. 그리하여 '삼조(三曹)'라 불리며 당대 문학을 주도하였다. 조조는 업성의 동작대 안에 문창전(文昌展)을 짓고 문인 학자들과 교유하였는데, 특히 공융(孔融), 진림(陳琳), 왕찬(王粲), 서간(徐幹), 완우(阮瑀), 응창(應瑒), 유정(劉楨)이 유명하였다. 이들을 일컬어 헌제의 연호를 따서 '건안칠자(建安七子)'라 한다. 삼조와 더불어 건안칠자는 새로운 문학을 추구하였다. 민요라 할 수 있는 악부체의 현실주의를 계승하여 오언시(五言詩)로 완성하였고, 유가적(儒家的) 취향을 벗어나 웅장한 기개와 청신한 격조를 표현하였다. 시에 있어서의 이러한 풍격을 '건안풍골(建安風骨)'이라 하였고, 이러한 문학적 변화는 '건안문학'이라는 장르를 탄생시켜 이후의 문학에도 커다란 영향을 미쳤다. '건안풍골'이란 무엇을 말하는 것인가. 위진 남북조 시대의 문학 이론가인 유협(劉勰)은 그때까지의 문학 이론을 망라하여 저술한 『문심조룡(文心雕龍)』에서 이렇게 말한다.

건안 시기의 문학은 강개(慷慨)함을 아주 좋아하였다. 내란이 오래도록 계속되자 사람들은 뿔뿔이 헤어져 풍속이 쇠퇴하고 원한이 쌓였다. 모두의 마음속에 깊은 시름이 있어서 붓에 의지하여 풀었다.

즉, 건안풍골이라 함은 곧 '강개함'을 뜻하는 것이다. 그리고 이러한 강개한 풍골은 조조의 시풍이 단연코 우세하다. 이는 천하대란이 거듭되고 그에 따른 전란의 중심에 있어야 하는 조조였기에 가능할 수 있었다.

'군대를 통솔하길 30여 년, 손에서는 글을 떼지 않았고 높은 곳을 오르면 반드시 부(賦)를 짓고, 새로운 시가 완성되면 모두에게 어울리는 노래가 되었다'는 말처럼 조조는 전란의 와중에서도 시인으로서의 자세를 견지하였다. 그리하여 만가(輓歌)의 형식을 빌려 전란과 민생의 질고를 그린 「호리행(蒿里行)」, 군대 생활의 고통을 묘사한 「고한행(苦寒行)」, 천하통일의 웅대한 포부와 진취적 기상을 노래한 「단가행(短歌行)」 등 그의 시 24수가 전해 온다. 이처럼 그의 작품은 당시의 혼란한 정치 상황과 난세에서 생활하는 백성들의 고통을 구체적으로 형상화하여 '동한말의 실록'으로 일컬어진다. 「호리행」의 일부를 보자.

투구 갑옷 속에는 이가 끓고	鎧甲生蟣蝨
만백성은 죽어만 가네	萬姓以死亡
백골은 이슬에 젖어 들녘에 나뒹굴고	白骨露於野
천리 안엔 닭 울음도 들리지 않는구나	千里無鷄鳴
산 백성이란 백에 하나쯤인가	生民百遺一
생각하면 할수록 창자가 끊어지는구나	念之斷人腸

조조는 군사 전략, 정치, 문학 등 다방면에서 뛰어났다. 교양이라 할 수 있는 음악과 서예에도 출중하였다. 그야말로 문무를 겸비한 천재적인 재능의 소유자였다. 하지만 조조는 역사적 낙오자를 면치 못하고 있다. '간신'이라는 멍에는 그가 이룩해 놓은 많은 공적을 지우고 있다. 소동파는 조조와 제갈량을 비교하면서 병법, 영토, 전쟁은 조조가 월등하지만, 지극한 충신이었다는 점에서는 제갈량이 뛰어나다고 하였다. 이는 인물을 평가함에 있어서 재능과 공적을 평가하기보다는 덕망이 높은 사람을 선호하는 전통적인 방법에 근거하기 때문이다. 스스로 재능을 쌓되 덕망도 겸비하는 노력이 그 어느 때보다도 절실히 요구되는 시대이다.

26. 유비와 손잡고 조조를 친다

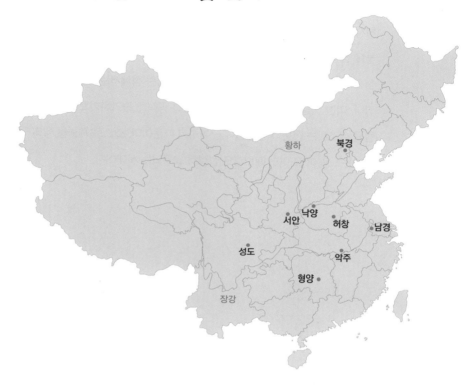

"하늘은 주유를 세상에 내시고 무엇 때문에 공명을 또다시 내셨단 말인가!"

적벽 대전 승리의 주역인 주유가 죽었다. 유비가 아우인 유장(劉璋)이 다스리는 서천을 빼앗을 수 없다며 버티자 주유는 자신이 대신 서천을 공략하겠다는 핑계로 형주를 지나며 유비를 공격하는 '가도멸괵지계(假途滅虢之計)'를 구사하려고 하였다. 그런데 유비의 공격을 받자 자신의 계략이 제갈량에게 간파당한 분함을 다스리지 못해 쓰러지고 말았다. 유비와 손권이 형주를 두고 치열한 손익 다툼을 벌이던 때라 손권으로서는 너무도 비통하였다.

적벽에 영웅적 업적 남기니	赤壁遺雄烈
청년시절부터 명성이 자자하였노라	靑年有駿聲
음악을 들으면 그 뜻을 알았고	絃歌知雅意
술잔 부딪치며 장간을 벗으로 대하였더라	盃酒謝良朋
일찍이 삼천 석의 군량을 구하였고	曾謁三千斛
언제나 십만 군사를 통솔하였지	常驅十萬兵
마지막 숨 거둔 파구에 서서	巴丘終命處
가신 님 추모하려니 마음이 아프구나	憑弔欲傷情

주유는 소패왕으로 불렸던 손책의 절친한 친구였으니 손권에게는 형님이나 마찬가지였다. 그런 주유가 뜻도 펴기 전인 36세로 요절한 것이다. 주유는 문무겸전(文武兼全)에 풍채도 우아한 청년 영웅이었다. 하지만 『삼국지연의』에서는 제갈량을 신격화하려는 의도 아래 주유를 생각이 협소하고 용렬한 장수로 폄하시켰다. 그렇다고 어디 사실이 변할쏜가. 후세의 시인이 지은 위의 시는 주유가 용맹함과 넓은 도량, 겸양함과 풍류를 아는 훌륭한 인재였음을 알려준다.

특히 주유는 술 취한 가운데서도 연주가 틀리면 이를 알아낼 정도로 음악에 조예가 깊었다고 한다. 그리하여 '곡조가 틀리면 주랑이 돌아본다(曲有誤周郎顧)'는 말이 유행할 정도였다. 주유가 노숙에게 군량미를 요청하자 노숙이 두말 않고 삼천 석의 군량미를 내준 것도 주유의 인물됨이 훌륭했기 때문이다. 훗날 황제의 자리에 오르는 손권은 "주유가 아니었으면 나는 황제의 자리에 오르지 못하였다."라고 회고하였다. 이런 주유가 나관중의 손끝에서 한낱 졸렬한 소인배로 전락하였으니 이쯤 되면 소설의 횡포도 대단한 것이다.

주유의 사망은 손권은 물론 조조에게도 불행이었다. 주유가 살았다면 형주를 둘러싼 유비와 손권의 분쟁이 격화되었을 것이고, 이를 이용한 조조의 권토중래(捲土重來)가 이루어질 수 있었기 때문이다. 그러하니 주유의 죽음이 유비에게는 아주 커다란 행운인 셈이다.

주유는 자신의 후임자로 노숙을 천거하였다. 노숙은 유비와 연합하여 조조에 대항하는 것이 살 길임을 믿는 자였으니 유비에게는 절호의 기회가 아닐 수 없다. 확실히 유비는 인복이 많은 자임에 틀림없는 것 같다. 자신의 수하는 물론 경쟁자 쪽에서도 도움을 받으니 말이다. 노숙은 손권을 설득시켜 유비에게 형주를 빌려 주고, 그와 협력하여 조조에 맞서기로 하였다. 이렇게 하여 형주를 놓고 연맹이 깨어지려던 위기는 일단 진정된다. 형주를 얻은 유비는 제갈량의 융중 대책에 맞추어 촉으로 진격할 준비를 하였다.

형주 남쪽을 차지한 유비는 형주를 장기적으로 소유할 방책을 강구한다. 유표의 부하였던 이적(李籍)은 형주의 유명 인사를 초빙해야 한다면서, 유비에게 마씨 오형제 중 '백미(白眉)'로 잘 알려진 마량(馬良)을 소개한다. 유비는 마량에게 의견을 물어 무릉, 장사, 계양, 영릉 등 네 군을 정벌하여 형주를 지배하는 기초를 다진다. 제갈량이 유비에게 제시한 융중 대책의 첫 단추가 완벽하게 채워진 것이다. 유비는 기뻤다. 지난 세월 쫓기며 살아온 설움을 마감하고 자립의 발판을 마련하였기 때문이다.

손권은 노숙의 제안을 받아들여 유비에게 형주를 내주었지만, 손권 역시 유비가 촉으로 들어갈 것을 대비하여 형주 가까운 곳인 무창(武昌)에 대본영을 세운다. 지난날 노숙이 제안한 바 있는 장강 중류의 패권 싸움에서 승리하여 형주를 탈환하기 위해서는 무창이 요지였기 때문이다. 손권은 이곳에 대규모

수군 훈련소를 세우고, 일천 명이 탈 수 있는 전함을 만들어 후일을 대비한다.

　　"이 사람은 천문지리에 해박하고 계략 또한 관중(管仲)과 악의(樂毅)에 못지않으며, 정무 처리 역시 손자(孫子), 오기(吳起)에 비할 만합니다. 지난날 주유도 이 사람의 의견을 많이 들었고, 공명 역시 그의 지혜에 깊이 탄복하고 있습니다. 지금 이곳에 와 있으니 긴히 쓰시기 바랍니다."

　　노숙은 손권에게 방통(龐統)을 추천한다. 그러나 손권은 방통의 생김새를 보고 쓰지 않았다. 예나 지금이나 첫인상이 중요한 것인가. 손권은 겉모습만 보고 사람을 판단할 수 없다는 것을 몰랐던 것일까. 높은 자리에 오르면 모두가 자신보다 하찮은 존재로 보이기 때문이리라. 손권에 실망한 방통은 유비에게로 갔다. 이때 유비에게 방통을 추천한 자가 있었으니 그가 곧 노숙이다. 노숙은 어찌하여 유비에게 방통을 추천했는가. 방통은 제갈량에 비견되는 책략가이다. 그런 인재를 놓치는 것이 아쉽기는 하지만, 그렇다고 적대국인 조조의 편에 빼앗길 수는 없는 노릇이다. 따라서 순치(脣齒)의 동맹 관계를 이루고 있는 유비에게 추천하여 든든한 동맹 관계를 유지하는 전략으로 활용한 것이다. 이를 보더라도 노숙이 얼마나 훌륭한 인물이었는지를 알 수 있다.

　　유비는 지난날 수경 선생에게 익히 들은 적이 있는 이름이라 반갑게 맞이하였으나, 그도 방통의 겉모습에 실망하여 변방인 뇌양(耒陽)현의 현령에 임명하고 만다. 공자는 『논어(論語)』「학이(學而)」편에서 '남이 나를 알아주지 않아도 성내지 아니하면 이 또한 군자'라고 하였다. 뛰어난 인재인 방통은 유비의 하대(下待)에 실망감도 있었지만, 자신의 재능을 보여줄 수 없음을 알고 조용히 뇌양현에 부임하였다. 그런데 업무는 돌보지 않고 술로만 날을 보낸다. 유비의 명령을 받은 장비가 이를 꾸짖자, 거나하게 취한 방통은 그가 보는 앞에서 아무렇지도 않은 모습으로 백 일 동안 쌓였던 공무를 처리하였다. 일 처리가 하도 능수능란하고 틀림이 없으니 어찌 놀라지 않을 수 있겠는가. 시간도 채 반나절이 안 걸렸다.

　장비는 깜짝 놀랐다. 이 말을 들은 유비는 그제야 진심으로 방통을 영접하였다. 그리고 제갈량과 같은 군사 중랑장에 임명하였다. 유비의 기쁨은 배가 되었다. 수경 선생이 천하통일에 필요한 인재로 추천하였던 와룡과 봉추, 그 두 사람이 지금 모두 자신의 참모로 있음에 감개무량하였다. 이제 계획대로 익주를 차지한 후, 천하를 통일하여 한나라를 부흥시키는 일은 시간문제였다. 인화(人和)가 천시(天時)나 지리(地理)보다 우선됨을 유비는 철저하게 믿고 있었던 것이다.

　호북성 무창(武昌)에서 30km 거리에 또 하나의 적벽이 있다. 황강시(黃岡市) 황주(黃州)에 위치한 산인데, 이곳은 소동파가 필화 사건으로 유배되어 5년간 생활하면서 「전후 적벽부(前後 赤壁賦)」와 「염노교 적벽회고(念奴嬌 赤壁懷古)」의 명작을 창작한 곳이다. 삼국 시대에 적벽 대전이 일어난 곳과 구분하기 위하

▌동파적벽 입구

▌동파 공원 안의 소식상과 서하루

여 전쟁이 벌어진 곳을 '무적벽(武赤壁)'이라 하고, 이곳을 '문적벽(文赤壁)' 또는 '동파적벽(東坡赤壁)'이라고 한다.

　　동파 공원에 들어서니 단정한 모습으로 서 있는 소동파의 석상이 제일 먼저 눈에 들어온다. 그 뒤로 북송 초에 지어져 송나라 때 황주의 4대 명루의 하나가 된 서하루(棲霞樓)가 우뚝하다. 동파 소식(蘇軾)이 적적한 심사를 달래고자 즐겨 찾았던 곳이다. 그 왼쪽으로 적벽이 있는데, 동파가 배를 띄워 시를 지은 곳이다. 하지만 지금은 강물이 흐르지 않는다. 장강이 범람하여 물길을 바꾸었기 때문이다. 현재는 호수로 변한 채 「적벽부(赤壁賦)」를 짓던 밤의 체취만을 전할 뿐이다.

　　그대는 저 물과 달을 아는가? 흐르는 물은 일찍이 가지 않았으며, 차고 기우는 달도 마침내 더 줄고 더 늚이 없으니, 변한다고 하면 천지도 순간일 수밖에 없으며, 변하지 않는다고 하면 사물이나 내가 다함이 없는 것이니 무엇을 부러워할까나. 또한 모든 사물은 제각기 주인이 있기에 내 것이 아니면 한 터럭도 손대지 말 것이나, 강 위의 저 맑은 바람과 산봉우리 사이로 뜨는 밝은 달은 귀를 대면 소리가 되고 눈으로 보면 빛이 되어서, 가져도 마다할 이 없고 써도 모자람이 없으니, 조물주의 가없는 혜택을 나와 그대가 함께 누릴 것이로다.

　　소동파는 황주에서 가까운 서산(西山)을 자주 들렀다. 그리고 삼국 시대 영웅들의 발자취를 찾았다. 서산은 악주(鄂州)에 있다. 손권은 적벽 대전에서 승리한 후, 수도를 지금의 남경인 건업(建業)에서 이곳 악주로 옮긴다. 그리고 이름을 무창(武昌)이라고 지었다. '무로써 나라를 흥하게 한다(以武而昌)'는 말에서 따온 것이다.

　　손권은 무창에 대본영을 세우고 전함을 만들어 장강에서 시험 운항을 하였다. 그런데 광풍과 파도가 일어 운항을 계속할 수 없었다. 무창으로 되돌아오는 길인 구곡령(九曲嶺)에 커다란 산이 가로막고 있자, 손권은 산을 깎아 길을 내도록 했다. 산을 깎아낸 흙은 또 하나의 작은 산이 되었는데, 후세 사람들이 '오왕현(吳王峴)'이라고 불렀다. 손권이 이 고개에다 정자를 세웠으나, 오랜 세파에 허물어지고 말았다. 이에 동파가 새로 정자를 짓고 산의 내력을 따서 '구곡정(九曲亭)'이라고 하였다.

▍ 공원으로 변모한 서산

손권은 서산에다 피서궁을 짓고 독서와 사냥을 하며 더위를 식혔다. 10여 년 전의 피서궁은 드라마 세트장처럼 목재로 대충 만들어졌으나, 다시 찾은 피서궁은 화려하기 그지없다. 서산을 오르는 초입부터 공원이 조성되어 시민들로 넘쳐나고, 공원 옆에는 악주박물관이 우뚝하다. 가히 상전벽해라 이를 만하다.

▌소동파가 지었다는 구곡정

서산은 170여 m로 높지 않은 산이다. 하지만 무더운 여름철에 오르는 일은 쉽지 않다. 땀을 씻을 겸 잠시 구곡정에 앉았다. 돌로 만든 의자가 불어오는 바람과 함께 더위를 잊게 한다. 정자 안에는 소동파의 시 「무창서산(武昌西山)」과 동생 소철(蘇轍)이 지었다는 「구곡정기(九曲亭記)」가 벽면에 큼지막하게 새겨져 있다. 동파의 시 구절을 음미하며 더위를 식힌다.

봄 강물 활기차고 포도주 익을 때면	春江淥漲蒲萄醅
무창성에 버드나무 늘어선 줄 아는 이 있어	武昌官柳知誰栽
번구로 봄맞이 약주 듬뿍 싣고 와서	憶從樊口載春酒
매화 구경하러 서산에 올랐던 일 생각나네	步上西山尋野梅
십오 리 길 걸어 서산에 오를 때면	西山一上十五里
두 팔로 바람 타고 정상으로 날아	風駕兩腋飛崔嵬
함께 즐기다가 피곤하면 구곡령에 눕고	同遊困臥九曲嶺
옷자락 걷고 홀로 오왕대에도 올랐었네	褰衣獨到吳王臺

▎ 현대 건축 기법으로 복원된 오왕피서궁

▎ 악주 서산의 무창루와 피서궁

▎ 무창루 내부의 시랑

▎ 무창루에서 바라본 장강과 악주 시내

　　구곡정을 벗어나자 온 몸은 다시 땀으로 뒤범벅이다. 그래도 예까지 와
서 멈출 수는 없는 일. 동파가 그리했던 것처럼 시원한 생수 한 병을 들고 산을
오른다. 산 정상에 다다르자 '오왕피서궁'이라 새긴 패루(牌樓)가 먼저 반긴다.
앞쪽으로는 피서궁과 무창루(武昌樓)가 보인다. 피서궁은 손권이 무더운 여름철에 피서를 겸해 정사를 보던 곳이다. 무창루는 봉화대가 있던 자리에 5층으로 지은 누각이다. 무창루에 오르니 사방이 훤하다. 굽이돌아 흐르는 장강의 모습과 개발 열기가 한창인 악주 시가지가 한눈에 들어온다. 바람도 시원하여 더위마저 씻어 준다. 그야말로 땀 흘리며 올라온 보람이 있다. 예전에는 모두 목조 건물이었지만, 새로 복원된 건물은 하나같이 벽돌과 시멘트로 지었다. 그 이유가 흰개미 때문이라고 하나, 역사 유적을 복원하는 사명감은 뒷전인 것 같다. 하기야 봉화대 터에 누각이 들어섰으니, 건축 재료가 무에 그리 중요한 것이랴.

이곳 서산에도 시검석(試劍石)이 있다. 무창루에서 산등성이를 따라 언덕을 오르면 오왕시검석(吳王試劍石)이 보인다. 손권이 이곳으로 도읍을 옮기고 나서 천하통일의 야망을 염원하며 보검으로 바위를 내려쳤다. 그런데 바위는 반으로 쪼개진 것이 아니라 3분의 1만 쪼개졌다. 후대 사람들이 이를 보고 말하길, "손권이 천하의 3분의 1인 강동만을 차지한 것은 이미 하늘이 정한 것"이라고 하였다.

▌ 오왕시검석과 비검석

오왕시검석 뒤로는 비검석(比劍石)이 있다. 비검석은 사등분으로 쪼개져 있다. 이곳에도 진강 북고산의 시검석처럼 유비와 손권의 이야기가 전해진다. 적벽 대전이 벌어지기 전, 번구에 있던 유비가 이곳에 올라 조조군을 물리칠 것을 염원하며 바위를 가로로 잘랐다. 적벽 대전이 끝난 후, 이 말을 듣고 화가 난 손권이 "오나라가 승리의 주역인데 어찌 유비 따위가 무시하느냐"면서 세로로 잘랐다고 한다. 오왕시검석도 그렇거니와 비검석이 유비와 손권에 의한 것인지는 심히 의심스럽다. 중국인들은 이야기를 만들어 내기 좋아한다. 특히 그럴듯한 유적이나 유물이 있으면 더욱 신난다. 서산의 비검석은 적벽 대전 전후의 유비와 손권의 사정을 알려주는 한 토막 근사한 설화(說話)가 되어, 오늘도 이곳을 찾는 사람들에게 재미있는 옛날이야기를 들려주고 있다.

호남성 장사(長沙)에서도 한참을 달려 형양(衡陽)에 도착하였다. 방통의 첫 부임지였던 뇌양은 형양에서도 남쪽으로 60km가량 떨어진 곳이다. 자동차의 열기도 식히고 식사도 할 겸, 형양의 석고산(石鼓山)에 잠시 멈추었다. 형양은 유비가 강남 4개 군을 다스릴 때 제갈량이 1년간 주재하면서 4군을 총괄하였던 곳이다. 형양은 '생선과 쌀의 고향'으로 불린다. 그만큼 물산이 풍부하고 수륙 교통이 편리한 것이 특징이다. 제갈량은 이곳에서 장차 국가 건설 이후에 필요한 군량을 마련하고 군사를 모았다. 그는 배를 타고 일대를 둘러보며 일을 처리하였다고 한다. 그래서 후세 사람들이 그의 이러한 업적을 기리기 위해 강변에 있는 석고산에 무후사를 세웠는데, 항일 전쟁 때 부서져 흔적도 없다고 한다.

석고산 공원 전경과 무후사

　　유적이 있으면 그 역사적 의미는 강렬하다. 하지만 오래되어 사라졌어도 역사적 체취를 느낄 수는 있다. 제갈량의 체취를 느끼기 위해 돌로 만들어진 석고산을 둘러보았다. 석고산은 상강(湘江)과 증수(蒸水)가 만나는 곳에 있는데, 그야말로 섬과 같았다. 석고서원에 들어서니, 제일 먼저 공자상(孔子像)이 반긴다. 그 옆에는 2m가량 되어 보이는 돌 북이 근사하다. 건물들은 최근에 새롭게 지은 것들인데 화려하진 않지만 무후사도 만들어 놓았다. 석고산에 무후사가 세워진 것은 송나라 때였다고 한다. 항일 전쟁 이후 사라졌던 무후사를 다시 세운 이곳 사람들의 마음은 무엇일까. 제갈량의 정치가 백성을 편안하게 하였기 때문인가. 아니면 역사적으로 훌륭한 인물이 거처한 곳이었기에 이를 자랑하기 위해 만들어 놓은 것인가.

　　사람들이 생각하고 만들고 또 이를 기리는 유적과는 상관없이 장강은 오늘도 말없이 흐른다. 그 강물 위를 흐르는 조각배에 낚싯대를 드리운 어부들의 유유자적함이 참으로 보기에도 좋다. 자연이 베푸는 풍요로움에 인간의 역사가 너무 오만해지고 있는 것은 아닌가.

형양에서 뇌양으로 가는 길은 북경과 광주를 연결하는 경광철로가 함께 지나가는 길이다. 중국 최대 명절은 우리의 음력 설에 해당하는 '춘절(春節)'이다. 한 달가량 계속되는 인구의 이동은 그야말로 전쟁과도 같다. 지금은 교통이 편해져서 고속열차와 고속도로도 잘 되어 있지만, 예전에는 춘절 때 폭설이 내리면 중국 전역의 교통이 마비되다시피 했다. 특히 경광 철로는 중국의 동맥과도 같아서 엄청난 파장이 있었다. 전쟁도 그런 전쟁이 없었던 것이다.

구불구불한 길을 가면서 주변을 보노라니 우리나라 농촌과 같은 풍경이다. 논과 밭, 평야와 야산이 우리의 황토보다 더 붉은색이다. 그래서 이곳 사람들은 홍토(紅土)라고 부른다. 고속도로가 생기기 전까지 모든 차는 이 길을 달렸는데, 양아치나 깡패 등 불량배들이 길을 막거나 구덩이를 파놓고 통행료를 갈취하였다고 한다. 돼지고기를 좋아하는 중국인들이기에 전국 어디에나 돼지를 운반하는 차량들이 많았을 터. 조그만 철장에 돼지를 가득 실은 차가 지나가면 목욕을 시켜준다는 빌미로 날카로운 꼬챙이로 배를 갈라 죽게 만든 후 싸게 사서 식당에 팔았다고 한다. 먹고살기 힘들었던 시절의 이야기처럼 듣고 있는데, 돼지를 가득 실은 트럭 한 대가 지나간다. 저 트럭 운전사는 돼지에게 목욕시키는 일 없이 곧장 목적지로 달려가리라.

편하지 않은 길을 자동차로 한 시간 반가량 달려서 뇌양시에 도착하였다. 시내로 들어서니 말을 탄 채 장팔사모를 들고 있는 늠름한 모습의 장비상이 보인다. 유비의 명을 받아 방

▍ 뇌양 시내에 있는 장비 순시상

통을 감찰하러 왔던 장비를 표현해 놓은 것인데, 동상 제목도 '장비 순시상(張飛 巡視像)'이다. 몇 번을 물어서 겨우 뇌양 현청에 도착했는데 문이 굳게 잠겨 있다. 담이 높아 안쪽이 보이지를 않으니 기다릴 수밖에 없었다. 반 시간 정도를 기다리자 관리자가 문을 열어 주고 미안한 마음에 안내를 해 준다.

▌ 뇌양 현청의 모습

| 장비가 지켜보는 가운데 일사천리로 정무를 처리하는 방통　　| 뇌양 현령들이 대대로 물려왔다는 장비 석마조

　　　현청 안으로 들어가니 널따란 정원과 높다란 단간지주가 보인다. 방통
이 업무를 보던 모습을 형상화해 놓은 모습이 흡사 현장을 보는 것만 같다. 뇌
양 현청 건물 자체가 관광객을 맞이하기 위해 새롭게 만든 것이니 방통사(龐統
祠), 봉추정(鳳雛亭)도 역사적으로 의미 있는 유적은 아니다. 오히려 구석에 팽
개쳐지듯이 놓인 돌로 만든 말구유인 장비의 석마조(石馬槽)가 더욱 의미 깊게
다가온다. 욕조만 한 크기의 석마조는 장비가 방통의 업무를 감독하고자 왔을
때 사용한 것이라고 한다. 그러고 보니 오래된 풍취가 그대로 느껴진다. 장비
석마조는 원래 채후사(蔡侯祠)에 있었다. 채후사는 이곳 출신으로 종이를 발명
한 채륜(蔡倫)을 모신 사당이다. 뇌양 현청을 복원하자 석마조를 이곳으로 옮겨
온 것이다. 이 석마조는 대대로 현령이 보관하였는데 이는 특별한 이유가 있었
기 때문이다. 즉, 석마조를 보면서 장비의 모습을 되새기고, 아울러 방통이 그
러했던 것처럼 자신의 업무에 최선을 다하였다고 한다. 장비의 말구유가 관리
자들에게 일종의 상징적인 의미로 받아들여진 것이다.

벽에 걸린 사진 자료들을 보니 장비의 점심 이야기 내용이 있다. 장비가 점심 시간에 식당을 운영하는 사람에게 장사가 잘되기를 바라면서 식당의 메뉴를 써 주었는데, '點心'이라고 쓰는 한자의 심(心)자에서 맨 위의 삐침을 뺐다. 글씨 자체가 많이 먹어 배가 부른 모양이기

점심점 일화는 장비가 글에도 조예가 깊었음을 보여준다.

때문이었다. 그렇게 쓴 글씨를 붙이자 정말 장사가 잘되었다고 한다. 부자가 된 주인이 어느 날 장비가 써 준 글씨를 보고는 그의 무식함을 꾸짖으며 한자를 고쳤다. 그러자 점점 손님이 줄어들었다고 한다.

한자는 형상을 그려낸 표의문자인 까닭에 이러한 재미있는 이야기가 만들어졌다. 우리가 알고 있는 장비는 무식하고 괴팍하며 불같이 성질만 부리는 술꾼이다. 하지만 이는 소설이 만들어낸 장비의 형상이다. 장비는 지식과 인품도 갖춘 교양인이다. 엄안을 꾀로 사로잡은 것처럼 지혜도 갖추었다. 점심이야기는 문재적(文才的) 재능도 뛰어난 장비와 관련된 또 하나의 즐거운 전설인 것이다.

오나라 참모 중의 참모, 노숙

"장군께서는 제나라 환공, 진나라 문공이 될 수 없습니다. 고황제(유방)는 패업을 이루려고 노력했지만 결국 항우의 방해로 이루지 못했습니다. 오늘날의 조조가 당시의 항우와 같습니다. 조조가 있으매 어찌 장군이 제 환공, 진 문공이 되겠습니까?"

노숙이 주유의 추천을 받아 손권을 만났다. 손권이 패업의 길을 묻자 노숙은 찬물부터 부었다. 이어서 자신에 찬 목소리로 말하였다.

"한 황실은 다시 부흥하지 못하고, 조조 역시 제거할 수 없습니다. 그렇다면 북쪽에서 많은 일이 일어날 때를 기다려, 서쪽으로 진군해 황조(黃祖)를 치고 유표(劉表)를 토벌하면 장강 유역을 전부 차지할 수 있습니다. 그때 가서 장군께서는 제왕에 올라 천하를 꾀할 수 있습니다."

18세의 손권에게 노숙은 동오판 융중대인 '천하양분지계(天下兩分之計)'를 설명하였다. 『삼국지연의』에서의 노숙은 성실하고 온순하다. 아니, 무골호인(無骨好人) 같아서 시대에 뒤떨어진 쓸모없는 사람처럼 그려졌다. 노숙이 주창한 천하양분지계도 제갈량의 융중 대책에 가려 빛을 잃는다. 그리고 제갈량의 영원한 우군이 되어 그의 추종자로 변신한다.

하지만 노숙의 진면목은 그렇지 않다. 호탕하고 의협심이 강한 성격이자, 사람들과도 두루 신망을 쌓았다. 유복한 지주 출신이어서 베풀기도 잘하였다. 일찍이 주유가 노숙에게 군량미를 빌린 적이 있었다. 이때 노숙은 곡식 창고를 열어 모두 주유에게 주었다. 분연히 출자하여 친구를 돕는다는 '지균상증(指囷相贈)'의 고사도 노숙으로부터 생겨났다.

노숙은 주유, 장소와 함께 손권이 가장 신임하는 충신으로 그 영향력은 이들 중에서도 최고였다. 왜냐하면 노숙이야말로 앞날을 내다볼 줄 아는 식견이 뛰어났기 때문이다. 그리하여 조조의 대군이 쳐들어왔을 때도 저항할 것을 주장했고, 형주라는 요충지를 유비에게 빌려주면서까지 더욱 큰 비전을 성취하려고 하였다. 오직 제갈량만이 노숙과 통했고, 그래서 둘이 있을 때 촉오 동맹은 견고하였다. 힘들고 어렵고 변화무쌍한 난국에서도 비범한 배짱과 부드러운 전략을 구사하며 이를 타개해 나가는 인물, 그가 곧 노숙이었다. 눈앞의 사익(私益)만을 위해 함부로 지껄이고 주워 담는, 그리고 굽실거리는 신하가 아니었다. 정확하고 확실한 전략과 비전을 세우고 이를 달성하기 위해 진력을 다한 위인이었다.

노숙이 46세로 죽자 촉에게 강경한 여몽(呂蒙)이 후임이 되었다. 그는 손권에게 서주 공략을 포기하고 형주를 공략하자고 건의하였다. 그리고 형주의 관우를 물리쳐 촉나라 멸망의 시작을 알렸다. 청나라 모종강은 이를 탄식하며 이렇게 말했다.

"만약 노숙이 살았더라면 필시 서주를 차지하여 중원을 함께 도모해야 한다고 하였을 것이다. 그랬다면 손권이 관우를 공격하여 오히려 조조를 돕는 일 따위는 생기지도 않았을 것이다."

멀리서 노려보고 있는 힘센 적은 보지 못하고 가까이에 있는 귀찮은 동지를 제거하였으니, 그 칼날이 어찌 자신에게 돌아오지 않을 수 있으리오.

27. 손권, 수성(守城)의 군주로 우뚝 서다

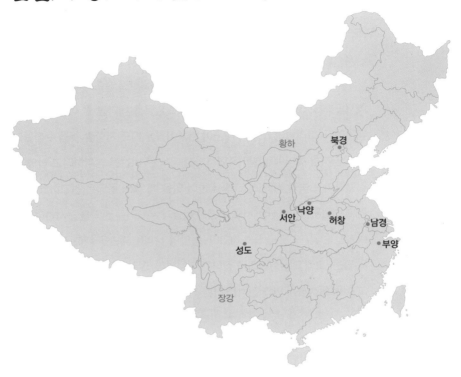

　　"효렴(손권)! 지금이 어찌 울고 있을 때입니까? 현재 사악한 자들이 서로 각축을 벌이고 있으며, 시랑이 같은 자들이 길에 가득 차 있습니다. 지금 그저 형을 생각하며 울고만 있다면 이는 바로 문을 열고 강도를 불러들이는 것과 같은 것이며, 이것은 '인'이라 할 수 없습니다!

　　무릇 후계자는 선인이 제정한 규범을 이어받아 더욱 발전시켜 위대한 공업을 완성시키는 것이 가장 중요한 일입니다. 지금 천하는 혼란하여 도적들이 산에 가득한데, 당신은 그렇게 자리에 누워 슬퍼하며 한낱 필부의 감정으로 울고만 있어서야 되겠습니까?"

손권의 부친인 손견은 오군(吳郡)의 부춘(富春)에 터를 잡았다. 그는 동탁을 토벌하는 반(反)동탁 연합군에 가세하여 혁혁한 전과를 올렸다. 나관중이 관우의 전과(戰果)로 돌린 화웅을 살해하여 동탁의 간담을 서늘하게 하였다. 이에 동탁이 손견에게 화친의 손길을 보내자, "백 번 죽어 마땅한 죄인이 감히 화친을 말한다."라고 호통 치며 낙양 근교까지 쳐들어갔다. 깜짝 놀란 동탁이 낙양에 불을 지르고 장안으로 도망쳤는데, 장안 천도는 바로 손견의 용맹함이 그 원인의 하나였다.

손견은 상대가 누구든 그의 발목을 잡는 자는 반드시 처단해야만 직성이 풀렸다. 이는 그의 용맹한 성격에서 비롯되는데 때로는 지나침이 심하였다. 형주 자사 왕예(王叡)는 '사람을 알아보지 못한다'며 처단하였고, 남양태수 장자(張咨)는 '한 일이 없다'며 처단하였다. 그의 생각과 말이 곧 법이었으니 백성들이 벌벌 떨 수밖에 없었다.

손견의 뒤를 이은 손책도 '소패왕'이라는 별명이 말하듯 용맹함이 부친에 뒤지지 않았다. 손책 역시 덕보다는 무력으로 호족들을 진압하였는데, 그가 주살한 자들은 모두 현지 백성들에게 지지를 받는 이들이었다. 손책은 자신보다 더 존경을 받는 자들은 죄가 없다고 하여도 살려두지 않았다. 그는 『춘추좌씨전』에 뛰어난 고대(高岱)를 불러 토론하자고 하였는데, 중간에서 이간질한 자 때문에 아무런 죄가 없는 고대가 잡혀왔다. 많은 백성들이 그를 풀어달라고 간청하자, 자존심이 상한 손책은 우길을 죽인 것처럼 고대를 죽였다. 진수는 손견과 손책의 성격을 평하기를, '모두 경솔하고 함부로 결정하여 몸을 잃고 실패하였다'고 하였다.

손책은 자신의 목숨이 경각에 이르자, 동생인 손권에게 자신의 자리를 물려주었다. 아울러 고굉지신(股肱之臣) 장소를 불러 손권을 당부하였다.

"만약 내 동생이 임무를 맡을 수 없다면 그대가 곧 스스로 권력을 잡으시오."

손책이 장소에게 한 말은 유비가 제갈량에게 유선을 부탁하며 한 말과 너무도 똑같은 어순이다. 이로 보아 군주들이 신하들에게 후계자의 보좌를 유언하며 마땅치 않으면 직접 후계자가 되라고 하는 것은 황제의 자리를 넘보지 말고 후계자 보필에 목숨을 다하라는 명령인 셈이다. 손책으로부터 손권을 부탁받은 장소도 제갈량처럼 죽는 날까지 손권을 보좌하였다. 제갈량과 다른 점은 손권에게 미쁨받지 못하여 쓸쓸하게 죽은 것이다.

손권이 손책의 뒤를 이을 당시의 상황은 그렇게 편안한 시기가 아니었다. 손책은 무력을 앞세워 영토를 확장하는 일에만 집중하였기 때문에 대업 달성을 위한 덕을 쌓을 여력이 없었다. 이처럼 국가적 토대가 든든하지 못한 때에 손책이 사망하자 강동 지역이 사분오열하려는 조짐이 보였다. 그리고 손권이 물려받은 지역은 울창한 숲이 둘러친 산간벽지가 많았다. 이곳에는 소수 민족인 산구(山寇)가 점거하고 있었는데 뜻대로 따르지 않았다. 여러 지역에 할거하는 권문세가들도 문제였다. 게다가 북쪽에서 피난 온 인사들도 국가 대사를 우선하기보다는 자신들의 안위에만 관심이 높았다.

문제는 안에만 있지 않았다. 밖으로는 강적 조조가 호시탐탐 천하통일의 야심을 버리지 않고 있고, 형주의 황조도 반드시 제거해야 하는 철전치 원수였다. 그야말로 손책 사후의 동오는 내우외환의 기운이 한꺼번에 폭발할 수 있는 분위기였다. 영특한 손권이 이러한 분위기를 모를 리 없다. 형인 손책이 쌓은 원한이 표출된다면 대업을 잇기도 전에 자신의 자리 또한 잃게 되는 것이다. 이러한 국가적 난국을 어떻게 타개해야 하는가.

손권은 장소를 잡는 것이 난국을 해결하는 길이라고 생각하였다. 그런데 어떻게 잡을 것인가. 손책이 장소에게 특별히 유언을 하였으니, 그에게 도와달라고 하면 될 것인가. 그것은 첫 단추를 채우는 군주로서의 면모를 구기는 일이다. 손권은 형을 잃은 슬픔에 자신의 걱정거리를 담아 더욱 통곡하였다. 군주가 정사를 돌보지 않고 상례(喪禮)만 따른다면 신하는 어떻게 하여야 하는가. 당연히 말려야 한다. 잠시도 비울 수 없는 국정을 돌보아야만 하기 때문이다. 손권은 이때를 기다려 자연스럽게 자신의 입지를 다지고 싶었던 것이다. 드디어 보다 못한 장소가 손권에게 울음을 그치고 군주로서의 책무를 다할 것을 요구한다. 손권은 장소의 간언에 즉시 상복을 벗었다. 장소의 안내에 따라 삼군을 순시하며 용맹하고 위엄 있는 군주의 기상을 보여준다. 이어 신료들을 대표하여 장소가 손권을 군주로 세워 보좌하자, 순조롭게 형의 자리를 이을 수 있게 되었다. 이제부터 그동안 소원했던 인덕(仁德)을 널리 베풀어 인재를 모으고 때를 기다리면 되는 것이다.

손권의 통치는 손책이 수성(守城)을 잘할 것이라고 한 것에서도 나타나듯이 기다림과 인내심의 미학이었다. 조조라는 강적을 대응하려면 소홀한 판단과 성급한 행동은 패망의 지름길이 될 수밖에 없다. 진중하게 참고 기다리며 정세의 변화를 읽는 힘이 필요한 것이다. 손권은 이를 이용하여 적절하게 밀고 당기는 정치술을 펼친 것이다. 그래서 조조와 적벽에서 전투를 벌이기도 하지만, 조조군이 수몰되어 낭패를 당하지 않도록 알려 주며 조조를 추켜세우고 자신을 낮추기도 한다.

유비와의 동맹 관계 유지에 있어서도 마찬가지다. 때로는 형주를 빌려 주며 가깝게 지내기도 하고, 형주를 빼앗으며 동맹을 깨기도 한다. 하지만 필요하면 또다시 동맹을 유지하는 외교력을 발휘한다. 이는 마치 상대방이 원하는 대로 두지 않고, 생각하지 못한 수를 두는 프로 기사의 바둑처럼 손권의 정치와 외교술은 변화무쌍한 것이었다. 이러한 일들은 모두 인내심이 바탕이 되지 않으면 불가능한 것이다. 손권이야말로 조조와 유비 사이에서 적당하게 거리를 두며 오나라의 이익을 챙긴 뛰어난 군주가 아닐 수 없다. 게다가 손권은 뛰어난 참모들까지 거느리고 있었다. 조비가 손권을 오왕에 봉하자 손권은 도독(都尉) 조자(趙咨)를 위에 사신으로 보냈다. 조비가 사신에게 오왕이 왜 뛰어난지를 물었다. 조자는 즉시 대답하였다.

"초야의 선비들 가운데에서 노숙을 받아들였는데 이것은 총명하다는 사실을 말합니다. 일반 병사들 가운데에서 여몽을 발탁했는데 이것은 현명함을 말해 주는 것입니다. 우금을 사로잡았으나 죽이지 않았으니, 이것은 어짊을 말하는 것으로 부족함이 없습니다. 형주를 다시 얻었을 때에는 무기에 피도 묻히지 않았습니다. 이것은 지혜가 없었으면 불가능했을 일입니다. 세 주(형주, 양주, 교주)를 차지하고 호랑이 눈으로 천하를 노려보니, 이것은 웅대한 뜻을 품었다고 볼 수 있습니다. 또 폐하에게 몸을 굽혔으니 이것은 재략인 것입니다."

조자가 설파한 손권의 뛰어난 점들도 바로 예측할 수 없는 손권의 정치적 행보를 정리한 것이다. 손권이 조비에게 신하를 자청하자 유엽이 조비에게 오나라의 간사함을 설명하는 부분에서도 임기응변에 뛰어난 손권의 면모를 읽을 수 있다.

"오나라 사람은 멀리 장강과 한수 밖에 떨어져 있습니다. 진작부터 중원에 복종할 생각이 없었습니다. 그런데 이제 어떻게 갑자기 달려와서 충성을 표시합니까? 반드시 외부의 압박과 내부의 곤경이 동시다발로 일어났기 때문입니다. 우리를 속이려는 것입니다. 사실 손권이 어디 지금 한 번만 속이는 것이겠습니까? 그의 인생 전반부는 속임의 연속이었습니다. 더구나 동오 진영에서 어디 손권만 속였습니까? 다른 사람들도 다 그랬습니다. 관우가 양번을 공격할 때 여몽과 육손이 그를 잔

인하게 속이지 않았습니까?"

정치는 개인의 도덕적 명예를 중시하지 않는다. 천하가 돌아가는 흐름과 그 속에서 국가의 이익을 고려해야 하는 것이 우선이다. 일찍이 제갈량은 '걸출한 정치가의 정확한 결정은 시의에 따라 임기응변해야 하고 심모원려해야 한다. 절대로 필부의 분노로 일을 처리해서는 안 된다.'고 하였다. 특히 난세의 시대에는 어제의 적이 오늘의 우군이요, 오늘의 우군이 내일의 적이 되는 것은 비일비재한 것이었으니, 손권은 이를 매우 잘 활용하였던 것이다.

"요즈음 듣자 하니 무창의 동산(東山)에 봉황이 날아와 깃들고, 장강에 황룡이 자주 나타난다고 합니다. 주공의 덕은 요순과 짝할 만하고, 영특하시기로는 문왕과 무왕에 비견될 만합니다. 그러하매 황제로 즉위하신 다음에 군사를 일으키소서."

서기 229년. 오왕 손권은 뭇 신하들의 간청에 황제에 올랐다. 그제까지 사용하던 황무(黃武)라는 연호를 황룡(黃龍)으로 고쳤다. 연호에서도 알 수 있듯이 손권도 이제 본격적인 황제가 되었음을 선포한 것이다. 손권의 칭제는 삼국 중 가장 늦게 하였다. 위의 조비가 220년에 헌제로부터 선양의 형식을 빌려 황제에 올랐다. 연호는 황초(黃初)라고 하였다. 이를 안 유비가 그 이듬해인 221년에 황제에 올랐다. 연호는 장무(章武)라고 하였다.

조비와 유비, 손권 모두 황제에 오르기 전 세 번의 형식적 사양을 거쳤다. 처음부터 기다렸다는 듯 황제 자리에 오르면 군신과 백성을 통치하는 데 잡음이 일 수 있다. 이를 가장 최소화할 필요가 있었으니 이것이 곧 세 번의 사양이다. 그렇다고 참모들이 멈추지는 않는다. 이미 그것은 서로 간에 짜고 치는 고스톱이기 때문이다. 그렇다면 백성들은 어떻게 납득시켜 순종하게 할 것인가. 이에 동원된 것이 상서로운 동물들의 출현이다. 황룡과 봉황이 여기저기서 나타나고, 붉은 까마귀도 등장한다. 길조의 동물들을 활용하여 덕망 있는 군주가 등장할 때가 되었음을 만들어 가는 것이다. 이러한 수순을 거쳐 하늘의 기운을 이어받은 천자가 즉위하고, 그로 인해 새로운 세상이 펼쳐지는 것이다.

손권이 가장 늦게 칭제를 하였지만, 난세의 영웅들이 그러했듯이 그 역시 오래 전부터 천하를 차지하려는 야망을 키웠다. 195년 무렵, 동오 지역에는 다음과 같은 동요가 유행하였다.

황금 수레에	黃金車
주렁주렁 난초 귀	班蘭耳
창문을 열고	闇昌門
천자가 나온다네	出天子

손권의 생각은 이와 같았지만, 그 역시 처음에는 '한나라가 쇠미해진 때에 별반 도움이 되지 못하였는데 어떻게 존호를 다툴 마음이 생기겠느냐'며 발뺌하였다. 손권도 조비와 유비처럼 거짓말을 한 것이었다. 손권의 말이 그들과 다르다면, 애초에 위나라의 조비에게서 오왕의 작위를 받지 않아야만 하였다. 손권이 오왕이라는 작위를 받을 때 이미 그에게서 한나라는 지워진 것이다. 그런데 손권은 그의 거짓말이 탄로 날 것을 염려해 그럴듯한 말로 변명하였다.

"과인이 왜 조위가 준 작호를 받았겠소? 당시 유비가 공격해 왔기 때문이오. 당시 조위에서는 우리를 도와주려고 하는 분위기가 있었소. 그런데 이런 도움이 나중에 과인의 뒷덜미를 잡는 일이 될 것이라는 사실을 잘 알았소. 그러한 상황에서 과인이 머리를 숙이고 신하가 돼 복종을 하지 않았다면 그들은 유비처럼 우리를 공격하였을 것이오. 우리가 양쪽에서 적을 막아야 하는데, 생각해 보니 너무 끔찍할 것 같았소. 그래서 과인은 울분을 참으면서 아무 말 하지 않고 오왕을 수락할 수밖에 없었던 것이오. 과인의 이러한 생각을 여러분이 지금까지도 잘 이해하지 못하는 것 같아 이 기회에 설명하는 것이오.”

손권의 이러한 말은 그가 조비로부터 오왕에 임명되기 전에 한 말 속에서도 알 수 있다. 즉, '생존할 때는 멸망을 잊지 말고, 안정되었을 때에는 반드시 위험을 생각해야 한다'는 선현들의 가르침을 항상 되새겨야 한다고 말하였다. 따라서 변방에서 적들과 마주하고 있는 이때, 경솔하게 생각하고 움직이는 것은 국가를 위험에 빠뜨리게 되는 것이니, 얼마간 참을 수 있는 치욕은 그것을 아무렇지 않게 이겨내야만 한다고 생각하였다. 이처럼 손권은 뛰어난 인내력을 지닌 군주였다.

삼국의 군주들이 모두 한의 신하를 자청하였던 것은 정치적 술수에 불과하고, 대세를 장악하면 곧바로 한나라를 대신해서 자신들이 칭제하려고 하였다. 손권도 예외가 아니었다. 다만 손권의 경우에는 유비가 동맹을 깨고 공격해 왔기 때문에, 난국 수습을 위해서 그들과 같은 시기에 칭제할 수 없었던 것이다. 손권은 황제에 오른 후, 연호를 황룡(黃龍)이라고 고치면서 선언하였다.

“과인은 이미 잉어가 용문에 오른 것처럼 되었다. 그들이 나를 어찌하겠는가?”

손권은 칭제를 선포하지만 않았지, 이미 황제에 오를 준비를 모두 마치고 있었던 것이다.

▌용문고진으로 가는 다리

▌ 손권고리 입구의 패방

손권 일가가 집성촌을 이루고 산 용문고진(龍門古鎭)으로 향하였다. 용
문고진은 절강성 부양(富陽)시에 있다. 용문고진에 다다르자 시내를 건너 마을
로 들어가는 다리가 놓였는데, 등나무 꽃이 제철인 양 터널을 만들어 놓았다.
마을 뒤편으로는 우뚝 솟은 산봉우리에서 뻗은 줄기가 마을을 보듬고 있다. 동
한 시기의 은둔 거사 엄자릉(嚴子陵)이 용문산을 유람할 때 이곳을 보고는, "산
은 푸르고 물은 수려하니 여량의 용문(呂梁龍門)보다 낫구나." 하고 찬탄을 하였
다. 이곳이 용문고진으로 불리게 된 이유도 여기에서 비롯된 것이다.

마을로 들어가는 입구에는 으레 그러하듯 패방이 우뚝하다. 그 뒤로는
'손권고리'라는 안내판이 보인다. 타임캡슐을 타고 시간을 거슬러 여행을 가듯
좁은 입구로 들어섰다. 옛 건축물을 훼손하지 않은 채 깨끗하게 정비된 집과 길

이 더욱 정겹게 느껴진다. 이곳저곳 살펴보며 고샅길을 걸어가노라니 고진을 소개하는 해설사가 우리에게 마을을 안내해 주겠다고 나선다.

사원당(思源堂)에는 손권의 조부인 손종(孫鐘)을 중심으로 손씨 일가의 초상들이 모셔져 있다. 손종은 손씨 일가가 이곳에 정착하는 데 기여한 인물이다. 정사에는 그에 관한 기록은 없다. 그런데 남경(南京)을 중심으로 한 역사서인 『건강실록(健康實錄)』에 인용된 내용을 보면 흥미 있는 이야기가 전해 온다.

손종은 홀어머니를 지극정성으로 모시는 효자였다. 그는 오이를 팔아서 생계를 꾸려 나갔는데, 어느 날 오이를 따던 중에 갑자기 세 소년이 나타나서 구걸을 하였다. 천성이 어진 손종은 소년들이 안쓰러워 오이는 물론 집으로 데려와 밥까지 대접하였다. 배부르게 먹은 소년들은 답례로 묏자리를 봐준다고 하였다.

▌손씨 일가를 용문에 정착시킨 손권의 조부 손종

"당대의 제후 자리와 후대의 천자 자리 중 어떤 자리를 원하시나요?"

"저보다야 후손들을 위해 몇 대 후에 천자가 되는 자리가 좋겠지요."

"지금 산을 내려가되 백 보를 걸은 후에 뒤를 보면 우리가 없을 것이오. 바로 그 서있는 자리가 명당자리요."

손종은 30보를 걷다가 집 안에 있어야 할 노모가 위급하게 부르는 소리를 듣고 뒤를 돌아보았다. 소년들은 모두 흰 두루미가 되어 날아가고 있었다. 수년이 지나 모친이 돌아가시자 이곳에 묻었다. 그러자 무덤에서 기이한 빛이 나오고 오색구름이 하늘을 덮어 몇 리에까지 퍼져서 동네 사람들은 모두 손씨가 흥할 것이라 여겼다. 몇 대 지나 삼국 시대에 손권이 황제에 오르고 천하의 3분의 1을 차지하였는데, 이는 손종이 100보를 걷지 않고 30보를 걸었기 때문이라고 한다. 아울러 손권의 뒤를 이은 손량이 폐황제가 된 것을 제외하면 오나라는 3대밖에 잇지 못하였는데 이 또한 손종의 걸음에서 비롯된 것이라는 전설이 전해 온다.

손권고리는 부춘강 중류의 약 6km가량 탁 트인 사주(沙州)다. 이곳은 예부터 '금 갈고리로 달을 낚는 곳(金鉤釣月)'의 형상으로 제왕이 나올 곳이기에 왕주(王洲)라고 불렀다. 손권의 부친인 손견이 향촌에서 무사들을 모집한 후, 이곳에서 배를 타고 전당강(錢塘江)으로 나아갔다.

여경당(餘慶堂)에는 큼지막한 손권의 초상을 모셔놓았다. 양쪽 기둥에는 금분 글씨로 우렁차게 쓴 대련이 있다. '산과 계곡이 한 줄기 띠

▌ 삼국의 영웅 손권의 초상을 모신 여경당

■ 손씨의 조상들을 모신 사당

를 둘러 강서남 최고의 경취가 있는 이곳, 삼분 할거 시대 천하의 영웅 중 첫 번째 가문이라.' 이곳에 오니 삼국의 영웅 중 최고는 단연코 손권인 것이다. 손씨 종사(孫氏宗祠)는 가문을 빛낸 조상들을 제사지내는 곳이다. 병법의 대가 손무와 손빈, 삼국 시대 오나라를 세운 손견과 손책, 손권, 근대 중국의 국부(國父)로 존경받는 손문까지, 우리가 익히 알고 있는 위인들의 초상이 쭉 진열되어 있다. 그 외에도 많은 인물들의 이름이 시대별로 벽면을 채우고 있다.

■ 정화의 해외 원정 당시, 손씨 가문의 선박 건조술을 전해준 손곤과 다양한 목적의 배들

승은당(承恩堂)이라는 편액이 걸린 건물에 들어서니 벽면에는 함선을 건조하는 모습과 항해하는 모습이 그려져 있고 고대로부터 손씨 일가가 제작한 배들이 진열되어 있다. 삼국 시대 중 오나라의 수군이 제일 강성하였다. 이는 무엇보다 장강이라는 험난한 강을 마음대로 오갈 수 있는 전함의 건조술과 항해술이 뛰어났기 때문이다. 손권 일가는 이러한 선박 건조술을 대대로 전수하였다. 그리하여 명나라 영락제 시기에 정화의 함대가 30여 개국을 항해하는 데 필요한 보선(寶船) 제작에 혁혁한 기여를 하였다. 승은당은 바로 그 주인공인 손곤(孫坤)을 소개하고 있다. 손곤은 손권의 41대 손으로, 손권이 적벽에서 조조에게 대항할 때 건조한 배의 모습을 연구하여 길이 138m, 높이 56m의 보선을 제작하여 황제로부터 커다란 은혜를 입었다. 이를 기억하고자 이름도 '승은당'이라고 지은 것이다.

▎연지와 용문산 풍경이 조화로운 용문고진

▌ 손씨 가문이 이재민을 구제한 공로를 기리며 세워진 의문(義門) 패루

골목길을 걸어 나오니 갑자기 광장이 나온다. 가운데에는 연지(硯池)가 있다. 연지와 광장을 중심으로 명·청대의 건물들이 빙 둘러졌는데, 그 너머의 용문산과 어울려 한 폭의 풍경화를 보는 것 같다.

명문가는 누구보다 자신의 고장에 대한 애착이 크다. 그리하여 선구자적 업적들을 많이 쌓아 대대로 가문의 이름을 드높인다. 이곳 용문고진에도 손씨 가문의 위상을 드높인 이야기가 전해 온다.

명나라 가정 연간(1522-1566)에 이곳 용문에 큰 가뭄이 들었다. 기근으로 이재민이 속출하자 후손 손조(孫潮)가 곡식 천 석을 풀어 이재민을 구제하였다. 현의 수장 지현(知縣)이 황제에게 이를 알리자, 황제가 '의로운 백성(義民)'이라는 편액을 하사하였다. 1543년에 부양(富陽)의 지현(知縣)인 해박(奚朴)이 직접 '의문(義門)'이라는 휘호를 쓰고 패루를 건설하였다. 지금은 쇠락한 건물에 글씨

도 떨어져 나가고 흔적만 남아 있지만, 천여 년 동안 손씨 가문의 미덕을 상징하
는 단어로 오늘도 후손들의 가슴에 살아 있다.

　　　용문고진을 돌아보고 웅과지(雄瓜地)를 찾아나섰다. 웅과지는 손권의
조부인 손종이 오이농사를 지었던 곳이다. 청나라 때의『부양현지』를 살펴보
면 '과교부(瓜橋埠)는 양창사리(洋漲沙里)에 있다.'고 하였다. 밀물 때면 이곳까
지 바닷물이 들어왔었던 곳임을 짐작할 수 있다. 손종이 농사짓던 곳에 도착하
였는데, 팻말이 보이지 않는다. 마침 밭에서 참외를 수확하는 농부가 있어서 물
어보니 위치를 가르쳐 준다. 참외 농사 짓는 것이 궁금해서 이유를 물어보니,
예전에는 수박과 참외를 많이 심었다고 한다. 수박을 서과(西瓜)라 하고 참외를

첨과(甛瓜)라 하니, 손종이 농사지은 것이 오이만은 아닐 듯도 싶다.

웅과지 안내석은 모심기를 막 끝낸 논의 가장자리에 오뚝하니 서 있다. 손종이 살았던 당시에는 이곳은 과강(瓜江)이 만든 자연적인 지형이었다. 손종은 이곳의 5백여 평의 땅에다 오이를 키웠다. 지금은 오랜 세월 동안 개간을 계속한 터에 드넓은 논으로 변하였다.

동오의 4대 권문세족

손권이 손책의 뒤를 이어 후계자가 되었을 때 강동 지역은 안정된 분위기는 아니었다. 손책이 무력만을 앞세워 평정하였기 때문에 이에 대한 반발심도 있었다. 손권은 이러한 분위기 속에서 강동을 다스려야만 하였다.

오나라의 정치 세력은 크게 세 파벌로 나눌 수 있다. 먼저 처음부터 손견과 손책을 따른 부하들이다. 정보, 황개, 장흠 등이 있는데, 이들을 대표하는 핵심인물은 주유다. 다음으로는 북방에서 전란을 피해 내려온 인사들이다. 이들을 대표하는 핵심인물이 장소다. 마지막으로는 옛날부터 강동 지역에 거주하는 권문세족들이다. 이중에서도 특히, '우(虞)씨, 위(魏)씨, 고(顧)씨, 육(陸)씨'의 4대 가문이 우세하였다. 우씨와 위씨는 회계군이 기반이고, 고씨와 육씨는 오군이 기반이다. 이들 권문 4가의 우열을 가린다면 '우-위-고-육' 순이다. 대표적인 인물로는 우번(虞翻), 위등(魏騰). 고옹(顧雍), 육손(陸遜)을 들 수 있다.

손권은 이들을 영입하여 강동을 다스렸지만 모두 신임한 것은 아니다. 고옹과 육손은 전투가 벌어지면 장군이 되었고 조정에 들어오면 제상이 되었으니, 손권의 신임이 각별하다고 할 수 있다. 하지만 우번과 위등은 그렇지 못하였다. 우번은 두 번이나 직위가 강등되었고, 유배까지 당하여 유배지인 교주(광동성)에서 죽었다. 위등 역시 두 번이나 목숨을 잃을 뻔하였다. 얼핏 보기에 강한 세족을 누르고 그보다

약한 세족을 키우는 손권의 통치술처럼 보인다. 하지만 자세히 살펴보면 그럴 만한 이유도 있다.

우번은 강동을 대표하는 대학자이다. 손책이 회계군을 차지하고 태수가 되어 그를 공조(功曹)로 발탁하고 친구의 예로써 후대하였다. 우번은 천성적으로 소탈하고 정직하여 상대방의 눈치를 살피거나 의중을 간파하는 데 서툴렀다. 그의 이러한 성격은 여러 사람들에게서 비방을 받기에 좋았다. 손권이 권력을 잡자 우번을 기도위(騎都尉)로 삼았다. 우번은 상대방은 안중에도 없는 듯 개의치 아니하고 여러 차례 바른 말만 하였다. 그때마다 손권은 유쾌하지 않았다. 마치 조조와 양수의 관계처럼 되었다. 게다가 동료들의 비방까지 받게 되자, 손권은 그를 단양군(丹陽郡) 경현(涇縣)으로 좌천시켰다. 우번은 의술에도 통달하였다. 이를 안 여몽이 병을 핑계로 물러나며 형주를 빼앗을 때, 손권에게 우번을 자신의 곁에 있도록 해달라는 요청이 받아들여져 복귀하기도 하였다.

손권이 우번을 미워하게 된 것은 오왕이 된 후, 신하들과 함께 한 연회에서였다. 손권은 술이 거나하게 취하자 친히 여러 신하들에게 번갈아 가며 술을 권하였다. 그런데 우번은 오왕 손권의 체면도 배려하지 않은 채 취한 척하며 바닥에 엎어져 술잔을 받지 않았다. 마침내 손권이 자리를 떠나자 그제야 일어나 자리에 앉았다. 이 모습을 본 손권은 크게 화를 내며 보검으로 그를 참수하려 하였다. 대사농 유기(劉基)가 훌륭한 선비이니 목숨만은 살려 줄 것을 간청하였다.

"조조는 일찍이 공융도 죽였는데, 내가 우번을 죽여서 안 될 일이 뭐가 있단 말이오?"

손권은 유기의 간절한 만류에 마지못해 우번을 용서하였지만, 마음속에는 노여움이 가시지 않았다. 결국 지금의 광동성 광주(廣州)로 유배를 보냈다. 우번은 유배지에서도 매양 학문에 정진하여 많은 저술을 남기고, 후진을 양성하며 인재를 발탁하였다. 그는 유배지인 광동에서 죽었다. 손권은 우번이 죽은 뒤에야 비로소 고향으로 돌아오는 것을 허락하였다.

　　제갈량은 강동 집단에 대하여 파악하기를, 손권은 강동을 차지한 지 이미 3대가 지났고, 땅의 지세가 험하고 백성이 복종하고 있으며, 재능 있는 신하들이 그에게 등용되었으므로 이는 원군으로 삼을지언정 도모하려고 해서는 안 된다고 하였다. 그러나 실지로 강동의 사족들은 매번 손씨 정권에 협조하지 않았음을 우번의 사례를 통해서 짐작할 수 있다.

28. 눈물 속에 숨긴 발톱을 드러내다

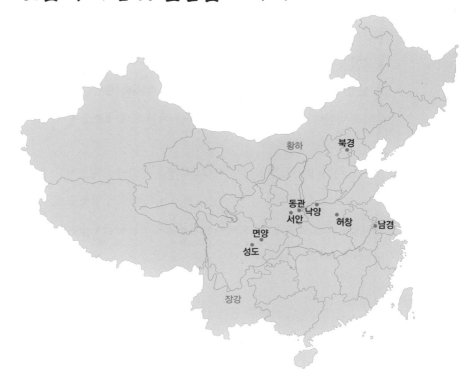

유비가 제갈량에 이어 방통마저 얻고 전략을 한층 강화하자, 이에 긴장한 조조는 순치 관계를 이룬 유비와 손권을 분열시키기 위해 우선적으로 남정(南征)을 계획한다. 그러나 서량의 마등(馬騰)이 걱정이었다. 왜냐하면 남정으로 인해 허도를 비우게 되면, 이를 노린 마등의 급습이 염려되었기 때문이다. 순유가 계책을 내길, 마등을 정남장군으로 삼아 손권을 토벌하라는 조서를 내리면 자연스럽게 허도로 올 터, 그때 없애 버리면 걱정거리가 없어진다는 것이었다. 조조는 천자의 명령을 빌미로 곧장 조서를 꾸며 마등을 부른다. 마등 부자는 조조의 속임수를 경계하며 천자의 명령을 받을 수밖에 없었다. 조조는 문하시랑 황규(黃奎)로 하여금 마등을 영접토록 하였다. 조조의 속셈을 훤히 알고 있는 황규는 마등과 함께 조조를 제거하고자 하였다. 하지만 조심성이 부족하였던가. 첩실인 이춘향(李春香)에게 취중진언(醉中眞言)을 하게 되고, 춘향은 시동생이자 정부(情夫)인 묘택(苗澤)에게 이러한 사실을 알려준다. 춘향을 차지하고 싶었던 묘택이 조조에게 고해바쳐, 마등 부자와 황규는 손도 써보지 못하고 죽임을 당한다. 여인에 눈이 멀어 혈족을 해친 묘택이 조조에게 청을 올렸다.

"상은 바라지 않습니다. 단지 이춘향을 일평생 아내로 삼고 싶을 뿐입니다."
"오오라, 너란 놈은 한 여인에 빠져서 네 형님의 일족을 해치게 했더냐? 저런 의롭지 못한 놈을 살려두었다가 어디에 쓰겠느냐? 즉시 이춘향과 함께 끌어내다 저잣거리에서 목을 쳐버려라!"

조조마저도 묘택을 인간쓰레기로 취급했으니 후세 사람들이야 어떠하겠는가.

묘택은 사욕에 빠져 충신을 해쳤다가	苗澤因私害藎臣
춘향은커녕 도리어 목숨만 잃었네	春香未得反傷身
간웅도 역시 용서하지 않으니	奸雄亦不相容恕
스스로 천하의 못된 놈이 되었구나	枉自圖謀作小人

모종강도 이 부분은 그냥 넘어갈 수 없었는지 다음과 같이 평하였다.

소인은 군자에게 받아들여지지 못할 뿐 아니라, 소인에게도 결코 받아들여

지지 못한다. 소인은 소인을 꾀할 뿐, 소인을 받아들이지도 못한다. 설령 소인이 소인을 돕는다 할지라도 결코 소인에게 이해되지 못하는 것이다. 그러하기에 이곳을 읽으면 소인이 하지 말아야 할 것이 무엇인지를 알 수 있다.

　사리사욕에 눈먼 자들은 그것이 자신을 이롭게 할지라도 결국 소인배 짓이 틀림없는 것이요, 정의로움에 목숨 건 자들은 그것이 비록 실패로 끝났다 하더라도 군자로 남는 것이니, 이는 예나 지금, 나아가 앞으로도 변함없는 진리다.
　마등묘는 허창 시내서 북쪽으로 10km 정도 떨어진 곳에 있다. 중국의 시골 마을이 대부분 그렇듯이 좁고 울퉁불퉁한 길은 자동차가 다니기 쉽지 않다. 게다가 길이라도 잘못 들어가면 미로 같은 곳에서 빠져나오기가 여간 고달픈 게 아니다. 골목길을 몇 번 되짚어 마침내 마등묘를 찾았다. 봉분은 심하게

▌ 허창에 있는 마등묘

파헤쳐져 있다. 마치 골목 어귀의 언덕길 같다. 몇 그루의 측백나무가 심어져 있기는 하지만, 안내 표지석이 없다면 묘인지도 모를 정도다. 마등은 동승, 유비와 함께 헌제의 밀조를 받아 조조 암살을 계획하였던 인물이다. 하지만 마등의 관여는 소설에만 있는 이야기이다. 마등이 조조에게 살해되자 장남인 마초가 원수를 갚기 위해 동관을 공격한 것도 선후가 바뀐 소설 속 이야기다. 나관중이 조조의 극악함을 표현하기 위하여 추가로 삽입하고 교묘히 바꿔치기한 것이다.

마등을 제거한 조조는 기뻤다. 이제 걱정 없이 손권을 공략할 수 있기 때문이다. 게다가 유비가 서천을 공략한다는 첩보를 입수하자 더욱 걱정이 없었다. 30만 대군을 이끌고 남정에 나섰다. 손권이 급히 유비에게 도움을 청하였다. 매제인 유비가 처남인 자신을 도울 것이라고 믿었다. 제갈량은 유비로 하여금 마초에게 다음과 같은 편지를 보내도록 하였다.

'한나라가 불운하여 역적 조조 놈이 국권을 제멋대로 농락하고 황제를 속여 백성들은 죽어 나가고 있소. 지난날 그대의 돌아가신 부친과 함께 황제의 밀조를 받들어 역적 조조 놈을 처단하기로 맹세하였소. 이제 그대의 부친께서 조조에게 죽음을 당하셨으니, 이것은 장군과 하늘 아래 함께 살 수 없는 원수요. 만약 서량의 군사를 일으켜 조조의 오른쪽(서쪽)을 칠 수 있다면, 나는 곧 형주의 군사를 이끌고 조조의 앞(남쪽)을 치겠소. 그리하면 역적 조조도 잡을 수 있고, 간교한 무리들도 쓸어버릴 수 있으며, 부친의 원수도 갚고 한나라도 일으킬 수 있소.'

마초(馬超)는 아버지의 원수를 갚기 위해 한수(韓遂)와 함께 방덕(龐德), 마대(馬岱) 등 20만 대군을 일으켜 장안(長安)으로 쳐들어 갔다. 장안 군수 종요(鐘繇)는 성을 버리고 동관(潼關)으로 물러났다. 장안을 잃은 조조는 남정을 진행할 수 없었다. 아버지의 원수를 갚겠다는 마초의 노도와 같은 전투는 동관마저도 함락시켰다. 조조는 성을 굳게 지킬 뿐 싸우지 않았다. 마초의 군대는 강인(羌人)들이 합세하여 더욱 많아졌다. 그런데 조조는 이를 보고 너무도 좋아하였다. 훗날 부하 장수들이 묻자, "깊고 험한 산속에 흩어져 있는 서량병이 모두 한곳으로 모인다면, 힘 안들이고 한꺼번에 처부술 수 있지 않은가." 하고 대답하였다. 과연 조조는 영웅이라 아니할 수 없다.

마초의 기세에 놀란 조조가 동관 방어에 고투할 때, 유비나 손권은 허도를 급습하지 않았다. 정녕 몰랐던 것일까. 그럴 리 없다. 제갈량과 방통, 노숙과 장소 등 기라성 같은 전략가들이 있는데 어찌 모를 수 있겠는가. 그렇다면 절호의 기회를 잡을 수 없었던 이유가 있단 말인가. 그렇다. 유비의 경우를 보자. 유비의 마음은 온통 서천에 있다. 손권이 지원을 요청해도 마초를 움직여 싸우게 할 뿐 움직이지 않는데 어찌 허도를 기습하겠는가. 손권 역시 쳐들어오는 적을 막기에 급급할 뿐, 원하는 것은 형주인데 허도를 생각이나 하겠는가. 군사력이 충분한 조조가 이를 꿰뚫어보고 있었기에 마초와 한수를 무찌르고 서량을 평정하는 데 마음놓고 전력을 기울인 것이다.

마초와 한수의 저항이 만만치 않자, 조조는 앞뒤에서 협공을 펴기로 하였다. 이에 마초는 조조에게 휴전을 제안한다. 조조는 어떤 희생을 치르더라도 마초와 한수를 정벌해야만 하였다. 따라서 휴전이란 있을 수 없는 일이었다. 유비와 손권의 공격에도 신경을 써야 할 조조가 왜 휴전에 진정으로 응하지 않았을까. 그것은 바로 손권 때문이다. 서기 210년. 주유는 손권에게 촉을 빼앗고 장로를 합병한 다음, 마초와 연합하여 조조를 협공하자고 건의하였다. 이 계획은 주유의 사망으로 이루어지지 못했지만 조조는 이러한 사실을 사전에 간파하고 있었던 것이다. 그리하여 조조는 장로를 친다는 명분으로 마초와 한수를 무찌르고자 했던 것이다. 그러한 까닭에 휴전제의를 받아들이는 척하며 반간계(反間計)를 활용하여 무찌르자는 가후의 계략을 그대로 실현시킨다.

"마초는 용감한 사내일 뿐, 비밀은 살펴볼 줄 모릅니다. 승상께서 친필로 편지 한 통을 써서 한수에게 보내십시오. 다만 중간중간 글자를 알아볼 수 없도록 쓰고, 중요한 곳은 일부러 지우고 그 옆에 고쳐 쓰십시오. 그리고 일부러 마초가 알도록 하면 그는 반드시 승상이 보낸 편지를 보려고 할 것입니다. 중요한 곳마다 고쳐 쓴 것을 보면 한수가 자신이 알아보지 못하도록 고쳤다고 생각하게 될 테니, 둘이 만나서 나눈 이야기도 의심하던 차에 더욱 의심은 커질 것이고, 결국은 분란이 생길 것입니다. 그때 다시 한수의 부하 장수들을 매수해 둘 사이를 이간시키면 손쉽게 마초를 도모할 수 있습니다."

결국 가후의 계획은 성공하여 한수는 조조에게 귀의하고, 마초는 농서(隴西)로 달아났다. 조조가 관중(關中)을 평정하자, 한중(漢中)을 차지하고 있던 장로(張魯)가 부쩍 긴장하였다. 장로는 오두미교를 이끈 장형(張衡)의 동생으로 형의 뒤를 이어 한중을 다스리고 있었다. 그는 조조의 서량 점령에 위기감을 느끼고, 유장(劉璋)이 다스리는 익주를 차지하기로 마음먹는다. 장로에게 있어서 유장은 어머니와 아우를 죽인 원수이니, 이제 그 원수도 갚고 익주를 차지하여 조조에게 대항할 요량이었던 것이다.

유장도 가만히 있을 수만은 없었다. 장송(張松)을 시켜 진상품을 가지고 조조에게 보냈다. 조조로 하여금 장로를 무찌르고 한중을 차지하라는 부탁을 하기 위해서다. 그러나 장송의 생각은 달랐다. 유장이 난세에 익주를 다스리기에는 너무도 나약한 자임을 알고 있기 때문이다. 그리하여 장송은 조조에게 익주를 바치려고 결심한다. 이를 모르는 조조는 뾰족 머리에 벗겨진 이마, 들창코에 뻐드렁니인 땅딸보 장송을 보자 비위부터 거슬렸다. 결국 장송은 속마음을 털어놓지도 못한 채 조조에게서 쫓겨났다. 장송은 망연자실하였다. 사람은 얼굴만 보고 평해서는 안 되거늘, 생김새만 보고 스스로 비하하고 평가하는 조조가 밉기만 하였다. 부모는 왜 나를 이렇게 나셨는가 하고 한탄하였으리라.

얼굴이 고괴한 것이 느껴웁구나	古怪形容異
마음은 청고하나 모습은 추하네	淸高體貌疏
언변은 삼협수처럼 막힘이 없고	語傾三峽水
열 줄의 글을 한 번에 알아보네	目視十行書

담력 또한 서촉에서 으뜸이요	膽量魁西蜀
문장 역시 하늘을 꿰뚫는도다	文章貫太虛
제자백가 모두 머릿속에 있으니	百家幷諸子
한 번 보면 다시는 볼 필요 없네	一覽更無餘

　　장송은 돌아오는 길에 유비를 만나고, 그 와중에 극진한 대접을 받자 유비에게 마음이 끌린다. 그리하여 장송은 유비에게 일급 기밀에 속하는 서천지도를 넘겨주고 돌아온다. 유장에게는 종친인 유비를 불러들여 장로를 무찌르도록 건의한다. 법정(法正)과 맹달(孟達)이 사자(使者)로 나선다. 이들은 모두 장송처럼 나약한 주인인 유장을 배신하고 새로운 주인으로 유비를 모시려는 자들이다. 힘 있는 자를 주군으로 모시는 것은 곧 자신의 성공과 안위를 보장받는 길이기

때문이다. 그러나 유비는 망설인다. 종친인 유장을 치는 것은 여태껏 인의를 중시한 자신의 전략과 맞지 않기 때문이다. 이러한 유비에게 방통이 진언한다.

"주공 말씀이 천리에 맞사오나, 지금처럼 전란이 계속되는 때에는 군사를 써서 힘을 겨루는 일이 한 길만 있는 것은 아니옵니다. 만약 지당한 이치만 세우시다가는 한 발자국도 앞으로 나가기 어렵습니다. 당연히 임기응변을 따라 약한 것은 합치고, 우둔한 것은 쳐부수어 역리로 차지하고 순리로 다스리는 것이 탕무(湯武)의 도입니다. 만약 천하를 안정시킨 뒤에 정의로써 베풀고 큰 나라에 이른다면, 이것이 신의를 저버리는 일이겠습니까? 오늘 우리가 차지하지 못하면 결국 남이 차지하게 될 뿐입니다."

유비는 방통의 말에 크게 깨닫고 서천으로 향한다. 방통, 황충, 위연 등과 5만 명의 군사를 대동하였다. 유장은 유비를 영접하러 지금의 면양(綿陽)인 부성(涪城)까지 마중을 나왔다. 주부 황권(黃權)과 이회(李恢)가 말렸으나 유장은 듣지 않았다. 종사 왕루(王累)도 죽을 각오로 간언했으나 유장이 듣지 않자 결국 자살하고 말았다. 일이 꼬이거나 망할 것 같으면 귀가 안 들리고 눈이 안 보인다고 했던가. 유장은 충성스런 부하들의 이야기가 들어오지 않았다. 오직 유비에 대한 든든한 믿음뿐이었다. 유장은 난세에 자신이 도약할 기반을 찾고자 혈안이 된 유비를 간파하지 못하였다. 그것은 유비가 철저하게 발톱을 숨기고 있었기 때문이기도 하지만, 근본적으로는 유장 자신의 나약함에서 비롯된 것이다. 힘 있는 자는 그림자도 권력이지만 힘없는 자는 길가에 버려진 강아지만도 못한 것이니, 난세의 유장의 삶이 꼭 이와 같은 수순을 밟고 있었던 것이다.

유장은 유비를 지성으로 맞이하였다. 매일같이 잔치를 열고 서로가 정답게 마음을 나눈다. 방통과 법정은 천재일우의 기회를 놓치지 말고 유장을 처치하자고 권하지만 유비는 듣지 않는다. 위연이 칼춤을 추다가 적당한 기회에 유장을 처치하기로 하였으나, 유장의 부하인 장임(張任)이 눈치를 채고 칼춤 상대로 나섰다.

"우리 형제가 만나서 즐겁게 마시는데 어떠한 의혹도 없거늘, 홍문의 연회 자리 또한 아닌데 칼춤을 왜 추는 것이냐? 칼을 내려놓지 않는 자는 당장 목을 치겠다!"

유비가 서로를 호통을 치자 칼춤은 중단되었다. 유장은 유비를 더욱 확고하게 믿는다. 유비의 상황 판단 연기에 유장은 이미 서천을 내놓은 것이나 마찬가지다. 유비는 고수다. 그것도 보통 고수가 아니라 조조가 인정하였을 정도로 정치 고수다. 그런 고수의 정치관 또한 조조와는 언제나 상대적이다.

"지금 나와 조조의 관계는 마치 물과 불처럼 맞서고 있소. 조조가 빨리하면 나는 늦게 하고, 조조가 사납게 굴면 나는 자애롭게 나가고, 조조가 거짓말을 하면 나는 정직하게 행동하는 등, 처음부터 끝까지 조조와 반대로 하면 일은 달성될 것이오. 아주 작은 이익을 쫓아 천하의 대의를 잃는다면 나는 하지 않겠소."

유비는 어수룩하게 보이는 용인 것이다. 유비가 맘만 먹으면 유장을 제거하는 것은 식은 죽 먹기다. 유비의 생각은 다른 곳에 있다. 바로 천하의 여론인 백성들의 신임이다. 특히 서천의 대표인 유장을 함부로 처단한 후 발생할 분란을 고려하지 않을 수 없다. 빨리 차지하여 금방 잃는 것보다는, 시기를 늦추되 확실하게 주인이 되고 싶었던 것이다. '민심이 곧 천심'이라는 말을 유비는 누구보다 확실하게 믿고 있었다. 이런 점에서 본다면 유비가 조조보다 정치적으로 훨씬 앞섰다고 할 수 있다.

　　가맹관에 주둔한 유비는 방통을 비롯한 참모들의 속전속결 제안을 자제하고 주민들의 신망을 얻는 일에 집중한다. 대외적인 신의를 중시하며 결정적인 때를 기다리는 유비의 전략인 것이다. 이러한 때, 손권과 조조가 전쟁 중이라는 정보를 입수하였다. 유비는 손권을 도와준다는 명목으로 유장으로부터 3-4만 명의 병력과 10만 섬의 군량을 빌리고자 하였다. 그러나 유장은 반유비파인 황권(黃權), 유파(劉巴) 등의 간언을 받아들여 늙고 약한 군사 4천 명과 군량 1만 섬만을 보냈다. 이를 안 유비는 속으로 쾌재를 불렀다. 드디어 기다리던 때가 왔기 때문이다. 마침내 유비는 버럭 성을 지르며 선전포고를 한다.

　　　"내가 누구 때문에 이곳에서 적을 막기 위해 애태우고 있는데, 너희는 그깟

▮ 유비에게 익주 공략책을 설명하는 방통

재물을 아끼며 인색하게 구니 어찌 나의 군사들이 목숨을 바쳐 싸우겠느냐?"

유비는 오랫동안 숨겨왔던 서천에의 갈증을 이 한마디로 풀었다. 그때까지 유장에게 보였던 자애로운 모습을 청산해도 명분이 충분하였다. 천하의 인심과 덕을 모두 갖춘 사람이자, 정치적으로도 우월한 입지에 있는 유비. 이제 서천은 유비의 것이 되어도 전혀 이상할 것 없다고 판정되었을 때, 유비는 본 모습을 드러내고 유장을 향해 칼을 들이대었다. 얼마나 섬뜩한가. 수많은 정치가와 영웅들이 그러하였지만, 그중에서도 유비를 '후흑(厚黑)의 대가'라 부르는 이유가 바로 여기에 있다.

섬서성의 서안(西安)으로 향하였다. 서안은 옛날의 장안(長安)이다. 중국 6대 고도(古都)의 하나이며 삼천 년의 역사를 자랑하는 서안은 천백 년 이상 중국의 정치, 경제, 문화의 중심 도시였다. 총 11개 왕조의 수도이기도 했는데, 당나라 때 가장 번성하였다. 이때 도시 이름이 장안이었다. 지금은 섬서성의 성도(省都)로서 과거의 영예를 이어 가고 있다. 천백 년의 왕도답게 서안은 볼거리가 많다. 대충만 본다고 해도 사나흘은 잡아야 한다. 하지만 바쁜 일정 탓에 이곳에 머무를 시간이 많지 않다. 게다가 삼국지 여행에서 서안은 볼 유적이 많지 않다.

서안 성곽만 둘러볼 요량으로 시내로 들어섰다. 바둑판 같은 일직선 도로가 쭉 뻗어 있다. 7세기, 황금시대를 열었던 때에 만든 주작대로(朱雀大路)가 나그네를 반긴다. 성곽의 북문인 안달문(安達文)에 도착하니 때마침 도착한 일본인 관광객을 상대로 서안 입문식(入門式)을 거행하고 있다. 수문장들이 지키고 있는 문을 지나 궁녀들이 춤을 추고 왕과 왕비가 반갑게 맞이하는 것이었는데, 행사가 끝날 즈음 황제의 옥쇄가 찍힌 증서를 판매한다. 알고 보니 그것을 소지한 사람만이 그들과 기념촬영이 가능하였다. 중국인의 상술에 또 한 번 웃지 않을 수 없었다.

▌ 서안의 명대 성곽

　　지금의 성곽은 당시의 유적은 아니다. 명나라 때 다시 증축한 것이다.
10층 정도 높이의 성곽이 아직도 튼튼하다. 그 이유가 궁금하였다. 그것은 바로
벽돌을 만들 때 사용한 재료에 있었는데, 황토뿐 아니라 찹쌀, 쑥, 석회 등을 섞
어서 만들었다고 한다. 다른 것은 그렇다 하더라도 찹쌀을 재료로 썼다는 것이
신기하였다. 찹쌀 대신 아교풀을 씀직도 한데 말이다.

잰걸음으로 성곽을 둘러보고 동관(潼關)을 향하였다. 동관은 섬서성의 동쪽 끝에 위치하고 있는데 섬서성과 하남성의 경계를 이룬다. 남으로는 진령산맥이 있고, 북으로는 황하를 끼고 있어 지세가 험준하다. '삼진(三秦)의 문호(門戶)'라는 명칭이 붙을 정도로 예로부터 병법가들이 중시하는 요충지이다. 이곳은 한중과 중원을 잇는 길목이었기에 역사상 많은 전투가 있었다. 중요한 전투만도 40여 차례나 된다고 하는데, 조조가 마초와 한수를 무찌른 전투도 여기에 포함되리라.

서안에서 자동차로 두 시간을 달려 동관시에 도착하였다. 황사가 심해선가 하늘이 뿌옇다. 황하를 건너는 나루터에 서서 살펴보니 하늘도 강물도 땅도 같은 색이다, 치열한 전투가 벌어졌던 곳인 만큼 유적이 올곧게 남아 있을 리가 없다. 몇 사람에게 물어서 산등성이를 올라가는데, 봉화대가 있었음 직한 입구에 철문이 있고 출입을 확인하는 공안원이 있다. 이곳은 지금도 황하를 건너가기 위해 동관 나루로 가는 지름길인 것이다.

입구를 지나 조금 올라가니 정상이다. 한나라 때의 성곽이 세월의 풍파를 이겨내지 못하고 폐허가 된 채 마지막 호흡을 가다듬고 있다. 폐허뿐인 성곽에 서니 저 멀리 황하가 구비 돌아 들어오는 것이 잘 보인다. 명대에는 황하 가까이로 성곽을 중건하였는데, 현재도 약간의 흔적이 남아 있다. 황하 강변에는 옛 시대의 누각을 짓고 있는데 그 크기가 거대하다. 다음에 오면 또 하나의 관광지가 우뚝 서서 사람들을 줄 세우고 있으리라.

❚ 동관의 고성에서 바라본 황하

폐허로 변한 한대의 동관고성 터

　　산 정상의 옛 성곽은 '황성 옛터'가 되어 사람도 잊고 역사도 버린 채 세파에 흩어지고 있는데, 산 아래 황하 강변에는 돈 냄새를 맡은 자본이 새로운 동관을 꿈꾸며 황사 속에서도 분주하다. 원나라 때의 관리로 섬서성에 큰 가뭄이 들자 이재민을 구제하고자 동관을 지나던 장양호(張養浩)가 지었다는 시인 「산파양(山坡羊)」이 새삼 의미 깊게 다가오는 것은 무슨 까닭인가.

첩첩 산봉우리 모여들고	峯巒如聚
성난 파도 밀려드는	波濤如怒
산 넘어 강 건너 동관가는 길	山河表裏潼關路
장안을 바라보매	望西都
떠나지 못하는 마음	意踟躕
슬프도다! 진한의 옛터를 둘러보니	傷心秦漢徑行處
영화롭던 궁궐은 흙더미가 되었구나	宮闕萬間都做了土
잘살아도 백성은 고생이요	興 百姓苦
못살아도 백성이 고생이라네	亡 百姓苦

유장이 장로를 치기 위해 유비를 불러 연회를 베풀었던 부성은 지금의 사천성 면양(綿陽)이다. 예로부터 '촉도(蜀道)의 목구멍'으로 불려 왔던 이곳은 현재 전자 공업이 발달하여 '중국 서부의 실리콘밸리'라는 근사한 별칭으로 바꿔 불린다. 부성회가 열렸던 부락산(富樂山)으로 향하였다. 부락산의 원래 이름은 동산(東山)이다. 그런데 어째서 부락산이 되었을까. 유장이 유비와 함께 이 산에 올라 술을 마시며 촉의 풍요로움을 즐기자, 유비가 이에 호응하여 "부유하구나, 오늘의 즐거움이여!"라고 감탄하였다. 후에 유비가 익주를 탈취하자 이 고사를 기념하여 부락산으로 개칭하고 부락사를 세웠다.

부락산은 온통 삼국지 유적 공원이 되어 있다. 입구부터 거대한 누각이 우렁차게 버티고 섰다. 삼국 유적에 자연 경관을 보태어 멋진 관광지를 만들어 놓은 것이다. 입구를 들어서자 유비와 유장이 부성에서 연회를 여는 장면을 묘사한 벽화가 들어온다. 연꽃이 흐드러진 부락산 공원의 대표적인 이미지는 촉나라의 오호대장상(五虎大將像)이다. 관우, 장비, 마초, 황충, 조운 다섯 장군이 말을 타고 있는 모습이 장쾌하기만 하다. 유비, 제갈량, 장완, 비위의 4대 영웅

▌ 부성의 연회를 묘사한 벽화　　▌ 촉한의 오호대장상과 네 명의 지도자

상도 우뚝하다. 오호대장상을 돌아 부성회관을 들어서니, 홍문회를 본떠서 '부성의 회'를 재현한 동상들이 늘어서 있다. 유비와 유장이 잔을 들고 있는 모습 옆으로 검을 숨기고 있는 위연과 신호를 기다리는 유비의 군사들이 사뭇 살벌한 표정으로 연출되어 있다. 긴박감 넘치는 장면을 보고 서 있노라면, 천 팔백여 년 전의 역사적 현장에 와 있는 듯하다.

우리는 흔히 역사를 통해 발전된 미래를 열어 간다고 한다. 한편으로는 맞는 말이다. 하지만 '역사적'이란 구호 아래 행해진 수많은 불법적 행동들이 역사의 거울에 공표되지 않고 역사의 그물에 걸러지지 않는 것은 무엇 때문일까. 소위 진리라고 하는 것도 힘의 중심에만 있기 때문이다. 나아가 그 힘이란 것도 인간의 욕심에서 비롯된 것으로, 무력을 양산하고 이것에 의해 '진일보시켰

다'는 역사를 쓰고자 한다. 부성회의 현장은 바로 진리의 역사임을 내세우려는 인간의 욕심을 압축해서 보여주는 것 같다. 그렇다. 인간의 역사는 언제나, 항상 무력이 곧 진리인 것이다. 비록 그 힘의 끝이 자신을 겨누더라도 말이다.

▌ 유비와 유장이 부성에서 연회를 즐기는 장면

양주의 실질적인 맹장, 한수

양주는 지금의 감숙(甘肅), 영하(寧夏)에 해당하는 지역으로 삼국 시대에는 이민족의 땅이나 다름없었다. 후한 말 황건적이 득세하자, 양주에서도 티베트계인 강족(羌族)과 저족(氐族)이 중심이 되어 이 지역을 장악하였다. 한수(韓遂)는 이 지역의 명사(名士)였다. 양주를 장악한 북궁백옥(北宮伯玉)이 변장(邊章)과 한수를 협박하여 군정을 맡기자 이때부터 두각을 나타냈다. 뛰어난 지모와 인덕을 갖춘 한수는 항상 이인자의 자리를 고수하였다. 그러나 자리만 그럴 뿐이지, 지략은 언제나 최고의 자리에 있었다. 그래서 스스로가 필요하다고 생각하면 자신의 계획대로 일인자를 바꾸거나 처단할 수 있을 정도였다.

서량의 맹장으로 마등(馬騰)이 빠질 수 없다. 마등은 아버지는 한인이고 어머니는 강족이다. 마등은 큰 키에 우람한 체격으로 영웅적 풍모를 지녔는데 상당한 인격까지 갖춘 자였다. 그가 부대장급인 사마(司馬)에 올랐을 때, 상관으로 모시던 양주자사 경비가 죽자 군사를 일으켜 반역하였다. 한수와 연합한 것은 이때였다. 마등과 한수는 의형제를 맺어 처음에는 서로 친하게 지냈다. 하지만 권력의 공백 지대인 관중을 놓고 욕심이 없을 수 없었다. 서로가 싸움이 그칠 날이 없으니 자연히 원수가되었다. 이를 꿰뚫어 본 조조가 종요(鐘繇)를 사자로 보내 서로를 위무하여 조용히지내게 하였다. 조조가 정중하게 요청하자 마등과 한수가 받아들인 것이다. 조조는 서량의 두 맹장을 상대하기가 아직은 껄끄러웠던 것이다. 서기 198년의 일이다. 그로부터 10년 후인 208년, 한수는 동료이자 라이벌이었던 마등이 조조의 부름을 받고서 허도로 가자, 그의 아들인 마초와 동료가 된다. 서기 211년, 조조는 그동안 미루어 두었던 현안인 관중 평정을 단행하여 그해에 목적을 달성하였다.

조조의 관중 평정 과정에서 재미있는 것은 한수와 단둘이서 말을 타고 대화하는 교마어(交馬語)이다. 『삼국지』의 「무제기」를 보면 그때의 정황을 짐작할 수 있다.

'한수가 요청하여 조조를 만났다. 조조와 한수의 부친은 함께 효렴이 되었으며, 한수와는 오래 전부터 벗이었다. 그래서 둘은 오랜만에 말을 탄 채 대화를 하였다. 군사에 관한 이야기는 하지 않고 다만 옛날 친구들과 지내던 때를 손뼉을 쳐가며 즐겁게 이야기했을 뿐이다.'

조조와 한수가 일촉즉발의 전쟁터에서 서로의 지난일을 회고한다는 것은 보통의 관록으로서는 할 수 없는 일이다. 그만큼 조조와 한수는 풍격이 높았던 것이다. 하지만 한수는 조조보다 순수하였다. 교마어가 조조가 구상한 반간계의 하나였음을 몰랐다. 그것은 한수가 교마어를 좋아하는 것을 조조가 역이용한 것인지도 모른다.

이각과 곽사가 권력을 잡았을 때 한수는 장평관 전투에서 패하여 진창(陣倉)까지 도망갔다. 동향(同鄕) 출신인 번조(樊稠)가 추격해 오자 교마어를 시도해 위기를 넘겼다. 그 후 번조는 이각에게 죽었는데 그 이유는 한수와의 교마어로 의심을 샀기 때문이었다. 한수는 자신이 좋아하는 교마어로 인해 마초에게 의심을 갖게도 하였지만, 그렇다고 조조에게 투항한 적은 없다. 조조에게 패한 한수는 양주로 달아나고, 그때마다 강족과 저족의 무리들이 그를 도와 다시 일어설 수 있도록 하였다. 한수가 이민족을 후대하였기에 이들도 한수를 끝까지 지켜준 것이다.

서기 215년, 70여 세로 세상을 떠날 때까지 한수는 32년간을 서량의 맹주로 군림하였다. 『삼국지』「위지」, '장기전(張旣傳)'에는 한수를 최후까지 섬긴 성공영(成公英)의 이야기가 있다. 한수가 죽자 성공영은 조조에 투항하였다. 조조가 기뻐하며 군사(軍師)로 삼고 물었다.

"그대는 한수에게 충성을 다하였는데, 나에게도 그리할 수 있는가?"

말에서 내린 성공영이 무릎을 꿇고 흐느끼며 말하였다.

"사실대로 말하겠습니다. 저의 원래 주인이 살아계셨다면, 결코 저는 이곳에 오지 않았습니다."

당시 최강이자 최고의 주군으로 인정받았던 조조. 그럼에도 성공영은 한수에의 그리움을 숨기지 않았다. 충신불사이군(忠臣不事二君)의 마음인가, 아니면 한수만이 갖고 있는 독특한 매력과 끌림이 있어서인가.

29. 난세에는 신의보다 천하가 먼저다

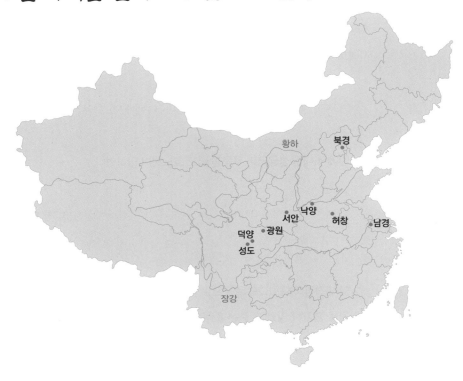

"지금 즉시 정예 군사를 뽑아 이틀 길을 하루에 달려가 기습하는 것이 상책이고, 촉의 명장인 양회와 고패의 군사가 용맹하게 관소를 지키고 있으니 주공은 형주로 회군한다는 속임수를 쓰십시오. 소식을 들은 두 장수가 주공을 전송하러 올 것이니, 전별연에서 그들을 처단하고 관소를 빼앗아 부성(涪城)을 점령하소서. 그런 연후에 성도로 전진하는 것이 중책입니다. 아니면 백제성으로 물러난 후, 밤새워 형주로 귀환하여 틈틈이 기회를 엿보는 것이 하책입니다. 이제 여기서 망설이며 있다가는 곧 커다란 곤란이 닥칠 것이며 그때는 이미 벗어날 수 없게 될 것입니다."

"상책은 너무 급하고 하책은 너무 느린 것 같소. 중책이 느리지도 급하지도 않으니 따를 수 있겠소."

서기 211년, 가맹관(葭萌關)에서 민심을 얻고 있던 유비는 방통의 세 가지 계책 중에서 중책을 받아들여 오랜 숙원인 익주 공략에 나섰다. 양회(楊懷)와 고패(高沛)가 지키고 있는 부수관(涪水關)을 탈취하고 이제 성도의 목 줄기에 해당하는 낙현을 공략하려 할 때다. 형주의 제갈량으로부터 긴급하게 편지가 날아왔다. 천문의 기운이 좋지 않아 참모의 신상에 나쁜 일이 있을 것 같으니 절대 조심하라는 내용이다. 편지 내용을 본 방통은 유비에게 제갈량의 말에 현혹되지 말라며, 더욱 적극적으로 공격할 것을 설득하였다. 방통은 유비의 참모인 까닭에 제갈량과의 경쟁을 의식하지 않을 수 없었던 것이다. 때마침 방통의 말이 속을 썩이자, 유비는 자신이 타던 백마와 바꾸었다. 방통은 소로와 대로 중 소로를 택하여 공격에 나섰다. 골짜기를 진군하던 방통은 지명 이름이 낙봉파(落鳳坡)임을 알고 급히 후퇴를 명하지만, 장임의 매복군이 쏘아대는 화살을 피할 수 없었다. 게다가 자신의 말을 유비의 백마와 바꿔 탄 터라, 더더욱 유비로 오해받아 집중공격의 대상이 되었다. 36세의 열혈남아 방통은 이렇게 허망하게 전사하였다. 후세의 시인들이 그의 총명함을 안타까워하며 시를 지었다.

옛 고개는 연이어 푸른빛 가득하고	古峴相連紫翠堆
방사원의 집은 산모롱이에 있었네	士元有宅傍山隈
어릴 적 우둔하다 놀림도 받았지만	兒童慣識呼鳩曲
뛰어난 재주는 동네마다 소문났네	閭巷曾聞展驥才
천하 삼분 미리 예견하고 움직여	預計三分平刻削

머나먼 길 달리며 홀로 배회하였네	長驅萬里獨徘徊
그 누가 알았으랴, 흉한 별똥 떨어져	誰知天狗流星墜
장군의 금의환향 못하게 할 줄을	不使將軍衣錦回

진나라 말기 황석공이 지어 장량에게 전해 주었다는 『삼략(三略)』에 보면, 장수 12가지 자질이 나온다. 청렴결백하고, 차분해야 하고, 공평해야 하고, 가지런해야 하고, 충고에 귀기울여야 하고, 옳고 그름을 가려야 하고, 인재를 유치해야 하고, 부하의 제안을 받아들일 줄 알고, 각국의 풍속을 알아야 하고, 산천형세를 꿰뚫고 있어야 하며, 지형지물의 험난한 곳을 알아야 한다. 그리고 전군을 슬기롭게 지휘하여야 한다. 실로 장수의 역량이 국가의 운명을 좌우한다고 하겠다. 방통은 뒤늦게 유비 집단에 합류하였다. 그리고 제갈량에 버금가는 뛰어난 재주를 가졌기에 조급하였다. 제갈량만큼 유비의 신임을 받기 위해서다. 이러한 생각이 마음부터 다스려야 한다는 병가의 기본적인 교훈조차도 잊게 했던 것이다.

'북쪽에 있는 조조는 막고 동쪽에 있는 손권과는 화친한다(北拒曹操 東和孫權).'

방통의 전사 소식을 접한 제갈량은 관우에게 형주를 지키는 전략을 여덟 자로 요약하여 적어 준다. 그리고 장비와 조운, 장완 등을 이끌고 서천으로 향하여 유비의 익주 공략에 가세한다. 형주도 중요하지만 익주는 뿌리가 되는 곳이기에 전력을 기울이지 않을 수 없었던 것이다.

214년, 유비는 방통을 잃는 희생을 치르며 성도의 북동쪽에 위치한 군사 거점인 낙성을 함락시킨다. 그리고 유장이 있는 성도로 진격을 시도한다. 유비의 맹공을 받은 유장은 원수지간인 장로에게 순치(脣齒) 관계의 중요성을 설명하고 20개의 현을 주겠다며 구원을 요청한다. 장로가 승인하자 그에게 몸을 의탁하고 있던 마초가 유비를 저지하기 위해 가맹관으로 출병한다. 마초의 공격은 촉 땅의 제패를 앞둔 유비의 마음을 더욱 조급하게 만들었다. 이에 천하의 장비가 나섰다. 하지만 마초도 서량의 맹장이었다. 밤낮으로 싸워도 승부가 나지 않았다. 그야말로 용호상박이었다. 유비는 마초의 용맹함에 반하여 그를 휘하에 두고 싶었다. 제갈량이 계략을 세워 장로와 마초 사이를 갈라놓았다. 그리고 이회(李恢)에게 마초를 설득하여 항복을 받아내도록 하였다.

"월나라 서시는 비방하기를 좋아하는 사람도 그 미모까지 비방하지 못했고, 제나라 종리춘은 칭찬만을 일삼는 사람도 그 얼굴까지는 칭찬하지 않았다고 합니다. 그러나 해도 중천에 오르면 서녘으로 기울고, 둥근 달도 이지러지는 것이 세상의 도리입니다. 지금 조조는 장군의 부친을 해친 원수이고, 농서(隴西) 또한 결코 잊지 못할 모욕을 남긴 증오의 땅입니다. 앞으로 나아가도 유장을 구해 내고 형주의 군대를 무찌를 수 없고, 뒤로 물러난다 해도 양송을 무찌르고 장로를 만나기가 어렵습니다. 천하가 이처럼 용납하지 않는데, 의지할 곳도 없는 몸으로 또다시 위수교의 패배나 기성의 실수를 범한다면 어떻게 세상 사람들을 보겠소이까?"

이회는 원래 유비의 입촉(入蜀)을 반대했던 인물이다. 그런데 어찌하여 유비의 사람이 되었는가. 이회의 고언(苦言)을 유장이 받아들이지 않자 이에 실망했기 때문이다. 유장의 우둔한 정치에 많은 인사들이 염증을 느꼈는데, 이회도 그중 한 사람이었다. 이회는 마초에게 장로 같은 어리석은 군주를 버리고 유비와 같은 현명한 군주에게 몸을 의탁하라며 위와 같이 설득하였다. 배신과 변절이 난무하는 난세의 시대에 자신의 안위를 위해 주군을 바꾸는 것은 흔한 일이다. 계략에 빠진 마초는 유비에게 항복하였다. 유비가 마초를 얻은 것은 그야말로 천군만마를 얻은 것이나 다름없었다. 당면 과제인 성도 공략에 있어서 더없이 뛰어난 장수를 얻었기 때문이기도 하지만, 향후 촉나라 건설에도 마초는 중요한 역할을 할 수 있기 때문이다.

마초는 마등의 아들이다. 마초의 용맹스러움은 천하에 소문이 자자해서 조조 또한 "마초가 죽지 않는다면 내게는 장사지낼 땅조차도 없겠구나!"하고 걱정하였다. 그러나 마초의 삶은 용맹처럼 순탄하지 못하였다. 서기 211년, 마초는 한수와 함께 군사를 일으켜 조조에게 반기를 들었다. 그러나 조조에게 곧 제압당했고, 이로 인해 부친과 종족 200여 명이 한꺼번에 참변을 당하였다. 213년에도 궐기했지만 이번에는 처자식을 잃었다.

마초가 유비의 부하가 되기 전, 장비와 밤을 새운 전투는 사실이 아니다.

▌ 섬서성 면현에 있는 마초묘

유비가 유장을 공격할 때, 유장이 장로에게 구원을 요청한 적이 없고 장로 역시 유장에게 지원병을 보낸 적이 없기 때문이다. 유장이 장로에게 땅을 바치면서 구원을 요청한 것은 마초를 등장시키기 위해 나관중이 꾸며낸 수단에 지나지 않는다. 『삼국지』의 촉서 '마초전'에는 '마초는 한중으로 달아나 장로에게 의탁하였다. 장로는 함께 일을 도모하기에 부족한 인물이라서 마초는 내심 고향을 그리워하게 되었다. 유비가 성도에서 유장을 포위하였다는 소식을 듣고 은밀하게 서신을 보내어 투항을 청하였다. 이에 유비는 사람을 보내 마초를 맞이하였다.'라고 하였다. 그러므로 마초가 군사를 이끌고 가맹관을 공격한 것 또한 작가가 만든 이야기인 것이다.

나관중이 마초에 관심을 보인 것은 무슨 이유일까. 그것은 마초가 촉한의 오호대장 가운데 한 사람이 되었기 때문이다. 촉한 정통론을 주장하는 작가의 입장에서 본다면 촉한을 이끈 오호대장의 영웅담은 이야기 전개에 필수적인 사항이다. 그런데 마초는 유비에게 귀순한 이후로 별다른 공을 세우지 못하였다. 자신의 실수로 가문과 가족을 몰살시킨 죄의식이 마음의 상처로 남았기 때문일 것이다. 그럼에도 불구하고 마초의 지위는 나날이 높아졌다. 평서장군에서 표기장군을 거쳐 태향후까지 올랐다. 기록할 만한 업적이 없는 마초를 유비는 어째서 최고의 대우를 한 것일까. 유비는 촉나라를 세우고 조조와 대항하기 위해서도 감숙성을 장악할 필요가 있었다. 그런데 이곳은 마초의 근거지나 다름없는 곳이다. 이에 유비는 마초를 오호대장에 임명하여 용맹스런 맹장의 위신을 세워 주고, 이를 통해 힘 안들이고 서량을 지배할 수 있었던 것이다.

관우는 마초가 유비에게 투항했다는 소식을 듣고 아들인 관평(關平)을 시켜 마초와 겨루어 보고자 하였다. 유비가 걱정을 하자 제갈량이 관우에게 한 통의 편지를 보냈다.

'제 생각에는 마초는 다른 사람과는 확실히 비교할 수 없는 용맹성을 가지고 있습니다. 경포나 팽월에 비할 만합니다. 이는 장비님과 실력을 겨룰만 한 인물은 될지언정, 더없이 뛰어난 미염공과는 비교할 수조차 없습니다.'

사실 관우는 마초를 본 적이 없다. 그래서 마초의 인물됨이 어떤지를 제갈량에게 물어본 것이다. 제갈량은 관우의 지기 싫어하는 마음을 알고 관우를 넌지시 치켜 세워줌으로써 형주 수비에 전념하도록 배려하였다. 제갈량의 답장을 받은 관우는 "역시 내 마음을 잘 이해하는 분이다"라며 빈객(賓客)들에게 편지를 보여주고 자랑하였다. 관우의 순박함이 느껴지기도 하지만, 한편으로는 더한층 자만심을 채워 주는 것이기도 하였다. 관우는 용맹함 넘치는 호걸은 될지언정, 세상을 열어 가는 영웅의 재목은 아니었던 것이다.

방통이 죽었다는 낙봉파는 사천성 덕양(德陽)에 있다. 바람 한 점 없는 낙봉파는 내리쬐는 뙤약볕에 열기가 높다. 오랜 세월이 지나며 지형도 변했음

▌ 방통이 화살을 맞아 죽었다는 낙봉파

▌ 낙봉파에 있는 방통의 혈분(血墳)

인가. 나지막한 구릉에 잡목들뿐인 이곳이 그 옛날 수목이 울창한 골짜기였다는 것이 믿기지 않는다. 길가의 언덕에 세워진 낙봉파 비석도 초라하기 그지없어 보인다. 주변의 밭둑 사이로 방통의 혈분(血墳)이 있는데, 시골 노인 한 분이 정성스레 향을 사르고 절을 드린다. 그 모습이 자못 경건하기만 하다. 천 수백 년을 넘게 방통을 기리는 마음이 이어져 오고 있는 까닭은 무엇일까. 요절한 위인을 추모하는 것인가, 영특한 지략을 물려받기 위함인가.

　　돌을 깔아 만든 옛 길을 올라가니 백마관(白馬關)이 우뚝하다. 이곳은 원래 산 이름을 따서 녹두관(鹿頭關)이라고 불렀다. 그런데 방통이 이곳에서 유비의 말을 바꿔 타고 죽었기에 백마관으로 부르게 되었다. 백마관을 지나 안으로 들어가니 측백나무 우거진 방통의 사당이 있다. 사당은 두 채의 전당이 앞뒤로 나란한데, 앞의 것은 용봉이사전(龍鳳二師殿)이라 하여 제갈량과 방통의 소상(塑像)을 만들어 함께 모셨다. 뒤의 것은 서봉전(栖鳳殿)이라 하여 방통만을 모셨다. 두 채의 전당 기둥에는 유명 서예가들의 대련이 새겨져 있고, 건너 편 회랑에

▍고색창연한 방통사 입구

▍방통을 모시는 서봉전

▍방통을 기리는 시구가 진열된 비랑

▍장비가 심었다는 편백나무

도 석각이 즐비하여 돌아보는 것만으로도 흐뭇하다. 사당 앞에는 장비가 손수 심었다는 몇 아름드리 측백나무 두 그루가 커다랗게 솟아 있다. 무너진 석조와 이끼 서린 담장 너머로 보이는 금우고도(金牛古道)는 한층 고색창연한 분위기를 연출한다.

　　서봉전 뒤편에 방통의 무덤이 있다. 돌로 쌓아올린 크지 않은 무덤은 묘비 좌우로 작은 정자를 만들어 흰 말과 밤색 말을 만들어 놓았다. 방통의 백마고사를 염두에 둔 것이리라. 오랫동안 방통사를 찾아보고 싶었던 두보는 이곳에 와서 '녹두, 어이해 높디높은가, 오늘에야 주리고 마름을 위로 받네.' 라고 노래하였다. 남송의 시인 육유도 녹두산에 위치한 방통묘를 지나며 그의 죽음을 슬퍼하였다.

▌방통묘

▌방통묘 앞에 있는 백마상

방통이 죽은 지 이미 천 년	士元死千載
쓸쓸히 남아 있는 사당을 지나네	淒惻過遺祠
세상과 화합하기 어려웠으니	海內常難合
하늘 뜻을 어찌 쉬이 알 수 있겠는가	天心豈易知
영웅의 천고의 한	英雄千古恨
늙은이들이 해마다 그를 생각하네	父老歲時思
푸른 이끼만 저토록 무정하니	苔蘚無情報
부러진 비석에 가을빛만 가득하네	秋來滿斷碑

방통은 분명 어이없게 죽었다. 방통의 허망한 죽음은 방통 자신뿐 아니라 이제 막 천하 삼분 계략을 달성하고 한나라의 부흥을 위해 천하통일의 희망에 부푼 유비에게도 결정적인 타격을 입혔다. 방통의 무덤을 찾는 이들이 애통해하는 까닭도 바로 여기에 있을 터. 두보와 육유가 그랬던 것처럼 애잔한 마음 추스르며 금우고도가 이어진 산문을 나선다.

옛 소화고성 안의 마을과 돌길

유비가 익주점령의 교두보로 삼았던 가맹관(葭萌關)을 찾아갔다. 가맹관은 현재 사천성 광원(廣元)의 소화고성(昭化古城)이다. 가릉강과 백룡강이 합류하는 이 지역은 옛날부터 갈대가 많았다. 새 싹이 돋아난 갈대를 가맹(葭萌)이라고 하는데, 가맹관이라는 이름도 바로 갈대밭에서 붙여진 이름이다. 가맹관은 촉나라를 세운 유비에게 있어서는 더없이 의미

▌옛 소화고성 입구

깊은 곳이다. 유장의 가신들을 영입하고 마초를 얻고 형주의 제갈량과 참모들이 모여 익주를 차지하려는 계책을 세운 곳이기 때문이다. 유비는 이곳을 차지한 후 지명을 한수현(漢羞縣)이라 고쳤다. 유비가 촉한을 세우는 데 든든한 출발점이 되었음을 알 수 있다. 지금의 소화라는 이름은 송나라 때에 생긴 것이다.

삼국의 마을이라고 불리는 소화고성에 도착하니 조그만 아치형 성문이 시골의 들판과 마을을 구분해 놓았다. 고색창연한 빛을 한껏 내뿜고 있는 성문 너머로 좁다란 돌길과 집들이 옹기종기 자리 잡은 것이 마냥 아름답게 보인다. 성벽을 반짝이는 햇볕이 성문에 그늘을 드리우고 과거와 현재의 통로가 이곳임을 알려 주고 있다. 웅달진 성문을 지나 과거의 마을로 들어갔다. 청석(靑石)을 깔아 만든 돌길이 마을 끝까지 이어졌다. 허름한 민가들이 옛날 그대로 늘어서 있고, 부서진 담장은 저마다 시대를 거슬러 오르게 한다. 삼국 시대부터 청나라 때까지의 흔적이 골고루 배어있는 소화를 걸어가노라니 역사의 현장을 관통해 가는 사가(史家)가 된 듯하다.

▌새롭게 정리된 낙봉파와 혈분 ▌새롭게 단장된 백마관의 모습

　　10여 년 만에 다시 찾은 덕양과 소화는 예전보다도 잘 정비가 되어 있
다. 풀 밭길을 헤쳐 가며 찾았던 낙봉파 표지석은 이제는 누구도 쉽게 찾을 수 있
도록 주변을 정비하였다. 표지석 위에는 방통의 혈분이 있다. 혈분 입구를 오르
는 계단도 풀밭 속 언덕이었는데 이제는 잘 정비하여 참배하기 좋게 조성해 놓았
다. 혈분 앞에는 오늘도 참배객이 향을 올리고 있다.

　　백마관도 새롭게 정비되었다. 예전에는 울퉁불퉁한 벽돌로 쌓은 관문이
이제는 매끄러운 돌로 변했다. 아마도 갈아낸 듯한데 오히려 더 산뜻해 보인다.
성문도 아치형으로 복원하여서 제법 옛 관문의 분위기가 더해졌다.

　　방통사는 예전 모습 그대로다. 허름했던 석조 기둥들마저도 십여 년 전
모습 그대로 올곧다. 대지진도 피해 간 것이 감사하다. 지난밤에 비가 스쳐가서
인지, 푸르른 신록이 고요한 방통사의 운치를 더욱 깊게 만든다. 비랑(碑廊)을
가득 채운 많은 시비(詩碑)가 요절한 방통을 흠모하듯 햇빛에 반짝인다.

▍ 이끼 서린 담장 사이로 이어진 금우고도

▍ 옛 금우고도의 흔적과 당시 상황을 표현한 부조상

방통사 앞에는 금우고도가 있다. 잠시 고도를 따라 걸으며 진한(秦漢)시대의 역사를 떠올리는데, 예전에는 보지 못한 조각상들이 보인다. 금우고도를 오갔던 당시의 모습을 간략하게 표현해 놓았다. 전장을 오가는 장수, 풍류를 즐기는 도사, 물건을 팔러 다니던 상인. 그 뒤로는 외발 수레에 아리따운 여인을 태우고 웃음 가득한 모습으로 수레를 미는 총각상도 있다. 총각의 마냥 행복한 모습이 종일을 달려도 힘들지 않으리라.

방통사와 백마관이 예전 모습과 별반 차이가 없다면 소화고성은 그야말로 상전벽해가 되었다. 소화고성이 국가급풍경명승구로 지정되어서인가. 마을 입구부터 패루가 우뚝하고 좌우로는 상가가 빼곡하다. 소화고성에 들어서기도 전에 특산물과 먹거리 구경에 지칠 법하다. 상점 거리는 소화고성을 들어서서도 이어진다. 예전의 고즈넉한 모습은 간 곳 없고, 넓어진 길 좌우로 음식점과 기념품점이 들어섰다. 관광지 어디에서나 볼 수 있는 풍경으로 변모하고 말았다. 소화고성을 관광지로 만들면서 좋아진 점이 있다면 양쪽 성문 입구에 누각

▎관광지로 변모한 소화고성의 입구와 성안의 모습

▎ 새롭게 복원한 가맹관

을 복원해 놓은 점이다. 누각을 세워 놓으니 그 옛날 요충지로서의 가맹관의 분위기가 살아나는 듯하다.

　　소화고성 밖에도 삼국의 유적이 있다. 관우의 양아들인 관색의 처, 포삼낭(鮑三娘)의 무덤이 있고, 장비와 마초가 횃불을 밝히고 밤새 결투를 벌였던 장소인 전승패 제방이 그것이다. 전승패 제방에서의 결투는 허구이지만 고성 앞 상점들이 들어선 길가 옆에 '이곳이 장비와 마초가 겨루었던 전승패 지역이다'라며 움직일 수 없는 무게로 버티고 있다. 관색은 민간설화에서 만들어진 인물이다. 그러므로 포삼낭 역시 허구의 인물이다. 그런데 허구의 인물이 중국인들에게 존경받고 그들의 묘까지 만들어 놓은 것은 무슨 까닭일까. 힘없는 백성들은 삶에서의 어려움을 해결하고 복을 받길 원하는 구복신앙(求福信仰)에 몰입한다. 이러한 구복신앙이 많은 사당과 무덤을 만들어 놓은 것이다. 중국인들은 현실적이다. 그러므로 그들에게 있어 허구는 별로 중요하지 않다. 자신이 부귀영화의 복을 받을 수 있다면 천만 명의 허구적 인물에게도 소원성취를 빌 수 있다. 믿음은 위안을 주기 때문이다.

그러나 이러한 믿음이 밖으로 표출되면 문제가 된다. 동북공정사업 또한 필요하면 만들어내는 중국적 사고방식에서 기인된 것이다. 지금은 어불성설이라도 밀어붙이고 백년 천년이 지나면 역사라고 우긴다. 중국인의 만만디 정신이 실로 무서울 뿐이다. 중국의 사서를 맹목적으로 수용할 것이 아니라 비판적이고 객관적으로 살펴야 하는 이유가 여기에 있는 것이다.

▌ 관색과 그의 처 포삼랑 무덤

방통의 죽음, 촉한 멸망의 시작

방통은 형주 양양 출신이다. 어렸을 때에는 매우 평범했고 인물도 추남이어서 그를 높이 보는 사람은 없었다. 오직 사마휘만이 방통의 인물됨을 알고 남주(南州) 선비들 중 첫 번째가 될 만하다고 평가하였다. 방통은 천성이 인물을 평가하고, 사람을 교육시키는 일을 좋아하였다. 그는 사람을 평가할 때마다 칭찬만 했는데, 그 사람의 재능을 뛰어넘는 경우가 많아 사람들이 괴이하게 여겼다. 방통은 명쾌하게 말하였다.

"지금 세상이 크게 혼란하여 정도(正道)가 쇠퇴하니, 착한 사람은 적고 악한 사람만 많습니다. 이제 한창 풍속을 되찾고 도업(道業)을 일으키려고 하는데, 무엇보다 말을 아름답게 해야만 흠모하며 따를 것이고, 만약 그렇지 않다면 선한 일을 하는 자도 적을 것입니다. 이제 열 명을 뽑아 다섯 명을 잃어도 오히려 그 절반은 얻는 것이며, 세상의 밝음을 높이고 뜻있는 자로 하여 스스로 노력하게 할 수 있으니 그 또한 옳은 일이 아니겠습니까?"

방통의 추한 얼굴은 그의 능력을 발휘하는 데 장애가 되었다. 손권에게서 그랬고, 마지막으로 찾아간 유비에게서도 별반 대우를 받지 못하였다. 장비와 노숙, 제갈량의 천거가 있고서야 군사 중랑장에 임명되었다. 사람을 평가함에 있어서 겉모습만 보아서는 안 된다고 하였지만, 예나 지금이나 첫인상은 무척 중요한 것이다.

장비가 술에 취해 공무를 보지 않고 있는 방통을 꾸짖기 위해 찾아간 부분은 작가가 꾸며낸 허구다. 그러므로 장비가 보는 앞에서 공무를 처리한 것도 사실이 아니다. 『촉서』의 「방통전」에 보면, '선주(유비)가 형주를 관리하면서 방통에게 뇌양현의 현령을 제수하였는데, 현령으로서 본연의 업무를 하지 않아 해임되었다. 오나라 장수 노숙은 선주에게 편지를 보내기를, "방통은 일개 현령 따위나 맡아서는 안 되는 인물이니 치중(治中)이나 별가(別駕) 정도의 중책을 제수해야만 그의 재능을 볼 수 있을 것입니다."라고 기록되어 있는데, 나관중은 이 내용에 근거해 이야기를 재미있게 만든 것이다.

그런데 왜 장비가 관여하게 되었을까. 그것은 『삼국지연의』의 모태라 할 수 있는 『삼국지평화』에 장비의 이야기가 있기 때문이다. 즉, 유비가 방통의 행동거지에 분개하자 이를 본 장비가 방통을 잡아다가 죄를 묻겠노라고 큰소리를 치고, 뇌양현 관아를 쳐들어가 칼을 휘둘러 방통을 생포하였다. 그런데 장비가 생포한 방통은 한 마리 개였다. 이러한 상황을 예견한 방통이 도술을 부려 개를 자신의 모습으로 변장해 놓았는데, 장비가 이를 잡은 것이었다. 나관중은 이처럼 초기의 황당무계한 내용을 보다 사실적인 이야기로 재창작하였는데, 이는 어수룩한 장비를 통해 방통의 뛰어남을 한층 돋보이게 한 것이다. 또한, 방통이 낙봉파에서 매복군의 화살에 맞아 죽은 것도 사실이 아니다. 군사를 이끌고 낙성을 포위하여 공격하다가 날아온 화살을 맞고 죽은 것을 나관중이 보다 극적인 장면으로 연출해 놓은 것이다.

『삼국지연의』로 인해 발생한 오해와 억지가 마치 진실처럼 되어 버린 경우가 많다. 낙봉파도 그 대표적인 것 중 하나다. 나관중에 의해 방통의 사망 장소가 결정되자 후세 사람들이 사천성 덕양의 험준한 지점에 낙봉파라는 지명을 만들었다. 그런데 청나라 때 시인이자 학자인 왕사진(王士禛)이 '낙봉파에서 방사원을 조상하다'라는 시를 지었고, 이것이 『중국고금지명대사전(中國古今地名大辭典)』에 수록되었다. 이쯤 되면 관련 석학이나 지식인이 아니고서는 모두가 진실처럼 믿게 마련이다. 『삼국지연의』가 노리는 것이 바로 이러한 중독에 있는 것은 아닐까. 잘못된 아홉이 사실이라고 떠들면 진정한 하나는 묻혀 버리는 대중 심리의 활용, 그리고 이를 통한 정치적·역사적 공고화. 이는 비단 문학에서만 이루어지는 것은 아니지만, 『삼국지연의』는 이 부분에서 최고(最古)이자 최선(最先)의 자리에 있는 것이다.

방통은 익주 공략으로 촉나라 건국의 발판을 마련하였지만, 아쉽게도 이 과정에서 전사함으로써 결국 촉나라 멸망의 단초를 제공하였다. 방통의 죽음으로 제갈량이 익주로 오고, 형주에 홀로 남은 관우는 교만한 자존심만 믿고 정세 판단을 잘못하여 형주를 빼앗기고 목숨도 잃는 일이 벌어졌기 때문이다. 이에 사태는 급전직하로 변하여 오와의 동맹이 깨지고 장비와 유비도 사망하니, 촉은 건국과 함께 도미노처럼 멸망의 길을 향해 나갈 수밖에 없었다. 그 시작이 방통의 죽음에서 비롯되는 것이다. 삼국 중 인재가 가장 적었던 촉의 서글픔이 아닐 수 없다. 결국 어느 때, 어느 시대를 막론하고 국가 천년대계(千年大計)의 최우선은 우수한 참모가 얼마나 포진하고 있느냐에 달려있는 것이니, 제왕의 덕도 결국 참모의 역량에 좌우되는 것이다. 진수는 방통을 가리켜 '순욱의 형제뻘'에 비교하였는데, 이는 방통 역시 뛰어난 인재이지만 제갈량에는 미치지 못한다는 의미이기도 하다. 그러나 방통은 인재난을 겪고 있던 유비 진영에 없어서는 안 될 소중한 참모였음은 부인할 수 없다.

30. 술고래 장비, 지혜로 엄안을 포섭하다

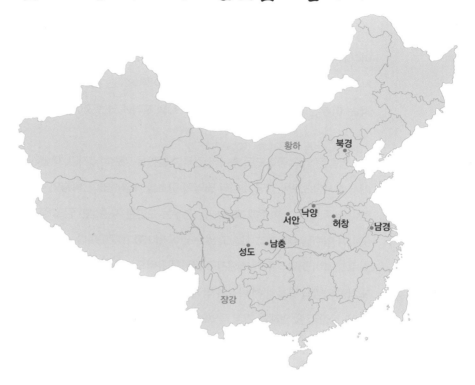

"익주에는 호걸들이 매우 많으니 절대로 얕잡아 보고 대적해서는 아니 되오. 가는 도중에도 군사들이 행여나 백성들에게 노략질을 하여 민심을 잃는 일이 없도록 단속하고, 이르는 곳마다 백성들을 다독여 은혜를 베풀고 함부로 위세를 부리거나 병사들을 때리지 마오. 실수가 있어서는 아니 될 것이오."

유비는 방통의 죽음으로 익주 공략에 차질이 생기자 형주의 제갈량에게 이 사실을 긴급히 알렸다. 제갈량은 일의 급함을 알고 직접 익주 공략에 참가하기로 하였다. 형주 역시 매우 중요한 요충지였기에 그는 관우에게 형주를 잘 지키라고 신신당부하였다. 장비, 조운에게는 각각 군사를 나누어 주고 낙성(雒城)에서 합류하기로 하였다. 제갈량은 평소 장비의 성격과 행동을 잘 아는 지라 별도로 불러 특별히 지침을 내렸다. 민심을 잃으면 익주를 차지한 들 다스리기에 어려움이 따를 것이기 때문이다. 또한 부하들에게 신임을 잃으면 전투에서 승리할 수 없을 뿐만 아니라 그들이 언제든 배반할 수 있기 때문이다.

　　장비도 이번 익주 공략이 어느 때보다도 중차대한 출정임을 알고 있었다. 단지 전투에서 승리하는 것만이 능사가 아님을 간파하였다. 더욱 신중을 기하여 파서(巴西)로 진군하였다. 파군에 이르자 태수(太守)인 엄안(嚴顔)이 장비의 길목을 막았다. 엄안은 노장(老將)이지만, 아직도 경궁(硬弓)과 대도(大刀)를 잘 쓰는 만부부당지용(萬夫不當之勇)의 장수였다. 엄안은 일찍이 유장이 유비를 서천으로 불러들였다는 소식을 듣고는 '깊은 산속에 홀로 앉아 자신을 지켜 달라고 호랑이를 부르는 꼴'이라고 한탄하였다. 이러한 그가 유비의 아우인 장비마저 쳐들어온다고 하니 단단히 준비를 한 것이다.

　　싸움은 으레 말싸움으로 시작된다. 상대방의 기세를 꺾어 놓기 위한 전략의 하나인 것이다. 우락부락한 장비가 쉰소리를 내며 욕설을 퍼부어도 엄안은 꿈쩍하지 않는다. 대신 엄안도 이에 질세라 거세게 욕설을 퍼붓는다. 엄안은 성을 굳게 지킬 뿐 싸우러 나오지 않았다. 장비가 성 앞에서 온갖 싸움을 걸면 엄안은 성안에서 난전만 쏘아댔다. 이대로 가다가는 낙성은커녕 이곳에서 군량미를 다 허비할 지경이다. 장비는 엄안이 지키는 성안을 관찰한 후 부하들에게 전투 준비는 하지 말고, 땔감이나 마련하면서 지름길을 찾도록 하였다. 엄안은 장비가 며칠 동안 움직임이 없자 부쩍 의심이 들었다. 10여 명의 병사를 장비의 병사로 꾸며서 동정을 살피도록 하였다. 그날 밤, 장비는 영채에서 고래고래 소리를 질러 댔다.

"엄안, 이 늙은 놈이 나의 화통을 터뜨려서 죽일 작정이구나!"

"장군! 애태우실 필요 없습니다. 요 며칠간 소로 하나를 찾아냈습니다. 몰래 파군을 지나갈 수 있습니다."

"그것 잘됐구나! 지체할 것 없이 오늘 밤 이경(二更)에 밥을 지어 먹고 삼경(三更)에 달빛을 틈타 모두 조용히 일사불란하게 출발한다."

엄안은 염탐한 병사가 보고한 내용을 듣고 매우 기뻐하였다. 군사들에게 삼경에 성을 나가 숲속에 매복했다가 장비가 지나가면 기습하기로 하였다. 엄안은 염탐 병사의 말대로 장비가 지나가자 북을 울리며 공격하였다. 하지만 이것은 장비의 계략이었다. 먼저 지나간 장비는 가짜였던 것이다. 장비의 계략에 걸린 엄안은 사로잡혔다. 장비는 입성하자마자 즉시 백성들을 보살피라는 방을 붙이고 항복하지 않는 엄안을 꾸짖었다. 엄안은 무서워하는 기색 없이 장비를 호통 쳤다.

"너희들은 의리도 없이 우리 주군을 침략하고 있다. 그러니 단두장군(斷頭將軍)은 있을망정, 항복하는 장군은 없을 것이다."

"이런 못된 놈이 있나. 어서 당장 끌어내어 목을 베어 죽여라!"

"하찮은 도적놈아, 죽일 테면 죽이지 무엇 때문에 성은 내느냐?"

"아까는 내 모독하는 말을 했소만, 꾸짖지 말아주기 바라오. 나는 원래부터 노장군이 호걸답다는 것을 잘 알고 있었소."

장비는 얼굴빛 하나 변하지 않고 우렁찬 목소리로 자신을 꾸짖는 엄안을 보고는 존경심이 생겼다. 계단을 내려와 손수 결박을 풀어주고 옷을 입힌 후

윗자리에 앉히더니 머리를 숙이며 사죄하였다. 그러자 엄안도 장비의 은의(恩義)에 감복하여 진심으로 항복하였다.

　　장비가 엄안을 사로잡았다가 놓아준 것은 역사적 사실이다. 하지만 지혜를 써서 엄안을 잡은 것은 아니고 전투를 벌이다 사로잡은 것이다. 『삼국지연의』에서의 장비는 '난폭한 문제아' 그 자체다. 나관중은 장비가 아무런 생각 없이 싸움만 잘하는 용맹한 장수로 비추어지는 것을 염려하였다. 그래서 그의 뛰어난 필치로 지혜와 정의로운 이를 공경하고 아낄 줄도 아는 장비 상을 만들어 냄으로써 독자들에게 장비의 새로운 면모를 부각시켰다.

　　장비는 엄안을 은의로 항복시킨 후, 서천으로 들어갈 수 있는 계책이 무엇인지를 물었다. 엄안은 은혜에 보답하고자 낙성까지 가는 관애(關隘)의 병사들을 모두 투항시켰다. 장비가 힘들이지 않고 신속하게 낙성을 공략 중인 유비에게 도착하자 유비도 깜짝 놀랐다. 유비는 장비에게서 자초지종을 듣고는 자신이 입고 있던 황금쇄자갑(黃金鎖子甲)을 벗어 엄안에게 주었다. 장비가 엄안의 도움으로 손쉽게 낙성으로 가게 되자 심심하던 차에 술 생각이 났다. 이에 나관중은 한 문장을 더 추가하였다.

　　"그래서 조금도 힘들이지 않고 술이나 마시고 고기나 먹으면서 여기까지 왔습니다."

　　엄안이 앞에서 군사들을 투항시키자 장비는 그다운 행동으로 아무 걱정 없이 낙성까지 왔던 것이다. 그런데 모종강은 이 문장이 장비가 지혜로 엄안을 항복시킨 내용에 먹칠을 할 것으로 판단하고 슬쩍 빼버렸다. 나관중이 이처럼 멋들어진 장비의 모습을 만들자, 이에 열광한 후세 사람들도 장비의 지혜를 기리는 시 한 수를 남겼다. 이 시는 술과 떨어질 수 없는 장비의 면모를 넉넉히 표현하고 있다.

엄안을 사로잡은 용기 논할 수 없지만	生獲嚴顏勇絶倫
오직 의기로써 군사와 백성을 항복시켰네	惟憑義氣服軍民
지금도 사당이 파촉에 오롯하여	至今廟貌留巴蜀
제삿술과 고기 안주로 날마다 취해 있다네	社酒鷄豚日日春

나관중이 장비의 새로운 모습을 만들고 독자들이 이에 감동받자, 모종 강도 장비의 행동을 칭찬하였다.

'장비는 평생에 속 시원한 일을 몇 번 하였다. 독우를 매질하고, 여포에게 욕을 하고, 장판교에서 호통을 친 것이 그것이다. 그러나 이런 용기는 엄안을 사로잡은 지혜만 못하다. 그러나 엄안을 사로잡은 지혜가 아무리 돋보인다 해도 그것은 또한 엄안을 놓아준 현명함만 못한 것이다.'

장비가 엄안을 풀어주고 유비가 그를 신임한 것은 무엇보다 촉의 백성들에게 유비가 인의와 자애를 중시한다는 것을 널리 알려 민심을 얻는 데 활용하기 위함이었다. 그리고 그 결과는 대성공이었다. 유비는 익주를 차지한 후, 장비를 파서 태수로 삼았다. 장비는 이로부터 죽기 전까지 7년 동안 파서에 주둔하며 공적을 세웠다.

215년, 조조가 한중의 장로를 물리치고 하후연과 장합으로 하여금 한중을 지키게 하였다. 장합은 별도로 군사를 이끌고 파서로 내려와 그곳의 백성들을 한중으로 옮기려고 하였다. 이에 장비와 50여 일에 걸친 전투를 벌인다. 파서는 한중으로 진격하는 요충지이자, 장강으로 향하는 길목이기도 하다. 파서의 지정학적 위치가 매우 중요한 까닭에 유비가 장비로 하여금 이곳을 지키도록 한 것이다.

『삼국지연의』에서는 장비의 협공에 패한 장합이 탕거산(宕渠山)에 웅거한 채 싸우려 하지 않자, 장비도 계략을 바꿔 매일 산 밑에서 술을 마시면서 잔뜩 취하여 욕설을 퍼부었다. 평소의 술꾼인 장비가 술을 이용하여 장합을 무찌르는 것이었다. 이를 알 턱없는 장합은 장비가 자신을 너무 업신여긴다고 생각하고, 밤중에 산을 내려와 장비군을 야습하였다. 결국 장비의 계략에 빠진 장합은 와구관(瓦口關)으로 후퇴한다. 장비는 기세를 타고 와구관까지 들이쳤고, 장합은 더 이상 버티지 못하고 남정으로 도망쳤다.

나관중은 장비가 장합을 무찌르는 장면에서도 장비의 새로운 모습을 만들어내었다. 즉, 술고래에 주사(酒邪)만 심한 술꾼 장비가 아니라 이를 이용할 줄도 아는 지략(智略) 있는 장수로 바꿔 놓았다. 장비는 평생 술을 떼려야 뗄 수 없었고, 그로 인해 목숨까지 잃었다. 나관중은 그런 장비를 위해 이처럼 통쾌한 필치로 장비의 단점을 장점으로 바꿔 놓았다.

장비가 7년간 다스린 곳을 살펴보기 위하여 사천성의 낭중(閬中)시로 향하였다. 낭중시는 가릉강의 중류에 위치해 있다. 가릉강은 위로는 광원(廣元)과 한중(漢中)을 이어 주고, 아래로는 남충(南充)과 중경(重慶)을 잇는 강이다. 가릉강은 중경에서 장강과 합류한다. 그러므로 한중에서 가릉강을 이용하면 형주까지 빠르게 나아갈 수 있다. 이러한 까닭으로 예로부터 '파촉의 요충지(巴蜀要冲)'라고 불렸다.

낭중고성(閬中古城)은 가릉강이 만곡(彎曲)을 이룬 곳에 위치하고 있는데, 그야말로 난공불락의 요충지가 아닐 수 없다. 삼면이 강으로 둘려 있고, 강변을 따라 넓은 평원이 펼쳐진다. 평원 너머 입구인 북쪽에는 요새처럼 산들이 감싸고 있다.

가릉강변에 위치한 낭중고성 조감도

낭중고성은 고대 풍수지리의 개념을 철저히 적용하여 지어진 것으로 유명하다. 바둑판처럼 구획된 곳에 전형적인 사합원(四合院) 형식으로 지어진 건물들이 성안에 빼곡하게 들어서 있다. 그래서인지 고성의 중심에는 중천루(中天樓)라는 높다란 누각이 날개를 벌린 듯 하늘을 향해 우뚝하다. 이곳이 풍수에서 말하는 천심십도(天心十道) 자리로 혈이 모이는 곳이라고 한다. 그래서인가 중천루에 서니 나도 모르게 기운이 더욱 새로워지는 듯하다.

낭중고성은 볼거리가 많은 곳이다. 장비의 사당인 한환후사(漢桓侯祠)를 비롯하여 전국중점문물보호단위가 8곳, 성급문물보호단위는 22곳이나 지정

중천루 안의 태극 방위도

낭중고성 중심에 있는 중천루

| 한환후사 입구 | 장비의 기상을 잘 표현한 적만루 |

된 곳이다. 고성 전체가 중국 춘절문화의 고향(中國春節文化之鄕)이라는 명성을 얻어 관광풍경구가 되었다. 중국에는 많은 고성이 있지만 고성 자체가 풍경구로 지정된 곳은 많지 않다. 낭중고성은 운남성의 여강고성(麗江古城), 산서성의 평요고성(平遥古城), 안휘성의 휘주고성(徽州古城)과 함께 중국 4대 고성으로 꼽히며 오늘도 많은 관광객들을 불러들인다.

먼저 장비를 모신 한환후사를 찾았다. 이곳은 1,700여 년의 역사를 가지고 있는데 당나라 때에는 장후묘(張侯廟)라고 불렀다. 명대(明代)에는 웅위묘(雄威廟)라고 하였는데, 지금의 이름으로 불린 것은 청나라 때다. 입구를 들어서자 누각이 보인다. '수많은 적도 당해 낼 수 없다(萬夫莫敵)'라고 쓴 편액이 마치 장판교에서의 서슬 푸른 장비를 보는 듯 기운이 넘쳐난다. 장비를 상징하는 성어(成語)로 손색이 없어 보인다. 적만루(敵萬樓)를 지나니 비랑과 함께 행랑방이 늘어섰다. 그중에는 장비의 두 딸을 모셔 놓았다. 장비의 두 딸은 모두 후주 유선의 부인이 되었다. 살펴보니 오른쪽이 장녀인 경애 황후, 왼쪽이 차녀인 장

▌ 장비의 두 딸인 장 황후와 경애 황후의 상

황후의 상이다. 장비의 애마와 소품들을 전시한 방도 있는데, 장비가 입었다는 갑주와 무기인 장팔사모 등을 만들어 놓았다. 벽에는 장비가 장팔사모를 만들게 된 전설이 그림과 함께 소개되어 있다. 장비가 새로운 무기를 만들기 위해 고심하던 중 달밤에 기다란 뱀을 잡아서 그 다양한 움직임을 파악하고 창을 만들었는데, 유비가 이를 보고 '장팔사모'라 하였다는 것이다.

소설 속 장비의 무용담인 독우를 매질하는 장면, 장판교에서 호령하는 장비, 양평관에서 마초와 밤새워 결투를 벌이는 모습, 장합을 무찌르고 승리를 기념하기 위해 장팔사모로 바위에 「입마명(立馬銘)」이라는 시를 새기는 모습 등

▌ 장비의 말과 갑옷

을 동상으로 만들어 놓았다.

■ 장비가 장팔사모를 만들게 된 전설을 소개한 삽화

'한 장군 장비가 병사 1만 명을 이끌고 팔몽에서 도적의 수괴인 장합을 대파하였기에 말을 멈추고 글을 새기노라(漢將軍飛, 率精卒萬人, 大破賊首長合於八蒙, 立馬勒銘.).'

■ 장비가 독우를 매질하는 장면

■ 장판교에서 조조군에 호령하는 장비

■ 장합을 무찌르고 이를 기록하는 장비

■ 양평관에서 밤새워 마초와 대결하는 장비

대전(大殿)으로 들어서니 황금색 비단용포를 입고 앉아있는 늠름한 장비의 형상이 보인다. 앞에는 장비의 큰아들인 장포(張苞)와 마제(馬齊)상이 있다. 마제는 장비의 군중에서 공조(功曹)를 지냈다고 한다. 장비묘 앞의 묘정(墓亭)에는 오늘도 장비를 추모하는 사람들의 발걸음이 끊이지 않는다. 그들이 헌화한 노란 국화가 장비상 앞에 가지런하다. 비랑(碑廊)에는 장비를 기리는 역대 명사들이 남긴 글귀가 오늘도 생생한 필치로 관람객을 맞이한다. 비랑을 돌아보노라니 동파(東坡) 소식(蘇軾)의 글귀가 보인다. 날아갈 듯 빼어난 필치의 행서(行書)가 당대 최고의 시인을 닮은 듯하다.

장비의 묘도 유비의 묘처럼 커다란 봉분을 만들어 놓았다. 무덤 주위에는 1914년 장비묘의 모습을 담은 사진이 있는데, 당시만 해도 봉분 위에 누각이 있었음을 알 수 있다. 장비는 관우의 원수를 갚기 위해 중경에서 유비와 합류하여 장강을 따라 내려가 손권을 공격하기로 하였다. 그러나 부하들을 매질하는

▌대전에 모셔진 장비상

▌비랑에 있는 소동파가 남긴 글

▎장비를 흠모하여 꽃을 바치는 사람들 ▎장비의 신체가 묻힌 묘

술버릇으로 인해 부장(部將)인 범강과 장달에게 피살되어 목이 잘렸다. 따라서 이곳은 장비의 신체를 묻은 곳이다. 장비의 머리는 장강이 흐르는 운양(雲陽)의 봉황산 자락에 묻혀 있다. 관우 역시 머리는 낙양에 몸은 당양에 묻혔다. 참으로 비참한 두 형제의 말로가 안타깝기만 하다.

장환후사를 나와 낭중고성의 골목길을 둘러보았다. 상점들로 즐비한 골목길을 걸으며 보니 장비맥주(張飛啤酒)와 장비우육(張飛牛肉) 등, 장비 이름을 내세운 음식들이 보인다. 낭중고성에 왔으니 장비맥주와 육포로 한 잔 마시라는 상술이다. 중국인의 상술에 또 한 번 놀랄 일이지만, 두주불사(斗酒不辭)였던 장비를 추억하며 시원하게 한 잔을 들이켰다.

낭중성의 서문 밖으로 나오니 가릉강이 유유히 고성을 휘돌아 흐른다. 일명 용왕탄(龍王灘)이라고 하는데 물빛에 비친 풍경이 햇살과 함께 어울려 멋진 풍경을 이룬다. 예로부터 '낭원선경(閬苑仙境)'이라 불린 이유를 짐작할 수 있다. 오늘도 낭중고성은 많은 인파로 북적인다. 시대는 여전히 난세여서 당

▌ 낭중고성의 서문

대의 인걸을 그리워하는가. 하지만 그
토록 바라는 인걸은 보이지 않고 가릉강
만 그 시절을 회고하듯 말없이 흐른다.
시성(詩聖) 두보도 이곳에 들렀다. 그 또
한 난세를 살아가는 고단한 마음을 이곳
에서 달랬을 터. 그가 남긴「낭수가(閬水
歌)」를 읊조리며 다음 목적지로 발걸음
을 옮겼다.

가릉강 물빛은 무엇을 닮았는가	嘉陵江色何所似
검은 먹과 푸른 옥이 뒤섞인 듯하네	石黛碧玉相因依
정오의 햇빛 물결 헤치며 꽃 피우니	正怜日破浪花出
봄은 다시금 강변으로부터 돌아오네	更復春從沙際歸
파땅의 아이들 상앗대 밀며 지나가고	巴童蕩槳 欹側过
비오리는 물고기 물고 이리저리 날아가네	水鷄銜魚來去飛
낭중의 멋진 풍경은 가히 애간장을 끊노니	阆中勝事可腸斷
낭주성 남쪽에선 천하 으뜸이라네	阆州城南天下稀

▌ 낭중고성 건너편 강변의 풍경

후주의 황후가 된 장비의 딸들

"고(故) 거기장군(車騎將軍) 장비의 딸은 현숙(賢淑)하옵니다. 나이가 열일 곱이니, 정궁(正宮) 황후로 맞아 들일만 하옵니다."

장비가 형인 관우의 원수를 갚지 못하고 억울하게 죽은 해인 221년, 장비의 장녀는 태자비(太子妃)가 되었다. 유비의 아들인 유선(劉禪)은 유비가 한중왕(漢中王)에 오른 해인 219년에 왕세자가 되었다. 유선의 나이 13세였다. 223년, 유비가 영안궁에서 세상을 떠나자 유선이 뒤를 이어 황제에 올랐는데 당시 17세였다. 그러하니 황후와 동갑인 것이다.

장 황후는 황후가 된지 14년만인 237년에 죽었다. 남릉(南陵)에 매장하고 경애 황후(敬愛皇后)에 추증하였다. 경애 황후는 유선과 17년간 부부였지만 둘 사이에는 자식이 없었다. 경애 황후의 뒤를 이어 그의 여동생이 귀인(貴人)이 되었다. 황후 다음가는 자리였다. 이듬해인 238년 봄에 정식으로 황후에 올랐다. 장 황후는 촉이 멸망하자 유선과 함께 낙양으로 옮겨져 살았다. 유선은 장 황후와의 사이에서도 자식이 없었다. 참으로 황후와의 사이에선 자식복도 없는 유선이었다. 장비의 처는 조조의 일가인 하후씨다. 장비의 처가이자 그 자녀들의 외가가 하후씨인 까닭에 하후씨로 하여금 촉한의 자손을 잇지 못하게 한 것인가.

후주 유선은 장 황후를 맞이하면서 아들 유선(劉璿)을 태자로 삼았다. 이때 태자의 나이는 15세였다. 태자는 경애 황후의 시녀였던 왕 귀인(王貴人)의 자식이다. 태자 유선은 후주가 황제에 오른 해에 태어난 것이니 경애 황후의 시름이 꽤나 컸을 법하다. 태자 유선은 오래 살지 못하였다. 촉이 멸망한 이듬해인 264년, 종회(鐘會)가 성도에서 난을 일으켰는데 이때 병사들에게 살해되었다. 당시 31살의 청년이었다.

후주 유선은 아들 유선을 태자에 봉하는 책명(策命)에서 다음과 같이 말하였다.

'너는 자신의 훌륭한 본질을 닦는 데 노력하고, 도의를 공손히 따르며, 전장, 예의, 제도를 물어 이해하고 사부를 존경하며, 많은 선을 받아들이려고 생각하고 너의 덕을 기르도록 하라. 어찌 수양하는 일에 있어 스스로 노력하지 않을 수 있겠는가!'

태자로서의 책무를 잊지 말고 열심히 노력하라는 당부인데, 이는 선주 유비가 자신을 태자로 임명할 때 내린 책명과도 같은 말이었다. 책명 또한 일정한 격식과 양식이 있어 그 형식에 맞는 문구를 넣어 태자에게 임명장을 준 것인가. 아니면 스스로는 지키지 않았어도 아들은 꼭 지켜 주기를 바라는 마음에서 그렇게 적었던 것인가.

촉이 멸망하자 위는 촉의 궁녀들을 모두 낙양으로 끌고 왔다. 끌려온 궁녀들은 부인이 없는 위의 장수들에게 배분되었다. 귀인의 다음 품계인 소희(昭儀) 중에 이씨 성을 가진 여인이 "두 번, 세 번 굴욕은 받을 수 없다."라고 자결하였다. 북지왕(北地王) 유심(劉諶)에 이은 또 하나의 충절(忠節)이 아닐 수 없다.

31. 두 영웅의 형주사랑, 배반의 서곡

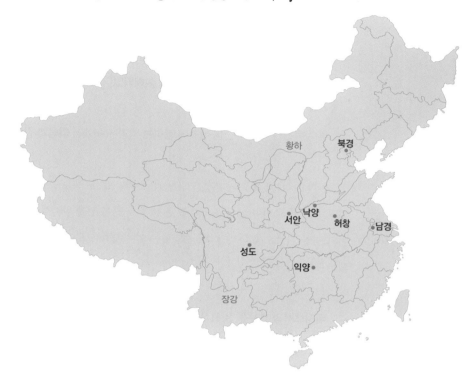

"국태께서 병이 위급하시어 애타게 부인만 찾으십니다. 서두르지 않으면 살아계신 모습을 보지 못하게 될 것입니다. 특히 아두(阿斗)도 보고 싶다고 하시었으니 오실 때 함께 데리고 오시기 바랍니다."

유비가 익주를 차지하기 위해 대군을 이끌고 촉으로 향하자, 손권은 이 틈을 타서 형주를 차지하려고 하였다. 그러나 오국태의 따끔한 반대에 부딪친다. 결혼한 지 얼마 안 된 누이동생을 죽이는 일이라고 꾸지람을 들었기 때문이다.

그러자 참모인 장소(張昭)가 묘안을 내었다. 손 부인에게 오국태가 위독하다는 거짓 밀서를 보내 부인으로 하여금 아두를 데리고 오게 하면 유비는 형주를 아두와 맞바꿀 것이며, 만약 그렇지 않다면 군사를 움직여 빼앗자는 것이다. 손권은 주선(周善)을 시켜 즉시 실행에 옮기도록 명하였다.

손 부인은 어머니의 병환이 위독하다는 밀서를 보고, 일곱 살 난 아두를 데리고 배에 올랐다. 조운은 유비로부터 손 부인의 일거수일투족을 감시하고, 유사시 그녀의 행위에 대해 엄중히 법을 집행하여 규율을 잡도록 하라는 특별 임무를 부여받았다. 그가 급히 배를 막았다. 손 부인이 저항하자 뒤쫓아 온 장비와 함께 아두를 빼앗아 돌아왔다. 이로써 장소의 계책은 무용지물이 되었고, 자룡과 익덕은 또 한 번 후세 사람들로부터 칭송을 받았다.

예전에는 당양에서 주인을 구하였고	昔年救主在當陽
오늘은 장강에서 몸을 날리네	今日飛身向大江
배 위의 오나라 병사들 기겁해 자빠지니	船上吳兵皆膽裂
조자룡의 용맹함 세상에 으뜸이네	子龍英勇世無雙

지난날 장판교에서 노기가 펄펄 끓어	長坂橋邊怒氣騰
범처럼 포효하여 조조 군사 물리쳤고	一聲虎嘯退曹兵
오늘은 강 위에서 위험천만 주인 구하니	今朝江上扶危主
청사에 실린 이름 만세에 알리리라	靑史應傳萬載名

오나라로 돌아온 손 부인은 편안하였다. 무엇보다 정략결혼에서 해방된 것이 행복하였다. 남편인 유비와의 사이도 좋지 않았으므로 그를 잊는 것은

오히려 당연했으리라. 아두 역시 친자식이 아니었기에 그렇게 애틋한 정도 없었다. 친정으로 돌아온 손 부인은 결혼 전의 자유를 마음껏 구가하며 지냈다.

그런데 이렇듯 거리낌 없던 손 부인이 유비가 이릉 대전에서 참패하고 사망하였다는 소식을 듣자 비통한 심정을 가누지 못하다가, 급기야는 눈물을 흘리며 장강에 몸을 던져 자결한다. 손 부인의 행동거지와는 다르게 그녀의 속마음은 유비를 사랑했던가. 분명코 그것은 아닐 것이다. 한때 부부의 인연을 맺은 관계이기에 안됐다는 생각은 들었을망정 목숨까지 버릴 정도로 사랑하지도 않았다. 역사도 사실이라고 말하지 않았다. 그런데 어찌된 일인가. 타고난 이야기꾼인 나관중이 유비를 향한 손 부인의 비극적이고 감동적인 사랑이야기로 꾸며내어 손 부인을 열녀로 만들어 놓은 것이다. 유비는 좋아하였을지언정, 손 부인은 정녕코 칼을 휘두를 일인 것이다.

북고산의 감로사 정상에는 제강정(祭江亭)이란 정자가 있다. 유비가 전쟁에서 지고 병사하자, 손 부인이 슬퍼하며 장강으로 몸을 던진 곳이라고 한다. 허구의 사실화가 역사의 전면에 나선 현장에 서니 역사도 있었던 사실의 선별이 아니라 조작이 많음을 다시금 깨닫는다. 역사적 맥락과 행간의 사실적 의미를 찾아내는 것이야말로 참으로 중요한 일이 아닐 수 없다.

한편 유비가 없는 틈을 타서 형주를 장악하려던 손권의 계획은 조조가 공격해온다는 첩보에 잠시 중단되었다. 조조군이 쳐들어온다는 소식을 들은 손권은 만반의 준비를 갖추고 대항하였다. 일진일퇴의 공방전이 지루하게 이어지고, 그사이 해가 바뀌어 정월이 되었다. 봄비가 추적추적 내려 조조의 영채는 엉망이었다. 조조는 손권이 보통의 인물이 아님을 알고 군사를 물리고 싶었지만 오나라의 손권에게 비웃음을 사는 것이 걱정이었다. 그럴듯한 명분이 필요하였다.

손권도 형주 차지가 급한 만큼 조조와 적당한 타협으로 전쟁을 끝내고 싶었다. 그리하여 조조에게 편지를 보냈다.

"나나 승상이나 모두 한나라의 신하거늘, 어째서 승상은 나라를 위하고 백성을 편히 할 방편은 생각지 않고 함부로 전쟁을 일으켜 살아있는 것들을 못살게 하니 어찌 어진 자의 행동이라 할 수 있겠소. 며칠 안으로 물이 차오를 테니 속히 물러가시오. 만약 내 말을 믿지 않고 있다가는 적벽에서의 재앙을 다시 맞게 될 것이니, 알아서 잘 판단하시리라 믿소."

그리고 뒤쪽에 다음과 같이 덧붙였다.

"족하가 죽지 않으니 나는 정말 편안하게 쉴 수가 없소(足下不死 孤不得安)."

조조도 돌아가고 싶었던 터에 손권이 체면을 세워 주자 껄껄껄 웃었다. 그리고 양군은 철수하였다.

서기 214년 여름, 유장은 유비에게 익주를 바친다. 이에 유비는 유장을 진위 장군(振威將軍)에 임명하고 지금의 공안에 머물도록 한다. 이어 자신은 스스로 익주목이 되었다. 이듬해인 215년, 조조와의 전쟁도 끝나고 기회를 엿보던 손권은 장소의 계책을 받아들여 다시 형주 찾기에 나선다.

"유비가 믿고 따르는 것은 제갈량밖에 없습니다. 그 형인 제갈근(諸葛瑾)이 지금 여기에 있으니 근의 가족을 잡아들이십시오. 그 다음 근으로 하여금 서천에 있는 아우에게 가서 '유비에게 형주를 빨리 돌려주라고 말해라. 그렇게 하지 않으면 당장 우리 가족이 해를 입을 것이다'라고 전하게 하십시오. 그러면 제갈량은 형제 간의 우애를 깨뜨리고 싶지 않아 반드시 승락할 것입니다.”

제갈근이 유비를 찾아오자, 제갈량은 유비에게 계책을 내어주고 지극한 형제애를 발휘하는 연기를 한다. 유비도 짐짓 그에 이끌리어 형주의 3개 군을 돌려준다고 하지만, 관우의 불같은 성질이 두려우니 잘 이야기해서 받으라고 한다. 제갈근은 일이 쉽게 성사되었다고 믿고 관우를 만났다. 그런데 관우는 '장 수가 밖에 나와 있을 때는 임금의 명령도 거역할 수 있다'며 돌려주지 않는다. 제갈근이 다시 유비를 찾았을 때, 제갈량은 지방 출장 중이고 유비는 한중을 차 지한 후에 돌려주겠다며 멋지게 계략을 성공시킨다.

손권이 형주의 3개 군에 관리를 보냈지만 그 또한 헛수고였다. 대노한 손권은 노숙을 시켜 결자해지를 요구하였다. 노숙은 육구(陸口)에 병력을 모으 고 관우를 불렀다. 말로 해서 안 들으면 힘으로 처치할 요량이었다. 관우는 측 근 10여 명에 칼 한 자루만 들고 노숙을 만난다. 발등에 불이 떨어진 노숙과 궁 색한 변명으로 일관해야 하는 둘의 만남은 관우의 위력에 눌린 노숙이 잠깐 틈 을 준 사이 관우는 유유히 회담장을 빠져나간다. 이른바『삼국지연의』명장면 중 하나로 칭송받는 관우의 '단도부회(短刀赴會)'이다.

오나라 신하를 어린애처럼 깔보고	藐視吳臣若小兒
칼 한 자루 들고 연회에 나가 적을 제압하였네	單刀赴會敢平欺
그 당시 행한 영웅다운 기개는	當年一段英雄氣
민지 회맹 때의 인상여보다 훨씬 낫구나	尤勝相如在澠池

관우를 흠모하는 나관중이 이곳에서도 관우를 지혜와 용기를 겸비한 군자적 영웅으로 그려놓았다. 그러나 자세히 따져보면 용기는 있을지언정 지혜가 없다. 그도 그럴 것이 돌려주기로 하고 빌린 것을 돌려주지 않고 이리저리 핑계만 대고 있으니 당연히 소인배의 짓거리가 아니겠는가. 용기 또한 그렇다. 실력이 월등한 나머지 자만심이 강하고 남 보기를 우습게 여기는 관우의 우쭐한 영웅심을 보여주는 것에 지나지 않는다.

나관중은 서로의 이해관계가 난무하는 정치 분쟁 상황을 청룡도 하나만을 든 관우로 하여금 멋지게 대처하도록 그려내었다. 그러나 이 과정에서 그동안 심혈을 쏟아 만든 신의와 충절의 영웅인 관우의 이미지에 타격만 입히는 꼴이 되었다. 촉한 정통론의 기치 아래 관우흠모사상이 만든 에피소드가 아닐 수 없다.

『삼국지』의 「노숙전」에 보면, '노숙은 익양에 머물면서 관우와 서로 대치하였다. 노숙이 관우를 청하여 서로 만났는데, 각각의 군사들은 백 보 밖에 세워두고 여러 장수들은 칼 한 자루씩 차고 모임을 가졌다.'라고 하였다. 도부수를 설치하여 관우를 죽이려했다는 것은 나관중이 관우의 용맹함을 부각시킬 목적으로 꾸며낸 이야기인 것이다.

그러나 진실함은 하늘이 돕는다고 했던가. 유비가 더는 형주를 가지고 차일피일 미룰 수 없는 일이 발생하였다. 조조가 한중을 차지하고 바로 턱밑까지 쳐들어왔기 때문이다. 그리하여 양쪽에서 협공을 당할 것을 우려한 유비는 즉시 손권과 강화를 맺는다. 그리하여 상수(湘水)를 경계로 동쪽은 손권이, 서쪽은 유비가 차지하기로 한 것이다.

▎노숙이 수해를 막기 위해 쌓았다는 제방

▎관우의 단도부회가 있었던 옛 벽진 나루

▎관우와 노숙이 회담한 장소인 청룡주

　　관우와 노숙이 형주를 둘러싸고 정치 회담을 한 장소인 익양(益陽)을 찾아

갔다. 익양은 유명한 동정호(洞庭湖)의 남서쪽에 위치하고 있는데, 지금은 호남성

을 대표하는 상업 지역이다. 장사공항에서 한 시간 반 정도를 달리니 익양에 도착

한다. 시내에 도착해서 '노숙제(魯肅堤)'를 찾았다. 아는 사람이 없다. 나이가 지긋한 할아버지에게 물어보았으나 역시 고개를 젓는다. 제방이 있는 곳을 물으니 그것은 금방 가르쳐 준다.

"이곳에 제방이 많이 있습니까?"
"아니, 제방은 이 곳 한 곳뿐이라오."

익양이 오나라의 영토였을 때, 매년 여름이면 수해로 인해 이곳 사람들이 피해를 입자 노숙은 농지를 보호하기 위해서 군대를 동원하여 이곳에 제방을 쌓았다. 사람들이 은혜에 감사하며 '노숙의 둑'이라고 불렀는데, 오랜 시간이 흘러오면서 제방 이름을 잊었던 것이리라. 제방이 이곳뿐이라면 청룡주(青龍洲)라는 지명을 알 것 같아서 물어보았다. 청룡주는 관우와 노숙이 단도부회로 만난 곳이다. 이번에는 할아버지가 시원하게 대답한다.

"저 위쪽으로 올라가면 그렇게 부르는 곳이 있어요."

제방은 최근에 다시 정비를 한듯 깨끗하고 튼튼해 보인다. 제방을 따라 2km정도를 올라갔다. 청룡주에 이르러 단도부회의 역사를 떠올린다. 그날의 역사가 잊힌 곳에 자강(資江)의 물만이 고요하다. 그리고 고요한 수면 위로 일엽편주(一葉片舟)의 사공들이 낚싯대에 세상사 시름을 잊고 있다. 할아버지도 청룡주라고 부르는 것만 알 뿐 그 의미는 몰랐다. 관우의 단도부회가 일어난 곳임을 알려주자, '관우'와 얽힌 곳이라는 말에 재차 의미를 확인한다. 중국인에게 관우는 확실한 신앙임에 틀림없는 것 같다.

증수와 상강이 만나는 곳에 있는 합강정　　　　한가로이 낚시를 즐기는 자강가의 어부

　　유비와 손권이 형주를 동서로 나누어 차지하는데 그 기준선이 되었던 상강(湘江)은 호남성의 장사(長沙)와 상담(湘潭), 형양(衡陽)을 거쳐 영주(永州)로 흐른다. 이중 형양은 증수(烝水)가 상강과 합쳐져 더욱 물길이 넓고 풍부해지는 곳이다. 석고산은 바로 이곳에 있는데 안에는 합강정(合江亭)이라는 정자를 세워 놓았다. 이곳에 앉아서 강을 바라보면 강물 위로 펼쳐지는 풍요로움과 한적함이 심신의 피로를 잊게 해준다.

　　허도에서의 조조는 날로 영화를 더해 갔다. 서기 213년, 동소(董昭) 등의 건의를 받아들여 위공(魏公)이 되었고, 황제에 버금가는 구석(九錫)을 더하였다. 동소가 조조에게 위공의 작위를 주자며 순욱(荀彧)에게 의견을 물었다. 조조의 핵심 참모인 순욱은 모두의 기대와는 다르게 반대하였다.

　　"승상이 의병을 일으킨 것은 한나라의 조정을 바로 세우고 국가를 평안히

하려는 것이니 충정의 마음과 겸손한 실리를 지켜야 한다오. 군자는 덕으로써 사람을 사랑한다고 하지 않았소. 그러니 승상이 그렇게 하는 것은 옳지 못하오.”

조조는 누구보다도 먼저 찬성하리라 믿었던 순욱이 반대하자 크게 실망하였다. 천자에게 표를 올려 시중 겸 광록대부 직을 맡게 하고, 손권을 정벌 중인 초현(譙縣)에 가서 군사를 위로하게 하였다. 상서령에서 파면되고 인질이나 다름없는 승상군사로 종군하게 된 것이다. 순욱은 병이 나고 수춘(壽春)에 머물렀다. 조조가 음식을 보내왔다. 순욱이 열어 보니 빈 그릇이었다. 순욱은 조조의 뜻을 읽고 독약을 마시고 자결하였다.

조조의 야심이 날로 높아지자 참모들이 더욱 기세를 올렸다. 왕찬(王粲), 화흡(和洽) 등 모든 참모가 조조를 위왕으로 삼자고 청하였다. 순욱에 이어 순유

▌ 널따란 밭에 패방만 썰렁한 한위허도고성 터

▌ 황제인 헌제가 하늘에 제사지낸 육수대

(荀攸)가 반대하다 조조의 미움을 받아 죽었다고 했지만 이는 사실이 아니다. 하지만 조조는 측근들의 명예로운 추대에 의해 황제가 되기 위한 수순을 밟고 있다는 것은 삼척동자도 아는 것이었다. 이러하매 하루하루를 바늘방석에 앉아있는 종이호랑이에 불과한 헌제와 복 황후의 생각은 어땠을까. 특단의 대책을 강구하지 않을 수 없었으리라.

215년, 황후는 아비인 복완(伏完)에게 역적 조조를 처단해달라는 밀지를 전한다. 하지만 밀지는 발각되고 복 황후는 죽임을 당한다. 사실 복 황후의 죽음은 200년에 있었던 의대조(衣帶詔)사건으로 거슬러 올라간다. 이 사건으로 동승(董承)이 피살되자, 복 황후가 아비인 복완에게 '조조가 동승을 죽여 황제에게 원한을 갚으려 한다'는 편지를 보냈다. 복완이 이 편지를 순욱에게 보였다. 순욱은 언짢았지만 조조에게 오랫동안 이 사실을 숨겼다. 복완은 행동으로 옮기지 못하고 209년에 죽는다.

복완의 손아래 처남인 번보(樊普)가 이 편지를 뒤늦게 조조에게 바쳤다. 조조가 은밀히 조사를 하자, 순욱은 먼저 조조를 찾아가 조조의 딸을 헌제에게 시집보낼 것을 권하였다.

"궁중에 이미 복 황후가 있는데 어찌 내 딸이 황후가 될 수 있겠느냐? 게다가 나는 혁혁한 공을 세워 그것으로 재상의 자리에 올랐는데, 무엇하러 또다시 딸의 총애를 빌어야 하느냐?"

"복 황후는 왕자를 생산하지 못한 데다, 본성이 흉악하고 요사스러워 예전에 제 아비에게 보낸 편지 내용 또한 더럽고 방자했으니, 이것을 빌미로 폐출시키면 될 것입니다."

"경은 그 말을 왜 이제야 하는가?"

결국 순욱은 변명으로 위기를 모면했지만, 조조의 미움을 받기에 족하였다. 그러던 차에 순욱이 조조가 위공의 지위에 올라 구석을 받는 것에 반대하자, 조조는 순욱을 죽게 만들었다.

배송지는 "보통 사람도 이처럼 어리석지는 않다."라며 이는 거짓이라고 하였다. 의대조 사건이 서기 200년의 일이고, 복 황후가 살해된 것은 서기 214년의 일이다. 편지 한 장, 그것도 상당히 위험한 편지를 이렇게 오래 감출 수 있을까? 더군다나 순욱은 212년에 사망하였다. 순욱이 조조에게 말한 것이 사실이라 해도 2년이 경과된 후에 복 황후를 살해한 것은 무슨 이유일까. 종이호랑이인 헌제가 조조에 대해 악독하게 말한 것을 황후가 밖으로 전달한 것이 발각되고, 조조는 이를 근거로 황제를 압박하고 황제의 명을 받아 황제 대신 황후를 죽인 것이다.

그런데 복 황후를 몽둥이로 때려 죽였다는 『삼국지연의』의 이야기도 조조의 악덕함을 철저하게 보여주기 위해 꾸민 것이다. 종이호랑이지만 황제이고 그러한 황제의 부인인 황후를 그렇게 무자비하게 죽일 수는 없는 노릇이다. 지위에 따라 처벌하는 법이 다름은 예나 지금이나 마찬가지일 것이기 때문이다. 그렇다면 어떻게 처벌했을까. 우선 황후를 폐위시킬 수 있는 그럴듯한 죄목을 만들어야 한다. 그것은 곧 '부덕과 부정 그리고 투기'이다. 여자의 본분을 다하지 못하고 마음가짐이 좋지 못했다는 죄목이다. 그리고 헌제에게 폐위를 강요하였다.

"황후의 새수(璽綬)를 회수하고 중궁을 퇴피(退避)시켜 다른 관으로 옮긴다. 이는 그대가 스스로 저지른 일이므로 재판에 붙이지 않은 것을 오히려 다행으로 여기라."

화흠이 복 황후를 체포하여 포실(暴室)에 감금시켰고 황후는 그곳에서 죽었다. 포실은 원래 천이나 염색을 하는 방이었는데 후궁이 병에 걸렸을 때 병실로도 이용되고, 천자의 뜻을 거스른 여자를 가두어 죽이는 장소이기도 하였다. 복 황후가 죽자, 그녀가 낳은 두 황자 역시 독약으로 죽였고, 그녀의 일족 백여 명이 살해되었다. 그 중 여자 19명은 탁군으로 유배시켰다. 세상에는 부덕과 부정으로 인하여 황제가 폐위시켰고, 타관으로 옮겨 병사하였다는 형식으로 마무리되었다. 수많은 핏빛 사실들이 있었건만, 역사가 진수는 이를 한 문장으로 기록하였다.

'후는 폐출되어 죽고, 형제들은 법에 따르게 하였다.'

▌순씨팔용총 전경

▌팔용총에서 자녀의 총명함을 비는 사람들

하남성 허창(許昌)은 조조가 헌제를 모시고 있던 왕도이다. 그래서인지 허창에는 삼국지 관련 유적이 많다. 동서남북 모든 곳에 유적이 있어 이를 모두 보려면 일주일은 머물러야 하리라. 주요 유적만 둘러보려고 해도 사흘은 보아야만 한다.

봄바람이라 하기엔 아직 차가운 날, 허창 시내에서 북쪽에 위치한 순씨 팔용총(漢荀氏八龍塚)을 찾았다. 순욱의 집안은 이곳 출신으로, 아버지 대의 8형제가 모두 명사(名士)였다고 한다. 그래서 이름도 팔용총이라 한 것이다. 차에서 내려 좁다란 비포장 길을 걸어가니, 오래된 측백나무가 마치 용처럼 뻗어 오른 둥그런 언덕이 보인다. 사당인 듯 조그만 건물 밖에는 아침 일찍부터 찾아온 아주머니들이 향불을 들고 저마다 소원을 빌고 있어 관람하기가 수월하지 않다. 소원은 모두 순씨네 형제들처럼 자신의 자식들도 모두 총명하게 해달라는 것이었다. 어느 나라의 부모가 자식이 총명하고 건강하길 바라지 않겠는가. 너무도 당연한 행동에 오히려 방해를 하는 것만 같아 금방 돌아섰다.

조조 제거 계획이 실패하자 많은 사람이 죽임을 당하였는데, 동 귀비와 복 황후는 황족이라는 이유로 비참하게 죽었다. 동 귀비의 묘는 허창 시내에 만들어진 귀비원(貴妃苑)에 있어서 오가는 사람들이 종종 찾아보겠지만, 복 황후의 묘는 허창 시내에서 서남쪽으로 25km 떨어진 곳에 있어서 일부로 찾아가야만 한다. 지도를 보며 이동하여 근처에 이르러 복 황후의 묘를

▌ 조조 제거 계획의 실패로 죽임을 당한 복 황후의 묘

물으니 잘 가르쳐 준다. 앙상한 가지뿐인 나무밭 사이로 10m 높이의 구릉이 보인다. 복 황후의 묘였다. 황량하고 초라하지만 보존은 잘되어 있는 것 같다. 복 황후의 비통한 죽음을 안타까워하는 손길이 아직도 있던가. 누군가가 피워 놓았던 촛불과 향이 소복하다. 동네 사람들의 말에 의하면 복 황후 묘 앞에는 두 개의 조그만 묘가 있었다고 한다. 독살당한 두 황자의 묘였는데, 문화혁명 시기에 모두 훼손되어 지금은 흔적도 없다고 한다.

역사에서 여인은 존재하지 않는다. 존재하여도 지위나 계급이 높아야 한다. 그렇다 하더라도 내용이 간단하다. 주연이 아니었기 때문이다. 복 황후의 묘가 이렇듯 보존이 잘되어 있는 것은 황후였기 때문만은 아닐 것이다. 후세 사람들이 역사에 기록되지 않은 그녀의 수많은 사연을 위로하며 공유하고 싶은 마음이 반영된 것이기도 하다. 하지만 복 황후는 두 아들을 지켜주지 못한 슬픔에 오늘도 바람소리보다 더 낮게 흐느끼고 있다.

한말 청류의 대표 주자, 난세에 그 뜻이 지다

　　조조에게는 수많은 참모가 있었는데, 그중에서도 첫째는 순욱이다. 순욱은 후한 말기의 청류파의 자손이다. 순욱은 환관과 외척의 횡포에 맞서 대항한 지식인 집단인 청류파의 젊은 유망주이다. 이는 '팔룡(八龍)'으로 대표되는 가계의 전통이 순욱의 내면에도 강하게 작용하였을 것인데, 명분과 질서의식의 중시가 그것이다.

　　순욱이 처음 몸을 의지한 사람은 원소였다. 하지만 원소가 큰 인물이 될 수 없음을 알고 조조에게로 갔다. 조조가 난세를 헤쳐가기 위해 손을 걷어붙이던 때인 191년, 순욱의 나이 29살 때이다. 조조는 순욱을 얻자 너무 기쁜 나머지, "자네는 나의 장자방"이라고 하였다. 남양의 하옹(何顒)이 순욱의 비범함을 한눈에 알아보고는 "왕자(王者)를 보좌할 재능이 있도다."라고 평했는데, 서로에게 필요한 사람이었던 조조와 순욱의 만남이야말로 유비가 제갈량을 만나서 말한 '수어지교(水魚之交)' 바로 그것이었다.

　　조조의 핵심 참모가 된 순욱은 그동안 꾸준히 연대를 쌓아온 청류파 인재들을 조조에게 추천하였다. 조조 역시 난세를 수습하기 위해서는 시대를 앞서는 인재들이 필요하였다. 조조는 훌륭한 인재가 최대의 자본임을 알고 있었다. "태평한 시대에는 덕이 높은 인물이 존경받지만, 다사다난한 세상에서는 능력 있는 자가 인정받는다."라며 능력 우선론을 펼쳤다. 순욱은 이러한 인재론을 이끄는 리더였다.

순욱은 조조에게 수많은 계략을 제시하여 조조로 하여금 최고의 위치에 오르게 하였다. 헌제를 허도로 모셔 후견인이 되게 한 것, 관도 대전에서 원소를 이길 수 있게 한 것 등 조조가 고뇌하고 걱정할 때마다 순욱은 조조를 도왔다. 순욱의 정치 사상은 어떠했을까. 그것은 그가 조조에게 제시한 3대 강령, 즉 첫째, 천자를 정중하게 모심으로써 민의를 따르고 둘째, 공평무사로 주변의 호걸들을 복종시키며 셋째, 정의를 드날려 영웅을 끌어 모으는 것에서 잘 나타나듯이 난세의 영웅을 보좌하여 천하를 평정하고 한나라의 황실을 바로 세우는 것이었다. 그의 집안이 청류파의 명문가요, 그러한 전통이 순욱에게도 이어진 것이다.

순욱과 조조의 관계가 소원해진 것은 조조의 정치적 이상과 순욱의 정치적 주장이 어긋나면서부터다. 그렇다면 언제부터 어긋났을까. 서기 213년, 조조는 14개 주를 9개의 주로 통폐합한다. 그러나 한 왕조의 수도가 있는 사주(沙州)는 세 개로 분할한다.

천하 평정에 이은 한 황실의 복원이 정치적 생각이었던 순욱은 충격을 받았다. 사주의 분할이 순욱에게는 한 왕조의 멸망을 의미하는 것이기 때문이다. 순욱은 조조만이 난세의 천하를 평정하리라고 믿었다. 그것은 정확하였다. 하지만 한 황실의 복원은 맞지 않았다. 아니, 조조는 자신이 천하를 평정하기 전까지만 해도 순욱의 생각을 따르려고 하였는지도 모른다. 그럼에도 천하를 한 손에 쥐는 영웅이 되자 생각이 바뀌었다. 또한 주변에서 자신을 치켜세우는 간신배들이 밉지 않았다. 이를 보며 순욱은 정치적 꿈을 접어야만 하였다. 그와 함께 조조의 자방 역할도 접었다. 그 길은 곧 '죽음'뿐이었다.

순욱의 빼어난 재주 천하가 다 아는 일인데　　文若才華天下聞
가여워라, 발 잘못 담가 권세가에 빠졌구나　　可憐失足在權門

후세 사람들이여, 멋대로 장량에 비유하지 마시라　　後人休把留侯比

죽음에 이르러 한 황제 뵐 면목이 없으리니　　　　臨沒無顔見漢君

　　결국 순욱은 한 황실이라는 울타리에서 정치적 평안을 누리려했던 '청류(淸流)'였던 것이다. 순욱은 죽음에 임하여 유비를 그리워하고 제갈량을 부러워했으리라. 비록 가진 것은 협소하나, 주군과 참모의 정치적 이상이 잘 맞아 죽을 때까지 함께 신명을 다하는 것이 참으로 보기에 좋았을 터이니 말이다.

32. 이미 농(隴)을 얻었는데 또 촉(蜀)을 바라느냐

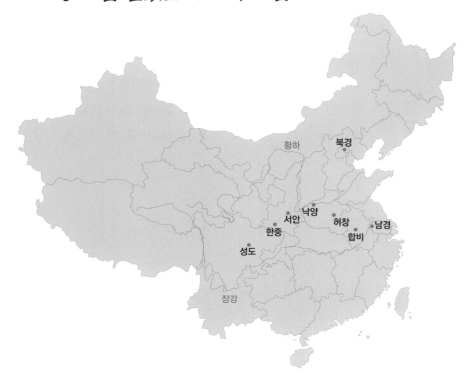

"일전에 제갈근께서 3개 군을 돌려 달라고 오셨을 때, 우리 군사께서 출타 중인 까닭에 돌려드리는 데 실례를 범했습니다. 이제 이렇게 돌려드리겠다는 서찰을 가져왔습니다.

형주 남군과 영릉군도 함께 드리려 했으나, 조조가 동천을 기습 공격하여 점거하는 바람에 다 내어드리면 관 장군께서 의지할 곳이 마땅치 않게 됩니다. 지금 합비가 비어 있으니, 군후께서는 군대를 전진시켜 공격하시기를 원하옵니다. 조조가 군사를 되돌려 남쪽으로 오고, 우리 주군께서 다시 동천을 빼앗는다면 그땐 형주 땅 전부를 즉시 돌려드리겠습니다."

215년, 유비가 촉을 차지하자 손권은 또다시 형주 반환을 요구한다. 유비는 관우로 하여금 형주를 지키게 하고 손권에게 반환하지 않는다. 그러던 차에 조조가 대군을 이끌고 한중의 장로(張魯)를 토벌하기 위해 출정한다. 유비는 이제 막 촉을 점령한 터라 민심 수습을 위한 시간이 필요하였다. 그런데 조조가 한중을 차지하자 위기를 느꼈다. 곧바로 손권에게 형주의 동쪽을 돌려주고 동맹 관계를 회복한다. 이어 손권에게 조조가 점거하고 있는 합비를 공격해 줄 것을 요청한다.

손권은 유비의 다급한 속셈을 꿰뚫고 있었다. 손권은 손해 볼 것이 없었다. 돌려 달라고 해도 주지 않고 버티던 형주의 일부를 찾을 뿐 아니라, 유비와의 동맹으로 병력의 손실을 막고 위에 대항할 수 있기 때문이다. 한중은 멀지만 합비는 지척이다. 합비는 조조에게 있어 강남 공격의 전초 기지이기도 하지만, 손권에게도 중원을 공격하기 위한 전략적 요충지였다.

조조는 한중의 요충지인 양평관이 쉽게 점령되지 않자 철군하는 것처럼 보인 후, 기습 전략으로 양평관을 차지한다. 다급한 장로는 항복을 결심하지만, 동생 장위와 부하들의 반대에 부딪쳐 한중을 포기하고 도망친다. 이때 장로는 곡물과 재물은 국가의 재산이니 태울 수 없다며 창고마다 봉인을 해놓았다. 조조는 장로의 정직한 태도에 감탄하였다. 이후 조조는 항복한 장로를 진남 장군(鎭南將軍)에 봉하였다.

조조는 한중 평정 과정에서 방덕(龐德)이란 맹장을 얻었다. 방덕은 마초의 수하로 장로에게 몸을 의탁하고 있었다. 장로의 모사로 양송(楊松)이란 자가 있었는데 뇌물을 좋아하였다. 조조는 가후의 계략을 받아들여 양송에게 뇌물을 주고, 방덕이 장로를 배신한 것처럼 꾸몄다. 그러자 사지에 몰린 방덕이 조조에게 항복하였다. 뇌물에 매수된 자는 항상 조직을 배신하는 법. 조조가 파중(巴中)으로 도망친 장로에게 투항할 것을 요구하자 양송이 내응을 약속하였다. 결국 장로는 양송의 배신에 조조에게 항복하였다. 조조는 장로와 그의 수하들을 그대로 중용하였지만, 최고의 공훈자이자 내통자인 양송은 목을 베어 저잣거리에 걸었다. 주인을 팔아 자신의 영달을 꾀했다는 것이 그의 죄명이었다.

어진 사람 해치고 주인 팔아 뻐기더니　　　　妨賢賣主逞奇功

긁어모은 금은보화 모두 허망하구나　　　　積得金銀總是空

부귀영화 못 누리고 몸이 먼저 죽으니　　　　家未榮華身受戮

천 년 뒤의 사람들도 양송을 비웃네　　　　令人千載笑楊松

양송은 자신의 영달만을 꾀하다가 오히려 치욕스런 죽음을 당한 것이니, 아무리 난세라 하더라도 정도(正道)를 벗어나서는 안 된다. 양송의 죽음은 공인(公人)으로서 사리사욕에 눈먼 자의 말로가 어떤 것인가를 보여주는 전범(典範)이라 하겠다.

"유비는 교활한 속임수와 무력으로 유장의 땅을 점령했기 때문에 촉 땅 사람들은 아직 마음에서부터 그를 진정으로 복종하지 않습니다. 이제 주공께서 한중을 차지하셨으니 익주 역시 술렁이고 있을 것입니다. 지금 즉시 공격하면 반드시 무너질 것입니다. 지혜로운 자는 때를 잘 활용한다고 했으니 절호의 기회를 놓치면 안 됩니다."

"사람의 욕망은 끝이 없기 때문에 항상 고민하는 것이다. 내 이미 농(隴)을 얻었는데 이에 더 촉(蜀)까지 바라겠느냐?"

사마의는 한중을 평정한 조조에게 촉의 정세가 불안정한 틈을 타서 계속 진군할 것을 청하였다. 그러나 조조는 "농을 얻었는데 무엇 하러 촉까지 바라겠느냐?"라며 그 제안을 따르지 않았다. 장기 원정의 피로함과 중원의 패자임을 공인받을 수 있다는 권력욕이 조조의 진군에 제동을 건 것이다. 아울러 유비와 연합한 손권의 합비 침략도 조조의 촉 진격을 중단하게 한 요인이 되었다.

한편 유비의 요청을 받은 손권은 10만 대군을 이끌고 합비를 공격한다. 손권의 대군은 파죽지세로 여강 태수 주광(朱光)이 지키는 환성을 함락시킨다. 그 여세를 몰아 합비를 몰아쳤다. 합비는 백전노장 장료(張遼)가 이전(李典), 악진(樂進) 장군과 지키고 있었다. 주력군은 한중 공략에 참가하였기에 병력은 7천 명뿐이었다. 조조는 한중으로 떠나며 "손권이 공격해오면 장요와 이전은 나가서 싸우고 악진은 성을 사수하라"는 명령서를 남겨두었다. 사이가 나쁜 이전과 장료는 사심을 버리고 힘을 합쳐 조조의 명령을 따른다. 팔백 명의 돌격대를 구성한 장료는 순식간에 손권의 대군 속을 휘저으며 수십 명의 목을 베었다. 그리고 질풍처럼 손권이 있는 본진을 향하였다. 이에 놀란 손권은 허둥대며 목숨을 지키기에 바빴다.

적로가 그날 단계를 뛰어 넘더니	的盧當日跳檀溪
이제 또 손권이 합비에서 쫓기네	又見吳侯敗合肥
뒤로 물러났다가 채찍질하며 내달리니	退後着鞭馳駿騎
소요진 위로 옥룡이 날아가네	逍遙津上玉龍飛

장료의 용맹함에 손권의 대군은 전의를 상실하고 합비 공략을 포기해야만 하였다. 장료의 팔백 명 군사가 손권의 십만 대군을 무찌른 합비 전투는 장료

의 명성을 천하에 알리는 계기가 되었다. 장료는 이 전투의 공적으로 정동 장군 (征東將軍)에 임명되었고 죽을 때까지 오나라가 중원을 넘보지 못하도록 하였다.

안휘성의 성도인 합비(合肥)는 예로부터 중원과 강남을 잇는 교통의 요충지이다. 강남으로 들어가는 관문이자 중원 진출의 대문이기에 서로가 이곳을 차지하려는 쟁탈전이 자주 일어났다. 합비는 삼국고성(三國古城)이라고도 불리

▍ 합비에 있는 소요진 공원 입구

▍ 소요진 공원의 장료상

▍ 손권이 애마를 타고 건넌 비기교

▍ 손권이 도망치는 장면

▌ 소요진 공원 안에 있는 소요각

는데 그만큼 삼국이 치열한 격전을 벌인 곳이기도 하다. 합비 쟁탈전으로 유명한 전투는 소요진(逍遙津)이다. 소요진은 합비 옛 성의 북동쪽에 있는 강나루였다. 그런데 오랜 시간이 흐르며 강줄기가 변하여 지금은 아름다운 호수가 있는 소요진 공원이 되었다.

합비에서의 일정은 소요진 공원에서부터 시작하였다. 공원을 들어서니 늠름한 모습으로 말을 타고 있는 장료의 동상이 제일 먼저 눈에 띈다. 이른 시각임에도 사람들이 많다. 길가 좌우의 가로수에는 춘절을 지낸 붉은 등이 줄지어 걸려 있는데, 이제 본격적인 철거 준비를 하고 있다. 손권이 장료의 공격에 허겁지겁 달아난 비기교(飛騎橋)는 입구에서 십여 분 정도 올라간 곳에 있다. 비기교를 건너니 널따란 소요호(逍遙湖)가 아침 햇살에 반짝인다. 호수 가장자리에 있는 소요각(逍遙閣)은 우아함의 극치를 자랑하며 서있고, 호수 가운데 섬까지 이어진 아치형 다리 끝에 있는 소요루(逍遙樓)와 함께 한 폭의 그림을 그려내고 있다. 소요각에는 합비에서 발굴된 유물을 모아 놓았는데, 특히 합비 전투의 현황을 한눈에 볼 수 있도록 꾸며놓은 전시실이 눈에 띤다. 인형 하나하나마다 동작과 표정이 매우 사실적이어서 보는 것만으로도 마치 당시의 전투에 참가하고 있는 듯한 느낌이 든다. 그중에서도 가장 극적인 장면은 손권이 끊어진 비기교를 뛰어넘어 위기를 모면하는 장면이다. 손권이 몸을 피하도록 하기 위해 뒤에서 온몸으로 적을 막는 병사들의 모습이 너무도 사실적이다.

▎장료 의관총

　　공원 뒤편에는 장료 의관총이라고 전해오는 흙무덤이 있다. 중국의 무덤이 다 그렇듯이 측백나무가 우거졌다. 누군가가 다녀갔는지 고적한 아침 공기를 사르는 향불이 햇살 사이로 향기롭다. 조조와 손권은 합비에서 여러 번 싸웠다. 서로가 일진일퇴하였지만 그래도 합비에서의 주인공은 단연코 장료이다. 그러하니 합비를 대표하는 최상의 역사적 인물로 장료상을 세우고, 이를 널리 알려 많은 관광객이 찾아오도록 하는 것도 중요하리라. 옛 전투지인 소요진을 공원으로 만들고 이곳에 늠름한 장료상과 장료가 입었던 옷을 묻은 무덤을 만들어 놓은 것도 바로 이러한 까닭에서 비롯된 것이리라.

소요진 공원을 둘러보고 교노대(教努臺)를 찾아 나섰다. 합비는 조조와 손권이 여러 번 싸운 곳이라 조조에 관한 유적도 제법 있는 곳이다. 교노대는 일명 명교대(明教台)라고도 하는데, 소요진의 번화가인 회하로(淮河路)에 있다. 이곳은 조조가 장병들을 수시로 점검하고 궁술과 석궁을 연습시켰던 장소라고 한다. 당나라 시대에 이곳에 명교사(明教寺)라는 절이 세워졌는데 이로 인해 명교대라 불리는 것 같다. 그러고 보니 교노대 안에 있는 커다란 범종에는 '명교사'라는 글씨가 부조되어 있다.

교노대 건너편에는 조조가 식수로 사용했다는 우물이 있다. 지금은 사용할 수 없어서 아크릴판으로 덮어 놓았다. 이 우물은 옥상정(屋上井)이라고 부르는데, 우물의 입구가 우물 주변 집들의 지붕보다 높다고 해서 붙여진 이름이다.

▌ 조조가 장병들을 훈련시킨 교노대

조조가 식수로 사용한 옥상정

　　합비는 조조의 고민거리이던 두통을 낫게 한 명물 요리의 탄생지이기도 하다. 조조계(曹操鷄)라 부르는 이 요리는 각종 약재와 함께 병아리를 통째로 소금물에 넣고 삶는 요리인데 그동안 정확한 요리법을 몰랐다. 1985년, 합비시의 요리사들이 자료를 수집하고 비법을 연구한 끝에 이 요리를 부활시켰다고 한다. 병아리를 재료로 하여 조조가 즐겨 마셨다는 명주인 고정공주(古井貢酒)와 천마, 두충, 표고, 죽순 등 18가지의 재료를 넣어 만든 조조계는 한번 먹으면 그 맛을 평생 못 잊는다고 한다. 음식 문화의 체험은 여행의 또 다른 즐거움이다. 독특하고 별난 맛의 음식 체험을 통해 오감을 만족시킬 수 있기 때문이다. ‘금강산도 식후경’이라 하지 않았던가. 아무리 일정이 바쁘다고 해도 조조계를 어찌 그냥 지나칠 수 있으랴. 생각은 이러했지만 조조계의 맛을 음미하는 것은 포기해야만 하였다. 그런 요리를 하는 집을 찾기도 어려웠지만 다음 일정이 손짓하고 있었기 때문이다.

　　한중(漢中)은 진한(秦漢) 이래 많은 인물들이 발자취를 남겼는데, 그중 제왕이 된 이들의 창업 발상지가 된 곳이다. 유방이 항우와의 싸움에서 밀려나 감금되었다가 항우를 물리치고 한나라를 세운 곳이 한중이며, 후한 말에는 오두미도의 교주 장로가 스스로 왕이라 칭하고 30년간 정권을 잡은 곳도 한중이다. 또한 유비가 촉나라를 건설하기 위한 전진기지로, 조조가 서쪽 정벌의 핵심 기지로 삼기 위해 서로가 치열한 쟁탈전을 벌인 곳도 바로 이곳이다. 이처럼 한중이 전략상으로 중요한 지역이 된 것은 교통의 요지이기도 하지만 산들이 주변을 둘러싸고 있는 분지 중앙으로 한수(漢水)가 흘러 물자의 생산이 풍부한 곳이었기 때문이다. 또한 이곳을 차지하는 자는 익주를 품을 수도 있고, 관중과 중원을 향해 나갈 수도 있는 천혜의 장소였기에, 예로부터 정치가와 전략가들은 형주 다음으로 이곳의 중요성을 간파하고 있었다.

▌ 한중의 요충지인 양평관의 위용

조조가 한중의 장로를 무찌른 곳인 양평관(陽平關) 유적을 찾아갔다. 양평관은 한중시 서쪽의 면현(勉縣)에서 다시 서쪽으로 5km 떨어진 곳에 있다. 7월 폭염을 이기며 양평관에 도착하니 온 몸이 땀에 절었다. 성벽에는 행서체로 '고양평관(古陽平關)'이라 쓰인 비석이 선명하다. 원래 이곳에 있던 비석은 예서체였는데 문화혁명 당시에 파괴되었다. 이 글씨는 최근에 양평관을 복원하면서 새로 쓴 것이다.

양평관은 한중을 차지하는 데 있어서 전략상의 요지였기에 위와 촉의 한중 쟁탈전에서도 우선적인 목표가 되었다. 양평관은 마을에서 좀 떨어진 곳에 복원되어 있었는데, 주변엔 온통 옥수수밭이다. 양평관에 오르니 시원한 바람 사이로 사방의 들판이 한눈에 들어온다. 그리 높지 않은 산과 연결되어 있어 산의 이름을 알아보았더니 '천탕산'이라 한다. 천탕산은 조조의 식량 저장 기지가 있던 곳인데, 북산이라고도 부른다. 산의 위치가 북쪽이라서 그렇게 부르는 것 같다.

▌ 댐 건설로 인해 호수가 된 석문잔도

15년 만에 다시 찾은 양평관은 옥수수밭 자리가 양평관을 소개하는 넓은 광장으로 변했을 뿐 옛 모습 그대로다. 새로운 것이라면 시내에 마초상이 새롭게 세워졌다는 것 정도이다.

　　조조는 한중으로 오기 위해서 진령산맥을 넘었다. 그리고 석문잔도(石門棧道)를 지나왔다. 지금도 석문잔도의 유적이 남아 있기는 하지만, 1970년대에 만들어진 댐으로 인해 많은 유적이 수몰되었다. 그중 국가적인 중요 문화재는 암벽을 그대로 잘라내어 박물관에 보관하였는데, '한위 13품 석문 마애석각'이 그것이다.

　　한 중지역 최대의 보물창고인 고한대(古漢臺)를 찾았다. 이곳은 한중에서 발굴된 유적과 유물을 모아놓은 곳이다. 주로 석상이나 석각 등 돌로 만든 유물들이 많이 진열되어 있는데, 특별실에는 국보급인 한위 13품 석문 마애석각이 있다. 그림과 글씨가 너무도 찬연하여 홀린 듯 넋을 잃고 한참을 바라보았다. 원래의 자리에서 이러한 유적을 본다면 얼마나 더 훌륭하게 보일까. 생각만

▌ 한중박물관이 있는 고한대

▌ 국보급 석각이 있는 한대비림 입구

해도 가슴이 벅차오른다.

　　댐 건설로 인해 수천 년을 내려온 유적과 유물이 수몰되어 사라지는 것은 안타까운 일이다. 그나마 중요한 문화재는 장소를 옮겨서 보관을 해오고 있으니 다행이긴 한데, 어찌 역사의 현장에 있는 유적의 생생함에 비할 수 있겠는가. 그것은 동물원 울타리에 갇힌 동물들처럼 본연의 의미와 뜻이 사라진 화석화된 유적에 지나지 않는다. 유적은 보관만이 능사는 아닐 것이다. 인간에 의해 탄생된 유적이기에 인간과 함께 지내고 자연과 함께 호흡하기를 원할 것이다. 유적에도 혼이 담겨 있다. 그 혼에 담긴 염원이 거룩할수록 유적은 무궁하게 칭송되며, 후대에 온전한 모습으로 전해지는 것이리라.

조조의 야심이 숨은 글씨, 곤설(袞雪)

석문 잔도는 진령 남북을 잇는 주요 도로의 하나로 한나라 때부터 사용된 고도(古道)다. 지금도 잔도의 일부가 남아 있는데, 길 옆으로는 한나라 때 이후의 석각이 많이 있다. 이중에 국보급 석각 13점을 한중박물관인 고한대(古漢臺)에 옮겨 놓았는데, 그 중에는 조조가 쓴 '곤설(袞雪)'이라는 비석이 있다.

가로 1m, 세로 50cm 정도의 암석에 새겨진 이 글씨는 조조가 석문을 지나다가 흰 거품을 날리며 소용돌이치는 물줄기를 보고 시적 감흥을 받아 쓴 것이라고 한다. '곤설'이란 글씨는 소용돌이치며 물거품을 날리는 격류가 마치 굴러가는 눈덩이와 같다는 뜻으로 쓴 것이다. 그런데 물이 세차게 흐르는 모양을 나타내는 글자인 '곤(滾)'에서 물을 의미하는 삼수변(氵)이 빠졌다. 조조가 잘못 쓴 것일까. 아니다. 이는 조조의 손에 물거품이 날아와 묻어서 삼수변까지 쓸 필요가 없었다고 한다. 시인 조조의 탁월한 예술적 면모를 멋지게 보여주는 일화가 아닐 수 없다. 하지만 이 글씨에는 또 다른 사실이 숨어 있다. 그것은 조조의 야심을 드러내 보여주는 것이기도 하다.

무소불위의 권력을 차지한 조조가 정치적으로 위기에 몰린 때가 적벽 대전 이후였다. 천하통일이라는 조조의 야망이 좌절되는 순간이었기 때문이다. 적벽 대전의 패배는 이제까지 조조의 힘에 주눅 든 정쟁자(政爭者)들에게는 자신의 뜻을 펼칠 수 있는 절호의 기회였다. 조조는 이러한 정적들을 단속하기 위해서도 자신의 권위를 회복해야만 하였다.

서기 210년. 황제는 조조에게 3만2천 호의 봉지를 늘려 주려고 하였다. 이에 조조는 「양현자명본지령(讓縣自明本志令)」을 발표하여 이를 사양하였다. 대신 조조의 세 아들이 각각 후(侯)에 봉해진다. 조조는 봉지를 사양함으로써 정치적으로 반대파들의 지탄을 면하고, 아들들에게는 작위를 주어 든든한 기반을 구축하게 하였다. 그리고 마초와 한수를 무찔러 무력의 건재함을 과시하고 위공(魏公)에 오른다. 조조가 천하통일의 의지를 다시 한 번 내보이며 권력을 장악한 것이다. 조조는 이번 기회에 정적들을 소탕하고 확고한 권력을 유지할 필요를 느꼈다. 나이를 먹어 감에 따라 안정적인 자리가 필요했던 것이리라. 장로 정벌을 통한 한중 평정은 조조의 이러한 의도에서 시행된 것이다. 그러하기에 조조는 전쟁터에서 오랜 시간을 소비할 수 없었다, 한중 평정 후 곧바로 허도로 돌아와 조정을 장악하는 것이 급선무였기 때문이다.

조조가 옷소매에 물이 묻었기 때문에 물(水)을 빼고 썼다는 '곤(袞)'이라는 글자는 임금만이 입는 옷인 곤룡포를 의미한다. 조조가 한중 평정이라는 원정길에서 이러한 글씨를 쓴 것은 한중을 평정한 후에는 위왕(魏王)에 오르겠다는 의지를 나타낸 것이다. 실제로 조조는 한중을 평정하고 위왕이 되었다. 사마의가 촉까지 진격하면 유비를 물리칠 수 있다고 진언하였음에도 이를 받아들이지 않은 것은 이처럼 조조가 위왕이 되어 정치적으로 확고한 위치를 차지하고 싶다는 조급함을 가지고 있었기 때문이다. 조조는 위왕에 올랐지만 끝까지 황제의 자리를 찬탈하지는 않았다. 하지만 권위는 황제와 다를 것이 없었다. 이에 부하들이 황제가 될 것을 간청하였다. 그러자 조조가 자신의 생각을 알렸다.

"공자께서는 정치에 도움이 되는 것이 곧 정치에 참여하는 것이라고 말씀하셨소. 만약 하늘의 뜻이 내게 확실하게 주어진다면, 나는 주나라 문왕(文王)이 되겠소. 그 정도로도 흡족하오."

조조는 자신이 이룬 공덕은 왕으로 족하고 문왕의 아들이 그랬던 것처럼 태자인 조비가 나서서 황제가 될 것을 암시하였다. 그만큼 조조는 정치적으로 영리하였던 것이다.

정치가들은 국가적 안위와 백성의 평안이 중요하다고 말하지만, 그들의 속셈은 권좌에의 동경과 애착이 그 무엇보다 우선이다. 그것은 예나 지금이나 변함없고 앞으로도 그러할 것이다. 역사가 이를 잊지 않고 영원히 기록하겠노라고 벼려도 쉽게 포기하지 않는다. 권좌가 역사 위에 있다고 믿기 때문이다.

33. 유비, 한중왕(漢中王)에 오르다

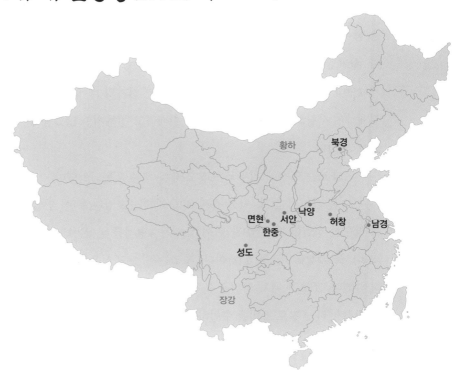

"폐하! 공적을 칭송하건대, 위공 조조의 공덕은 이미 하늘을 찌르고 땅 끝까지 닿아 이윤(伊尹)과 주공(周公)도 이보다 못하오니 벼슬을 높여 왕이 되어야만 합당합니다."

서기 216년 5월, 장로 정벌을 마치고 돌아온 조조는 세 번 사양하는 형식적인 절차를 거쳐 헌제로부터 위왕(魏王)의 작위를 받게 된다. 212년 위공(魏公)을 거쳐, 213년에는 구석(九錫)을 받고 216년에는 위왕에 오르니, 조조의 권세는 그야말로 파격적이고 초고속이었다.

이것으로 끝난 것이 아니다. 217년에는 천자의 기(旗)를 설치하고 출입을 함에 있어서도 천자처럼 경(警:나가다)과 필(蹕:들어오다)로 부를 수 있도록 하였다. 황제만이 쓸 수 있는 열두 줄의 면류관(冕旒冠)과 여섯 필의 말이 끄는 금근거(金根車)를 탔으며, 복식과 수레 의식 또한 천자의 예에 따라 길을 청소하고 경계하며 사람의 통행을 금지시켰다. 황제라고 칭하지만 않았을 뿐, 황제와 다를 바 없었다.

조조는 업성에 위왕궁을 짓고 세자 책봉도 논의하였다. 정실인 정 부인(丁夫人)은 자식이 없고, 첩실 유씨(劉氏)에게는 조앙(曹昻)이 있었으나 완성에서 장수를 정벌할 때 잃었다. 변씨(卞氏)는 4형제를 낳았는데, 조비(曹丕), 조창(曹彰), 조식(曹植), 조웅(曹熊)이다. 조조는 평소 조식을 총애하여 세자로 세우려 하였다. 조조가 재차 의견을 묻자, 가후는 그제야 "원소와 유표 부자를 생각했습니다."라는 말로 조비를 추천하였다. 이에 조조는 조비를 왕세자로 삼았다.

한편 유비도 익주를 차지한 후 정권 안정에 힘을 기울였다. 오나라는 군사 총책임자인 노숙이 죽고, 관우의 숙적 여몽이 자리를 이어받았다. 바야흐로 삼국의 정세는 정중동(靜中動)이었지만, 이는 곧 폭풍 전야의 평온함이었다. 조조는 여몽이 군사 총책임자가 되자 적벽 대전 이후 계속된 오나라와의 적대 관계를 해소하였다. 촉오 동맹 와해는 곧 조조의 천하통일을 앞당기는 것이기 때문이다.

유비는 익주는 안정과 한중 차지에 골몰하였다. 한중은 서천을 본거지로 하는 데 있어서 최고의 요충지이기 때문이다. 조조도 한중을 중시하였다. 유비의 공격을 사전에 차단할 수 있고, 서천을 언제든지 공략할 수 있기 때문이다.『삼국지』의「촉서」'법정전'을 보면, 유비의 한중 공략은 법정(法正)의 진언으로 시작된다.

"조조는 한 번의 진격으로 장로를 복종시키고 한중을 차지하였습니다. 이 여세를 몰아 파촉을 도모할 수 있었지만 그렇게 하지 않고, 하후연과 장합에게 지키게 한 채 북으로 되돌아갔습니다. 이는 그가 지혜가 모자라고 힘이 부족해서가 아니라 내부에 무언가 아주 급박한 걱정거리가 있다는 징후입니다. 이제 하후연과 장합의 재능과 꾀를 미루어 보면 우리 장수들을 당해 내지 못하니, 군사들을 출동시키면 반드시 승리할 수 있습니다. 그런 후에 농업을 장려하고 식량을 축적하며 때를 살피십시오. 상책이면 강적을 없애고 왕실을 유지시킬 수 있고, 중책이면 옹주와 양주를 파고들어 영토를 확장할 수 있으며, 하책이면 요충지를 사수하며 지구전을 벌일 수 있습니다. 이것은 곧 하늘이 우리에게 준 절호의 기회이니 절대 잃어서는 안 됩니다."

유비는 법정과 함께 한중 정벌에 나선다. 법정은 한중 정벌에 종군했을 뿐만 아니라 정군산 탈취 작전에서도 직접 작전을 지휘하였다. 제갈량이 교묘하게 의병(疑兵)과 매복 작전으로 물리쳤다는 이야기는 나관중이 지어낸 것이다. 제갈량은 한중 정벌에 참여하지 않았다. '선주(유비)가 밖으로 나가면 늘 제갈량이 남아 성도를 진수하며 식량과 무기를 풍족하게 하였다.'라는 「촉서」 '제갈량전'에 기록을 보더라도 제갈량은 후방에서 군수 물자와 병력을 조달하였다. 나관중은 제갈량을 신묘한 전략가로 그려내고 있기에 이곳에서도 신출 기묘한 전략가로 그려내려고 한 것이다.

초기 전황은 조조에게 유리하였다. 그러나 유비가 양평관으로 출정하면서 분위기는 바뀌었다. 전세는 시간이 흐를수록 조조에게 불리해졌다. 정군산에 주둔한 한중의 총사령관인 하후연이 촉의 노장 황충의 급습에 죽었다. 하후연은 조조군 최고의 무장이다. 조조가 북벌과 남정을 단행할 때 혁혁한 무공을 세운 영웅이다. 그런 무예가 출중한 하후연이 황충의 일격에 목숨을 잃은 것은 법정의 정확한 공격 시기 포착에 있었다. 『손자병법』에 보면, '아침에는 기가 날카롭고 낮에는 기가 나태해지며 저녁 무렵에는 기가 돌아가 쉬고 싶다. 따라서 용병을 잘하는 사람은 적의 기가 날카로울 때는 공격을 피하고 적의 기가 나태해져 쉬고 싶어 할 때 공격을 한다.'라는 대목이 있다. 황충이 하후연의 목을 벤 것도 이처럼 적의 기가 나태해져서 쉬고 싶어 할 때에 공격하였기에 가능했던 것이다.

황충의 승리에 이어 온몸이 담덩어리인 조운의 뛰어난 무공에 압도되어 조조군은 열세에 몰린다. 한중의 중요성을 잘 아는 조조가 사태의 급박함을 알고 직접 출정하였지만, 유비는 정군산 기슭의 높은 산과 험한 지형지물을 이용해 방어만 할 뿐 나오지 않았다. 219년 5월, 조조는 결국 한중을 포기하고 퇴각하기로 결심한다. 이때 내린 암호가 '계륵(鷄肋)'이다. 수수께끼 같은 암호를 받은 장수들이 고개를 갸웃거릴 때, 주부인 양수가 조조의 뜻을 알아차렸다.

"계륵은 먹으려 하면 먹을 것은 없지만, 그렇다고 버리려 하면 버리기는 아깝습니다. 이제 나아가도 이길 수 없고 물러나도 비웃음거리만 될 지경이니 더 이상 있어 보았자 아무런 소득이 없습니다. 그러므로 돌아가는 것이 상책입니다. 두고보십시오. 내일 위왕께서 틀림없이 철군 명령을 내리실 것입니다."

매번 양수에게 자신의 생각이 들통 난 조조는 군사의 마음을 소란하고 어지럽게 한다는 죄명을 씌워 양수의 목을 베었다. 후세 사람이 양수를 탄식하는 시를 지었다.

| 총명했던 양수는 | 聰明楊德祖 |

집안 대대로 명문 가문으로	世代繼簪纓
붓을 들면 용이 나는 듯하였고	筆下龍蛇走
가슴속 재주는 비단처럼 화려하였네	胸中錦繡成
하는 말마다 온 좌중이 놀라고	開談驚四座
민첩한 대답은 영재 중에도 최고였네	捷對冠群英
목숨이 다한 것은 재주 잘못 부린 탓	身死因才誤
철군함을 안 것과는 상관없다네	非關欲退兵

　　조조가 양수를 죽인 것은 한중에서 철수한 후였다. 죄목도 여러 번 기밀을 누설하고 제후들과 관계가 깊다는 것이었다. 양수는 항상 조식의 편이었다. 조조도 한때 조식을 세자로 내세우려 하였으나, 조비를 세자로 책봉한 까닭에 양수와 같은 모사를 조식의 곁에 둘 수는 없었을 것이다. 형제간의 자중지란을 우려하였기에 사전에 차단하려 했던 것이다. 게다가 양수는 원술의 인척인 양표(楊彪)의 아들이고 원술과는 외조카였다. 그러하기에 조조는 더더욱 양수를 살려둘 수 없었으리라. 양수도 죽음에 임박하여 자신의 처지를 알았던지 "진작 죽어야 했을 목숨인데 이제야 죽는다."라고 하였다. 조조는 결국 양수의 예상대로 한중에서 철수하였다. 조조가 한중을 잃은 것은 커다란 손실이었다. 그럼에도 장안으로 철수한 것은 전력을 집중하여 형주 전투에 대비하기 위함이었다.

　　조조가 한중 전투를 위해 장안을 거쳐 동관에 이르렀을 때 채문희(蔡文姬)를 만난다. 채문희는 조조가 오래전부터 아는 사이인 학자 채옹(蔡邕)의 딸이다. 채문희는 남편이 일찍 죽고 자식도 없어서 집으로 돌아와 지냈는데, 전란으로 인해 남흉노 좌현왕(左賢王)에게 납치되어 그의 아내로 살면서 두 아이를 낳았다. 조조는 채옹에게 후사가 없는 것을 불쌍히 여겨 흉노에게 금은보화

조조가 신축 정원의 문에 '활(活)' 자를 남기자, '넓을 활(闊)'을 연상한 양수는 문을 좁히라고 지시하여 조조의 칭찬을 받았다.

를 주고 채문희를 데려와 재혼시켜 주었다. 조조가 채문희를 구해준 것은 북방을 평정하여 정치적 주도권을 차지하게 되자 문치(文治)를 중시하여 문학적 소양을 갖춘 인재를 구하는 과정에서였다. 친한 사이인 채옹의 딸이 아버지를 닮아 박학다식하여 말재주가 뛰어났고 음률에도 조예가 깊었으니, 조조의 입

▌ 조조가 흉노에게서 데려온 채문희

장에서는 정치적 입지를 공고히 하는 데 이보다 더 좋은 계기는 없었을 것이다.

채문희는 12년 만에 고향으로 돌아오는 기쁨을 누렸으나 한편으로는 두 아들과 애끊는 이별의 정한을 맛보아야 했다. 이때의 심정을 읊은 비분시 2수가 있고, 난리와 이별의 슬픔을 노래한 호가십팔박(胡笳十八拍)도 유명하다.

삶에 욕심 없고 죽음도 두려워하지 않았지만	我非貪生而惡死
포기할 수 없었던 건 소원이 있었기 때문이라	不能捐身兮心有以
살아 얻고 싶었던 건 귀향하는 것이요	生仍冀得兮歸桑梓
죽어 편히 묻힌다면 나 그대로 영원하리	死當埋骨兮長已矣
흐르고 흐르는 세월을 오랑캐 성에만 있으니	日居月諸兮在戎壘
오랑캐 나를 사랑하여 두 아들을 얻었네	胡人寵我兮有二子
돌보고 가르침에 부끄러움 없고	鞠之育之兮不羞恥
염려와 어여뻐함이 변방에서 자라났어라	愍之念之兮生長邊鄙
열한 박자가 이렇게 일어나니	十有一拍兮因該起
슬픈 소리 메아리침이여, 사무침이 골수를 꿰뚫는구나	哀響纏綿兮徹心髓

채문희는 지옥 같은 난세에 희롱당하며 살아야만 했던 힘없는 백성들을 상징하는 비극의 여성이었다.

"지금 조조가 국권을 멋대로 농락하는 까닭에 백성들은 주인 없이 헤매고 있습니다. 주공의 인의로움은 이미 세상이 다 알고 있으며, 뿐만 아니라 양천(兩川)의 땅도 다스리시니 하늘의 뜻을 따르고 인망(人望)에 따라 황제에 오르소서. 이것이 명분도 서고 이치에도 맞는 것입니다. 역적 토벌을 하루도 늦출 수 없으니 어서 날을 받으소서."

"그것은 아니 되오. 유비가 한나라 황실의 종친이기는 하지만, 나 또한 신하 된 자요. 그런데 그런 일을 저지른다면 이는 한나라에 반역하는 것이오."

"그렇게 볼 수 없습니다. 지금 천하는 나눠지고 영웅은 앞다투어 일어나 제각각 영토를 차지하고 있는 실정입니다. 천하의 재주와 덕망 높은 명사들이 저마다 목숨으로 주인을 섬기려는 것은 모두 명석한 군주를 따라 공명을 드높이려는 것입니다. 지금 주공께서 꺼리고 피하여 신의만 지키려 고집하신다면 많은 사람들이 희망을 잃을 것입니다."

한중을 차지한 유비는 군신들에 의해 한중왕(漢中王)에 추대되었다. 망설이던 유비는 제갈량의 설득에 한중왕에 오른다. 문무관헌들의 배하(拜賀)를 받으며 왕에 오른 유비는 교차하는 만감을 주체할 수 없었다. 유비 나이 59세. 실로 35년 동안 전쟁터를 누비며 얻은 영광이었다. 게다가 고조 유방이 한나라를 세운 출발점인 한중에서 무너진 한나라를 다시 일으켜 세우는 역사적 소명을 이어 받았다고 생각하니 벅차오르는 감회는 진정 눈물로 젖어들었다. 자욱한 안개에 가려 보이지 않던 천하통일의 길도 선명하게 보였다. 유비로 이어지는 유씨의 한나라가 온 천하를 뒤덮고도 남는 것만 같았다.

▌천하의 요충지인 대산관 입구

▌대산관의 봉화대

　　보계(寶鷄)시에서 이른 아침을 먹고 한중을 향하였다. 한중을 가려면 산관(散關)을 지나고 진령산맥(秦嶺山脈)을 넘어야 한다. 그리고 한수(漢水)를 건너야 한다. 오늘은 차 안에서 험준한 산과 강을 보아야 할 듯하다. 빠듯한 일정에 피곤이 가시지 않아 잠시 눈을 감았다. 얼마를 지났을까. 자동차의 흔들림에 눈을 떴다. 자동차는 하염없는 산길을 꿈틀꿈틀 기어오른다. 지명을 물으니 '산관'이라 한다. 하늘을 삼킬 듯한 먹구름이 천험의 요지임을 입증이라도 하듯 소나기가 되어 퍼붓는다. 한 명의 군사가 만 명을 상대할 수 있다는 산관은 날씨까지도 적을 무찌르는 병사가 되어 있는 곳이다.

　　쏟아지는 소낙비에 돌들이 굴러 떨어진다. 수시로 오는 소낙비에 낙석을 조심하라는 팻말이 도로가에 자주 보인다. 도로마다 낙석이 널려 있어 그 또한 잘 피해가야 한다. 풍경을 조망할 수 없는 험준한 산길. 그야말로 살얼음판을 걷는 기분이다. 게다가 길옆은 천 길 낭떠러지요, 한수가 입을 벌린 채 흙물을 토해

▌ 험준한 요새인 진령산맥의 원경

▌유비가 한중왕에 오른 설단처의 옛 모습과 현재

내며 요동친다. '오, 무사히 진령을 넘어갈 수 있게 해 주소서!' 절로 눈을 감고 무사함을 빌게 된다.

한중은 진한(秦漢) 이래로 많은 인걸들이 발자취를 남겼고, 그중 몇몇은 창업의 발상지가 되기도 한 곳이다. 한나라도 이곳에서 창업의 기틀을 다졌다. 항우에 밀려 이곳에 감금되어 지내던 유방은 한신과 소하 등의 보좌를 받아 몰래 산관으로 출병하여 항우의 군대를 물리치고 한나라를 세웠다. 이제 다시 유비가 조조와의 싸움에서 이겨 이곳을 차지하고 한중왕에 오르니, 유비는 분명 그 옛날 선제인 유방을 떠올리며 자신이 다시 한나라를 일으켜 세울 것임에 감개가 무량했으리라.

늦은 오후가 되어 면현(勉縣)에 도착하였다. 유비가 한중왕에 오른 설단처(設壇處)는 면현에서 동쪽으로 5km 떨어진 고조향(高朝鄉) 구주포(舊州鋪)라는 마을에 있다. 이곳은 한나라 때 면양의 행정 관청이 있었던 곳이다. 한수의 옛 이름은 면수(沔水)이다. 행정관청이 면수의 북쪽에 위치한 까닭에 면양(沔陽)이라 부르게 된 것이다. 지명에 '양(陽)' 자를 넣을 경우에는 강의 북쪽이나, 산의 남쪽을 나타내기 때문이다. 유비는 이곳에 사방 9리의 단을 쌓고 성대하게 즉위식을 거행하였다. '당시의 화려함이 얼마나 보존되어 있을까' 하고 생각하며 설단처를 찾았다.

　　설단처는 마을 안쪽에 벽돌담이 둘러쳐진 곳이었는데, 대문은 자물쇠로 굳게 잠겨 있다. 여기까지 와서 이곳을 보지 못한다면 그야말로 낭패가 아닐 수 없다. 마을 촌장이 열쇠를 가지고 있다기에 그를 찾아 나섰다. 그사이 어디에서 나타났는지 마을 아이들이 신기한 듯 주위로 모여든다. 아이들에게 사진을 찍어 주며 시간을 보낼 즈음, 자전거를 타고 나타난 촌로가 문을 열어 주었다. 잔뜩 긴장감에 휩싸여 대문을 들어서니, 그다지 넓지 않은 정원에 잡초만 무성하다. 그 사이로 약 2m 정도의 비석이 보인다. 예서체로 〈선주초위한중왕설단처(先主初爲漢中王設壇處)〉라고 쓰여 있는 석비가 석양의 햇볕에 오롯이 졸고 있다. 유비가 조조를 무찌르고 천하를 통일하였다면 이곳은 어떻게 보존되었을까.

▌ 제칼랑이 책을 읽은 곳이라는 독서대

지금처럼 촌로에게 열쇠를 맡기고 잡초만 무성한 밭으로만 가꾸지는 않았을 것이다.

한중왕 즉위의 그날을 추억하면서 비석을 살펴보니, 청나라 때인 광서 29년(1903)년에 세운 것이다. 촌장이 알려 주길, 약 50년 전만 해도 마을에 성문 누각도 있었고, 그곳에는 '면양구치 소열고도(沔陽舊治 昭烈故都)'라는 액자도 있었다고 한다. 하지만 지금은 누각도, 액자도 흔적조차 없다. 이러할진대 비석이나마 풍상을 견디며 보존된 것이 다행이다.

15년 만에 다시 찾은 설단처는 산뜻하게 정비되어 있었다. 주변 경관도 깨끗하고 대문도 다시금 잘 만들었다. 하지만 굳게 잠겨 있는 것은 예전과 마찬가지다. 오히려 중요 유적지여서 관리가 철저해진 듯하다. 관리자가 열어주어 안으로 들어가니, 풀밭이던 곳은 정원인 듯 측백나무가 무성하다. 단정하게 가꿔 놓은 설단처를 보니 중국의 문화 의식도 그사이에 많이 발전했음을 느낄 수 있다.

설단처에서 수 km 떨어진 곳에 제갈량 독서대(諸葛亮讀書臺)가 있었다. 20여 m정도 되어 보이는 둔덕 위에 비석만이 덩그러니 서 있는데, 예전이나 지금이나 변함이 없다. 설단처는 잘 가꿔 놓았는데, 이곳은 왜 그대로일까. 문학적으로도 그다지 큰 의미가 없기 때문인가. 하기야 제갈량이 책을 읽은 곳이 어디 이곳뿐이겠는가. 그런데 제갈량 독서대 유적은 드물다. 중국 전역에 세워진 무후사와 제갈량 소상에 비하면 꽤나 흥미로운 일이다. 신빙성이 없는 유적이지만 후세 사람들이 최고의 참모이자 전략가인 제갈량을 흠모해서 만들어 놓은 것이라 생각하니, 이 또한 제갈량의 유적처럼 보인다.

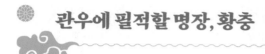

관우에 필적할 명장, 황충

"황충의 명성이 관우·마초와 같은 반열이 아니었는데, 오늘 그들과 같은 자리에 놓으려고 하십니다. 마초와 장비는 가까이에서 직접 황충의 공로를 보았고, 무엇보다도 주군의 뜻을 잘 알기에 인정할 수 있습니다. 그러나 관우는 먼 곳에서 이를 안다면 아마도 좋아하지 않을 것입니다. 그러하기에 황충을 이렇게 배정하는 것은 안 좋습니다."

유비가 한중 공략에 나서자 황충이 선봉에 선다. 황충은 정군산에서 조조의 용장인 하후연의 목을 베고 한중을 차지하는 데 결정적인 승리를 거둔다. 유비는 한중왕에 오르자 황충을 후장군에 임명한다. 그러자 제갈량이 유비에게 황충의 임명을 자제해 줄 것을 요청한다. 왜 그랬을까.

황충은 원래 장사 태수 한현의 부장이었다. 조조가 적벽 대전에서 패하자 유비가 형주의 4개 군을 차지했는데, 황충은 이때 유비에게 귀순하였다. 『삼국지연의』에서는 이 과정에서 관우가 의로써 황충을 놓아주었다는 이야기를 만들어 내었다. 황충은 유비와 함께 서천으로 이동하여 익주 평정에 지대한 공헌을 하였다. 하지만 황충은 뒤늦게 아군 병영에 들어온 장수일 뿐이었다. 처음부터 동고동락을 해온 정예 멤버의 입장에서 보면, 아무리 공훈이 뛰어날지언정 같은 반열에 오를 수 없는 태생인 것이다. 게다가 나이도 많은 노장이다.

한편 관우는 유비 진영 장수들 중 항상 필두(筆頭)여야 하였다. 무공이 뛰어난 만큼 자만심도 그에 못지않았다. 더욱이 자신이 용납할 수 없는 자와 동등한 자리에 있는 것은 상상할 수도 없는 일이었다. 나관중이 지어낸 관우와 황충의 대결이 사실이었다면, 제갈량도 이처럼 유비에게 자제해 줄 것을 요청하지는 않았을 것이다. 관우에 버금가는 실력을 갖춘 그가 정군산에서 하후연을 죽이고 승리한 것에 관우도 찬사를 보냈을 것이기 때문이다.

제갈량의 걱정은 바로 여기에서 비롯된다. 하찮은 부장출신의 귀순자 주제에 뛰어난 공을 세웠다고 단번에 관우와 같은 위치에 세우는 것이야말로 관우의 자만심에 상처를 주는 것임을 염려했기 때문이다. 특히 형주라는 최고의 요충지를 지키고 있는 관우가 황충의 임명에 자극받아 혹시라도 있을 그의 무분별함을 경계했던 것이리라. 관우는 뛰어난 용장이었지만, 지략이나 인품은 그다지 뛰어나지 못하였다. 질투와 오만함도 강하였다. 이를 잘 아는 제갈량이었기에 마초가 투항하자 관우를 안심시키는 편지를 보냈고, 유비가 황충을 후장군에 임명하자 재고를 요청한 것이다.

황충은 유비가 한중왕에 오른 이듬 해에 죽었다. 그러나 연의에서는 이와 다르다. 관우가 손권에 의해 죽자 이를 복수하려는 유비의 이릉 전투에 참가하여 용맹하게 싸우다 죽는다. 유비의 복수전이 시작되자 손권은 긴장하였다. 특히 손권의 참모인 장소는 최고의 '요주의' 장수로 황충을 지목하였다. 황충의 무예가 얼마나 출중했는지 알 수 있는 부분이다. 중국인들이 쓰는 '노황충(老黃忠)'이란 말은 '노익장을 과시하는 사람'을 뜻하는데, 황충이야말로 나이를 뛰어넘는 최고의 장수로 오늘날에도 모두에게 칭송받고 있다.

연로한 나이에도 대적을 맞아   蒼頭臨大敵

백발 흩날리며 신기한 무공 떨쳤네   皓首逞神威

천하제일 힘으로 강궁을 당기고   力趁雕弓發

서릿발 펄펄 칼날이 휘도네   風迎雪刃揮

호랑이 울부짖는 우렁찬 목소리여   雄聲如虎吼

용이 되어 나르는 날랜 말과 함께   駿馬似龍飛

적장 수급 바치니 공훈이 대단해라   獻馘功勳重

강토를 넓히고 제국의 터전 마련하였네   開疆展帝畿

34. 관우의 교만함에 형주를 잃다

"운장이 형주로 오자 유비가 그에게 아내를 얻어 주어 아들을 먼저 낳고 딸을 낳았다고 합니다. 그 딸이 아직 어려서 미혼이라 합니다. 제가 형주로 가서 주공의 세자와 혼인 여부를 청해 보겠습니다. 만약 운장이 흔쾌히 수락한다면 운장과 계책을 논의하여 함께 조조를 공격하고, 만약 운장이 싫어한다면 그땐 조조를 도와 형주를 차지하십시오."

서기 219년, 유비가 한중왕에 오르자 조조는 "돗자리나 짜던 보잘것없는 놈이 어떻게 감히 이런 짓을 한단 말이냐?"라며 노기충천하여 유비를 치려고 하였다. 사마의가 손권으로 하여금 형주를 공격하게 한 후, 한중을 공격하는 것이 좋다며 촉오 동맹 와해 작전을 제안하였다. 형주는 관우가 지키고 있어 조조나 손권 모두가 만만히 볼 수 없는 곳이다. 손권은 형주 탈환이 급선무였지만, 그간의 동맹 관계도 무시할 수 없었다. 그래서 형주를 지키고 있는 관우에게 자신의 아들과 관우의 딸을 혼례 시키자는 제안을 한 후, 그 결과에 따라 대응하기로 한 것이다. 제갈량의 형인 제갈근(諸葛瑾)이 이 일을 맡았다. 관우는 손권의 제안에 퍼르르 성부터 냈다.

"범의 딸이 어찌 개새끼의 아들에게 시집을 간단 말이냐? 네 동생을 생각해서 이 정도로 끝내는 것이지, 그렇지 않으면 당장 너의 목을 칠 것이다."

그동안 유지되었던 촉오 동맹은 관우의 이 말 한마디로 사실상 와해된다. 격분한 손권이 조조에게 선공할 것을 요구하자, 조조는 조인(曹仁)에게 군사를 일으키라고 명한다. 조조와 손권의 작전을 안 유비는 제갈량의 계략을 받아 관우로 하여금 먼저 조인을 공격하여 두 나라의 협공 작전을 와해시키라고 알린다. 이러한 시급한 전령을 전하러 간 전부사마(前部司馬) 비시(費詩)가 한중왕에 오른 유비가 관우를 오호대장의 우두머리로 삼았다고 전하며 오호대장을 알려 주자 또다시 화를 낸다.

"장비는 나의 아우고, 마초는 명문가 출신이며, 조자룡은 오래전부터 형님을 모셨으니 내 아우나 다름없소. 모두 지위가 나와 같아도 상관없지만, 황충은 대관절 무엇이관대 감히 나와 같은 반열에 오른단 말인가? 나는 그런 노졸(老卒)과 절대로 짝이 될 수는 없소."

관우는 비시의 설득으로 화를 풀었지만, 위기 상황에서도 개인적 안위와 편협한 생각만 하는 것은 한낱 어설픈 장수의 행동거지에 지나지 않는다.

관우는 유비의 밀지를 받고 양양성을 점령한다. 관우의 기세는 더욱 등등해졌고 그만큼 자만심도 높아졌다. 관우의 선공으로 조인이 수세에 몰리자 조조는 우금(牛禁)으로 하여금 조인을 도와 관우를 칠 것을 명령하였다. 우금의 선봉으로 방덕(龐惪)이 나선다.

조조 진영은 방덕이 유비에게 투항한 마초의 부하임에 꺼림칙하였다. 그러자 방덕은 단호하게 말하였다.

"나는 위왕의 한없는 은혜를 입었소. 그러니 목숨 바쳐 보답할 것이오. 이번에 번성전투는 관우와 피할 수 없는 결전을 벌이게 될 것인데, 내가 그를 죽이지 못하면 내가 죽게 될 것이오. 설사 잡혀 포로가 되더라도 나는 자결할 것이오. 그렇기에 이렇게 손수 관을 준비해 빈손으로는 절대로 돌아오지 않겠다는 나의 신념을 보여 주는 것이오."

관우와 방덕은 호각지세(互角之勢)였다. 몇 번을 싸웠지만 승부가 나지 않았다. 그러나 우금이 영채를 골짜기에 치는 실수를 하고, 8월 폭우가 쏟아져 한수가 범람하자 관우는 승기를 잡는다. 그리하여 관우는 한수를 이용해 우금의 7군을 수몰시키고 대승을 거둔다.

관우는 우금을 물리친 여세를 몰아 조인을 공격하였다. 조인은 죽기를 각오하고 성을 사수하였다. 이 와중에 관우는 오른팔에 조인의 궁노수가 쏜 쇠뇌살을 맞았다. 쇠뇌살에는 독약이 묻어 있었다. 독은 뼈까지 빠르게 스며들었다. 치료가 소용이 없자 뭇 장수들이 사방으로 수소문을 하여 명의 화타(華佗)를 모셔왔다.

"한적한 곳에 기둥을 세우고 기둥 위에 커다란 고리를 만든 다음에 장군의 팔을 그 고리에 끼워 단단히 동여맬 것입니다. 그런 다음 얼굴을 가리고 계시면 내가 날카로운 칼로 살을 째고 뼈까지 스며든 화살 독을 긁어낸 후, 약을 바르고 실로 살을 꿰맬 것입니다. 하지만 장군께서 두려워하실 것이 걱정됩니다."

"그깟 일에 무슨 장비가 필요하겠소? 술 몇 잔 더 마시고 바둑이나 계속 두면 되겠소이다."

화타는 관우의 팔에 칼을 대어 가죽과 살을 갈랐다. 뼈가 드러나도록 가르고 보니 뼈는 이미 시퍼렇게 변하였다. 화타가 칼로 뼈를 긁는데 벅벅 소리가 뭇 사람의 귀청을 때렸다. 그 광경을 본 자들은 모두 얼굴을 싸쥐고 낯빛이 하얗게 질렸다. 하지만 관우는 술을 마시고 고기를 먹으면서 마량(馬良)과 이야기하고 웃으며 바둑을 두는데, 조금도 아파하는 기색이 없었다.

드디어 수술이 끝났다. 화타는 관우의 용기에 감동하고, 관우는 화타의 의술에 감동하였다. 명의와 명장의 만남이 마치 하늘의 뜻인 것처럼 드라마틱하다.

치료함에 있어 내외과로 나눠야 하지만	治病須分內外科
세상 어디 신묘한 의술 가진 이 있으랴	世間妙藝苦無多
신적인 명장으로는 관운장이 유일하고	神威罕及惟關將
신비한 의술로는 화타가 꼽힌다네	聖手能醫說華佗

관우의 권위와 명성이 중원에 크게 떨쳐지자 조조가 긴장한다. 급기야 도읍을 옮길 생각까지 하였다. 그러나 사마의의 진언에 오히려 손권과의 협공을 구체화한다. 제갈량이 간파하였던 조조의 생각이 사마의에 의해 다시 형주

공략으로 원위치된 것이다.

노숙의 후임자인 여몽은 관우가 형주를 지키기 위해 경계를 엄중히 하자 병을 핑계 대고 사직하는 것처럼 꾸몄다. 자신의 후임자로 육손(陸遜)을 내세워 관우를 찬미하고 예물을 보내 관우가 교만함에 가득 차게 하였다. 관우는 육손의 계략을 의심하지 않고 조인을 공격하기 위해 많은 병력을 북쪽으로 이동시켰다. 이에 여몽과 육손은 재빠르게 형주를 점령한다. 조인을 공격하던 관우는 양군의 협공에 후퇴하나, 이미 형주를 빼앗긴 터라 궁지에 몰려 갈 곳이 없었다. 게다가 여몽의 전략에 따라 형주의 모든 사람들이 평안하자 관우군은 전의를 상실한다. 관우는 패잔군을 이끌고 맥성(麥城)으로 향한다.

호북성의 형주(荊州)는 천하의 요충지이다. 청나라 학자 고조우도 그의 저서 『독사방여기요(讀史方輿紀要)』에서, '양양은 천하의 등뼈와 같은 곳으로 중원과 동남을 함께 아우를 수가 있다. 동남을 얻고 나면 서북을 도모하는 것도 가능하다.'라고 하였듯이, 제왕의 야망을 키우는 자라면 반드시 차지해야 하는 곳이 형주였다. 제갈량이 삼고의 예로 초가를 찾은 유비에게 설파한 융중 대책도 용무지지(用武之地)로서 형주의 중요성을 잘 알고 있었기에 형주를 우선 차지하라고 하였던 것이다.

▮ 멀리서 본 형주성

▮ 형주성 사이로 난 도로

관우는 형주를 7년간 지켰다. 형주 분할을 놓고 촉오 사이에 긴장감이 조성되긴 하였지만 두 나라간의 동맹은 여전하였다. 게다가 만인의 적을 상대할 수 있는 관우인지라 오나라로서도 불편한 심기를 수그리고 관우의 조조군 퇴치를 지켜보고 있었다. 관우의 형주 지배는 초기에는 그의 명성만큼 성공적이었다. 하지만 이와 함께 관우의 교만은 커져만 갔다. 제갈량은 익주로 가기 전, 이러한 관우의 성정을 간파하고 '북으로 조조를 막고, 동으로 손권과 화친하라(北拒曹操 東和孫權)'는 방책을 주었다. 그러나 관우는 국가적 대의를 망각하고 손권과 불화를 조성하였고 조조는 이를 이용하여 오와 동맹하였다. 손권도 촉에게 빌려준 형주를 스스로 되찾음으로써 골치 아픈 문제를 해결하려고 하였다. 이러한 상황에서 관우는 지금의 양양성인 번성을 공격하다 오히려 본거지인 형주성을 잃고 만 것이다.

219년, 조조와 손권의 군사에 협공당한 관우는 맥성으로 퇴각하여 익주로 탈주하려다 붙잡힌다. 그리고 아들 관평과 함께 죽임을 당한다. 이로써 유비의 형주 점령도 막을 내리고, 제갈량이 구상하였던 융중 대책도 치명적 타격을 입는다. 아울러 수어지교(水魚之交)의 야망도 내리막길에 접어든다. 이처럼 형주는 촉의 존망을 결정짓는 중요한 요충지였다. 관우는 이를 망각한 채 외교적 전략이 부재한 상태에서 교만한 용맹함만 믿고 행동하다 형주를 잃었으니, 그의 명성과는 달리 씻을 수 없는 오점이 아닐 수 없다. 『춘추』를 애독한 관우라지만 그 또한 장비처럼 초기 유비 집단을 일으킨 싸움 잘하는 장수일 따름이었다.

사통팔달의 교통, 비옥한 토지로 인해 형주는 삼국 시대뿐 아니라 난세 때마다 누구라도 선점해야 할 병가필쟁의 땅이었다. 삼국 시대만 하더라도 유표, 유장, 조조, 유비, 손권으로 이어지는 일련의 쟁탈과 지배가 이를 입증해 준다. 『삼국지연의』 120회 중에서 형주와 관련된 이야기가 82회나 되는 것도 이와 같은 맥락에서다.

▌형주 관제묘의 관우상

▌관우군이 싸움터에서 사용했던 솥

　　형주 지역은 삼국이 노린 요충지였던 만큼 유적도 많다. 특히 관우가 이곳을 오랫동안 다스렸기에 관우에 관한 유적이 많다. 관우가 화타로 하여금 독화살로 다친 팔을 고치게 하였던 괄골요독처(刮骨療毒處), 행군 중에 식사를 해결한 솥인 행군과(行軍鍋), 관우를 모신 사당인 관제묘(關帝廟) 이외에도 춘추각(春秋閣), 석마조(石馬槽) 등이 있다. 형주성 이외에도 이를 둘러보려면 하루 일정은 잡아야 한다. 그만큼 관우는 이곳 사람들에게 사랑받는다. 관제묘는 형주성 남문 밖에 있는데, 항상 그렇듯이 저마다의 소원을 비는 사람들로 가득하다. 관우에게 있어서 형주는 그의 인생의 비극이고 오점이었지만, 형주 사람들은 더욱 관우를 사랑한다. 무신(武神)의 자리에 오른 관우가 이곳 형주를 지켰기 때문이다. 하지만 관우의 실수는 촉한의 기둥을 무너뜨렸고, 나아가 중국인이 그렇게 희망하는 유비로의 천하통일을 이룰 수 없었으니 순간의 공명심과 교만은 늘 경계해야 한다.

화타의 고향은 조조와 같은 안휘성 박주(亳州)다. 시내 곳곳이 조조와 관련된 유적이 많음에도 불구하고 박주는 화타의 고향답게 중국 4대 약재시장의 하나다. 그래서인지 한약 재료를 파는 상점이 즐비하다. 특히 생산량이 중국 제일인 백작약은 꽃이 피는 시기가 되면 성밖 50리까지 아침 안개가 낀 듯했다고 하니, 그 풍광이 또한 박주팔경 중 하나였으리라. 중국 명주의 하나이자 조조가 즐겨 마셨다는 고정공주(古井貢酒)도 바로 이곳에서 생산된다.

시내 번화가를 벗어나 영안가(永安街)로 들어서니 '화조암(華祖庵)'이라 쓰인 검은색 기와를 얹은 건물이 보인다. 이곳이 '화타 기념관'이다. 중앙의 정원을 둘러싸고 있는 전통적인 사합원식(四合院式) 건물이다. 입구에서 정면에 보이는 건물이 정전(正殿)인데, 화타의 자를 따서 '원화초당(元化草堂)'이라 부른다. 안에는 진지한 모습으로 진료를 하는 화타의 소상(素像)이 있다. 초당을 중심으로 동쪽에는 환자를 진료하였던 '익수헌(益壽軒)'이, 서쪽에는 약을 조제하였던 '존진재(存珍齋)'가 있다. 화타가 약초를 재배하였던 곳은 작은 연못과 정자가 어울리는 '고약원(古藥園)'으로 변하였다.

▌ 신의 화타 기념관인 화조암

▌ 화조암 안의 화타상

▌ 약을 조제하던 존진재

▌ 연못으로 변한 약초 재배터

▌ 형주 병원 안에 세워진 관우 괄골요독상의 과거와 현재 모습

화타가 관우에게 괄골요독을 집도한 장소는 오늘날 형주의 중심에 있는 형주 병원이다. 병원 안쪽 정원에는 '관운장괄골요독처'임을 알리려는 듯, 관우가 화타에게 수술을 받으며 바둑을 두고 있는 조각상이 있다. 이 자리가 바로 옛날 관우가 수술을 받았던 자리라고 한다. 관우의 막사가 있었던 이곳에 기념상을 세우고 신적인 존재인 관우가 병이 나은 것처럼, 모든 환자들의 병도 완쾌되기를 바라는 믿음에서 후에 이 자리에 병원을 세운 것이리라.

　　10여 년이 흐르는 동안 형주 병원의 규모도 커졌다. 그 사이 관우의 괄골요독상도 동판으로 옷을 갈아입었다. 위치는 그 자리인데 조각상의 크기는 옛날보다 커졌다. 병원의 성장에 괄골요독상이 일정 부분 기여하였을 것이기에 더욱 홍보하려는 의미가 담긴 것이기도 하리라.

❙ 박주에 있는 화타묘 입구

관우가 괄골요독한 것은 사실이고 건안 24년(219년)의 일이다. 하지만 관우를 치료한 의사는 화타가 아니었다. 화타는 건안 13년(208년)에 조조에 의해 죽임을 당하였기 때문이다. 그런데『삼국지연의』는 11년 전에 죽은 화타를 왜 살려냈을까. 그것은 물론 관우의 신격화와 관련이 있다. 관우가 한낱 이름조차 미미한 의사에게 치료를 받는다는 것은 천하의 영웅으로서 어울리지 않기 때문이다. 당시 명의로 이름 높았던 화타가 관우를 치료해야만 전개가 보다 극적이고, 오나라의 주태(周泰)에게서 비싸게 받았던 치료비도 관우에게는 사양함으로써 관우 숭배와 신격화는 보다 확고하게 진행되기 때문이다.

▌ 화타묘와 화타상

화타의 묘는 하남성의 허창(許昌)에 자리하고 있다. 조조는 화타를 처형한 후, 이를 후회하여 조그만 사당을 세웠다. 그 후 세월이 변해도 화타에 대한 존경은 변하지 않아 당나라 때부터 본격적인 사당이 세워지고, 명·청 시대에는 화조암으로 부르게 되었다.

화타의 묘는 1997년 6월에 현급(縣級) 문물보호단위로 지정되었다는 표지판이 보인다. 신의로 추앙받는 화타라고 하여도 그의 묘는 현에서 관리하는 문물밖에는 가치가 없는가 보다. 봉분은 높이가 4m, 넓이는 대략 5m² 정도로 '신의(神醫) 화타(華佗)'라는 묘비가 선명하다. 10여 년이 지난 후의 화타묘는 크게 달라진 것이 없다. 입구가 생겼고 화타의 소상과 그를 기리는 비석이 늘어났다. 하지만 오늘도 아픈 사람들이 찾아와 건강을 빌고 간 향불의 흔적은 예전과 마찬가지로 여기저기 보인다.

화타의 의술은 장상군에 견줄 수 있으니	華佗仙術比長桑
귀신 같은 진료로 속속들이 꿰뚫어보았네	神識如窺垣一方
애석하다, 화타 죽고 책도 사라졌으니	惆悵人亡書亦絶
후세 사람들 다시는 청낭서를 못 본다네	後人無復見靑囊

화타는 그의 의술을 망라한 비방서인 『청낭서(靑囊書)』를 지었다고 하나, 지금은 전해지지 않는다. 화타는 죽기 전에 자신의 의학 지식을 정리한 책을 옥리(獄吏)에게 주며 말하였다. "이 책은 사람을 살릴 수 있다." 그러자 옥리는 책을 받은 것이 알려지면 자신이 죽을 것임을 알고 받지 않았다. 이에 화타는 강요하지 않고 회한의 눈물과 함께 책을 불에 태웠다. 화타의 의술이 오늘날까지 전해졌다면, 보다 많은 사람들이 일찍이 건강을 되찾았을 것이다.

▌「청낭서」를 집필하는 화타

　　화타의 제자로 오보(吳普)와 번아(樊阿)가 있었다고 전한다. 오보는 스
승 화타가 만든 오금희(五禽戲)를 시행하여 장수하였고, 번아는 침술에 뛰어났
다. 특히 오보는 화타의 의술 그대로 치료하여 많은 사람의 생명을 구하였다고
한다. 관우의 팔을 고쳐준 의사가 화타의 수제자인 오보일지도 모를 일이다.

선비로 인정받고 싶었던 신의(神醫), 화타

후한 말기의 전설적인 의사로 알려진 화타는 원래 수리와 경전에 해박한 학자적 선비였다. 그는 의술에도 능통하였는데, 어지러운 난세에 질병과 부상으로 고통받는 사람들을 구하는 데 활용하였다. 화타의 의술은 신기에 가까워서 내과와 침구뿐 아니라 외과, 부인과, 소아과 등 다방면에서 두각을 나타냈다. 이로 인해 원근 각지에서 환자들이 구름처럼 모여들었다.

화타가 살던 시대의 의술은 주술적이고 종교적인 것이 강하였다. 그런데 화타는 마비산(麻沸散)이라는 마취약을 발명하여 외과 수술에 응용하였다. 이는 조제와 침구(針灸) 위주의 당시 의술에서 볼 때 매우 혁명적인 치료법이었다. 화타가 신의로 추앙받는 까닭이 바로 여기에 있는 것이다.

"어떤 자가 배에 병이 생겼는데 가운데가 끊어지는 것처럼 고통스러웠다. 십여 일만에 머리털과 눈썹이 모두 빠졌다. 화타가 말하기를 '비장이 반이나 썩었지만 배를 갈라서 고칠 수 있다'며 약을 먹인 뒤 배를 가르니 화타의 말이 정확히 맞았다. 칼로 썩은 살덩이를 떼어내고 고약을 바른 후 약을 마시게 하였다. 그랬더니 백 일 만에 병이 나았다."

화타와 같은 시대에 장중경(張重慶)이라는 명의가 있었다. 장중경 역시 당시의 의술을 혁신하는 치료법을 개발하였는데, 전염병에 많은 사람들이 죽자 이를 해결하기 위해 연구를 거듭하여 『상한론(傷寒論)』이라는 명저를 썼다. 장중경의 치료법은 경험론에 바탕을 두고 합리적인 치료법을 개발한 것이다.

그러나 화타는 이러한 치료법을 뿌리부터 뒤흔들었다. 화타에 의해서 의술의 비약이 이루어진 것이다. 그래서 화타를 '신의(神醫)'라 부르는 것이다. 그렇다면 화타는 어떻게 이러한 치료법을 알았을까. 후한 말이 되면 동서 교류가 활발하였다. 특히 이란과의 교류가 매우 활발하여 궁중에서는 이란의 옷차림이 유행하였을 정도다. 화타는 이때 이란인의 환술(幻術), 즉 인도의 대마(大麻)를 내복하고 행하는 전신 마취의 절개 수술을 배웠을 가능성이 높다. 화타는 의술 외에도 '오금희(五禽戲)'라는 심신 수련 체조를 만들었다. 이는 호랑이, 사슴, 곰, 원숭이 그리고 학 등의 동작을 흉내 내서 만든 것이다.

'외과의 비조(鼻祖)'이자 '체육 의학의 창시자'인 화타는 조조의 주치의가 되었지만, 이를 버림으로써 조조에게 죽임을 당하였다. 화타가 목숨을 내놓으면서까지 조조의 주치의가 되지 않으려 하였던 것은 무슨 까닭일까. 『삼국지』의 저자 진수의 말을 빌리면, 본래 선비로서 인정받기를 바랐던 화타가 조조에게서 한낱 방술사(方術士)로 간주되자 마음속으로 괴로웠기 때문이었다. 이는 학문 숭상이 최우선인 동양적인 사유 방식에서 기인하는 것이다. 아무리 신기에 가까운 의술을 지녔다고 하더라도 이는 한낱 사회적으로 지위가 낮은 자들의 기술적인 분야에 포함되었기 때문이다. 진수가 화타의 이야기를 '방기전(方技傳)'에 넣고 '현묘하고 세밀하며 매우 뛰어난 기술이기에 사마천을 따라 나 역시 기록해 놓는다.'라고 한 것도 바로 이러한 사회적 통념을 반영한 것이다.

화타는 분명 선비로서 대우받기를 희망하였다. 하지만 모든 사람들에게 화타는 신의로 인식되었다. 그의 생각과는 다르게 출중한 의술로 인해서 세상을 구제하는 '기술자'로 인정받을 뿐이었다. 화타가 조조의 주치의가 된 것은 여러 사정이 있었겠지만, 천하를 호령하는 조조라면 자신을 선비로 대해 줄 수도 있을 것이라는 일말의 기대감이 있었는지도 모른다. 하지만 조조 역시 화타를 편두통이나 치료하는 의사로만 대하였고, 이에 불만인 화타는 아내의 병을 핑계로 조조를 떠났다. 난세에 필요한 병법과 지략에 능통하지 못한 화타가, 뛰어난 참모들이 수두룩한 조조에게서 의술 이외의 것으로 인정받기란 실로 어려운 일이었다.

하지만 화타는 선비가 아닌 신의였기에 오랜 세월이 흐른 지금도 인구에 회자되며 칭송받는 것이다. 이는 화타 자신에게 역사적으로 운명 지어진 의사로서의 길을 충실히 지켜 내었기 때문이다. 세 치 혀로 사는 위정자들의 이름은 잊혀도 백성의 소중한 목숨을 살려 준 손길은 만대(萬代)를 기억하는 것임을 오늘도 역사가 증명하고 있다.

35. 관우, 신이라 불리는 사나이

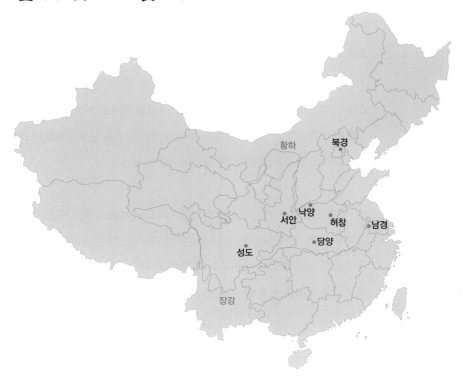

"주공(손권)께서 관우 부자를 목 베셨으니 강동으로 화가 닥칠 것입니다. 그는 옛날 유비와 도원결의하며 생사를 함께 하기로 맹세했습니다. 이제 유비는 관우가 죽은 것을 알면 결단코 모든 군사를 동원하여 원수를 갚으러 올 것이니, 그리되면 그들과 싸우기가 어려울 것입니다. 관우의 수급을 먼저 조조에게 보내면, 유비는 조조가 그런 것으로 알고 조조를 원수 취급할 것입니다. 우리는 둘의 싸움을 지켜보기만 하면 됩니다."

"대왕이시여, 관우의 수급에 맞게 향나무로 신체를 만들어 군후의 예로 장사를 지내 주소서. 유비가 이를 알면 반드시 손권을 죽이려 할 터. 전력을 다해 남정에 나설 것이니 우리는 서로 싸우는 것을 지켜보다가 이득만 얻으면 됩니다."

'호랑이의 딸이 어찌 개의 새끼에게 시집을 가겠는가.'라는 관우의 교만한 말 한마디에 촉오 동맹은 깨졌다. 곧바로 손권과 조조의 연합 작전이 펼쳐지고, 관우는 위기에 몰린다. 형주성을 잃고 맥성으로 도피하였던 관우는 필사의 탈주를 시도한다. 요화(寥化)로 하여금 유봉(劉封)과 맹달(孟達)에게 구원을 요청하지만, 두 사람은 핑계를 대며 거절한다. 게다가 병사의 가족들이 투항을 권하자, 달아나는 병사들 또한 부지기수였다. 군심은 수습할 수 없었고 군량도 바닥이 났다. 오직 죽음을 무릅쓰고 포위망을 뚫는 길밖에 없었다. 그러나 오나라군은 도주로를 철저히 차단하였다. 천하의 명장 관우라도 10여 명의 병사로 겹겹의 봉쇄를 뚫기에는 역부족이었다.

조조가 그랬던 것처럼 손권도 관우를 자신의 부하로 삼고 싶었다. 제갈근을 통해 귀순을 권유하였다. 형주는 물론 부귀영화도 보장한다는 조건이었다. 그러나 관우는 "옥은 산산조각이 날지라도 본래의 빛을 잃지 않고, 대나무는 아무리 불에 넣고 태울지라도 올곧은 절개를 꺾을 수 없는 법"이라며 죽음도 두려워하지 않았다.

관우의 죽음은 『삼국지연의』 독자들에게 답답한 마음을 넘어 애절한 마음을 갖게 한다. 그것은 천하제일의 명장으로서, 충의의 화신으로서, 승승장구하던 관우의 모습이 연의에 넘쳐났기 때문이다. 그러나 관우는 교만하였다. 여몽이 열 살 어린 무명의 육손을 후임으로 추천하고, 육손이 지극히 겸양한 서신을 보내 관우로 하여금 경계심을 늦추게 한 것도 이러한 관우의 교만한 성격을 역이용한 것이다. 관우의 강한 자존심과 교만함은 결혼 동맹을 제안한 손권에게 '범의 딸을 개의 아들에게 시집보낼 수 없다'는 거절에서 보듯 오만 방자함으로 변한다. 교만함과 오만으로 인해 형주를 잃은 것이다.

　　"나는 예전부터 장군의 신의를 존경하여 왔소. 진진지호(秦晋之好 : 사돈지
간)를 맺고 싶었는데 왜 거절하셨소이까? 장군은 평소에 천하무적이라고 스스로 자
랑하더니, 오늘은 어찌 사로잡혔소이까? 장군! 이제도 손권에게 항복하지 않겠소?"
　　"파란 눈의 붉은 수염 그린 쥐새끼야! 나는 유황숙과 도원결의할 때부터 한
나라를 다시 세우기로 맹세하였다. 내 어찌 한나라의 반역자인 네놈과 편이 되겠느
냐? 내가 지금 간교한 계략에 걸려들었으니 오직 죽을 뿐, 무슨 여러 말이 필요하겠
느냐?"

　　서기 219년. 58살의 관우는 오나라 여몽의 군대에게 패해 아들 관평과
함께 손권에게 죽게 된다. 죽기 전의 관우는 거칠 것이 없었지만, 오나라를 하
찮게 아는 태도에는 변함이 없었다. 분기한 손권은 관우의 목을 베었으나, 유비
를 두려워하여 관우의 수급을 조조에게 바쳤다. 조조를 안심시키며 자신의 죄
를 조조에게 떠넘길 심산이었다. 조조는 낙양(洛陽)에서 관우의 수급을 받자,
손권의 음모임을 간파하고 향나무로 신체를 만들어 제후의 예로 장사지냈다.
낙양성 남쪽인 현재의 관림(關林)에 성대하게 묘를 만들어 주었다.

　　역사서에 의하면 관우는 손권에게 거짓으로 항복한 후, 몰래 도망치다 붙
잡혔다. 충의와 절개를 중시하던 관우의 체면이 말이 아니다. 나관중은 이러한 관
우를 그대로 복원시킬 수 없었다. 그래서 죽음 앞에서 더욱 당당한 관우로 각색한
것이다.

　　유비의 복수가 두려웠던 손권이 관우를 참수한 것은 조조의 뜻이었음을
보여주려 하였지만, 조조는 손권의 속임수를 눈치 채고 향나무의 침향으로 몸

체를 만들어 왕과 제후의 예로 장사를 지냈다. 유비의 원한을 다시 오나라로 향하게 하기 위함이었다. 손권도 일의 중함을 알고 당양에서 장사를 지냈다. 이를 두고 민간에서는 '머리는 낙양에 정착해 있고 몸은 당양에서 곤고하니, 혼은 고향으로 돌아간다.'라고 말한다. 많은 관제묘 중에 낙양과 당양 그리고 해주의 관제묘가 유명한 것도 바로 이러한 이유에서다.

▌ 폐허의 맥성유지

▌ 관우 부자가 붙잡힌 회마파

▌ 맥성 성벽 터와 해자의 흔적

관우가 마지막 저항을 한 곳은 맥성(麥城)이다. 맥성 유적은 당양시에서 남동쪽으로 25km 떨어진 지점인 맥성촌 부근인데, 저하(沮河)와 장하(漳河)의 사이였다. 지금은 강의 범람으로 물줄기가 변하여 유적지가 저하의 동쪽에서 저하의 서쪽으로 변하였다.

맥성은 그 옛날의 흔적을 살펴보기에는 너무도 초라하였다. 성벽의 일부만이 조금 남아 있기 때문이다. 마치 관우가 적에게 포위되어 도움 없이 죽음을 앞두고 있던 비참함과 다를 바 없다. 중국인들은 힘들고 어처구니없는 일을 당하면 '맥성 간다'라는 표현을 사용하는데, 이 말은 곧 '액운이 들었다', '운이 따라주지 않는다'는 의미다.

관우는 200여 기의 병력을 이끌고 맥성을 빠져나가 서쪽으로 도주하였

당양 관릉 입구의 패방

다. 하지만 필사의 탈출은 곳곳에 숨어 있는 적군의 공세에 눌려 실패한다. 관우 부자가 붙잡힌 곳은 회마파(回馬坡)라는 곳이다. 이곳에는 나한욕(羅漢峪)이라는 협곡이 있는데, 사통팔달한 교통의 요충지였다. 청나라 동치(同治) 때 회마파에 비석이 있었는데, '아, 이곳에 성인이자 황제이신 관공이 임저에서 촉으로 들어가려 할 때, 오나라 군사를 만나 말을 돌린 곳이라.'라는 글씨가 새겨져 있었다고 한다. 지금은 도로가 비석의 자리를 대신하고 있다. 도로 옆에는 2층으로 지어진 높이 8m의 팔각정이 있다. 무신 관우의 유적인지라 노란색의 유리기와로 만들어 놓았다.

관우의 유체가 매장된 관릉(關陵)으로 향하였다. 호북성 당양(堂陽)에 위치한 관릉은 모든 관제묘가 그러하지만 '3대 관제묘'답게 관우를 기리는 향냄새가 경내에 가득하다. 장판파 전투가 벌어졌던 기슭에 위치한 관릉은 2만m²의

▌관릉 안의 관우상과 비석

능원으로 정전과 전각, 참배전 등의 건물들이 늘어서 있다. 능묘는 맨 안쪽에 있는데 높이가 7m, 둘레가 70여 m인 커다란 원형의 무덤에 '한수정후묘(漢壽亭侯墓)'라고 쓰여 있다. 무덤 위로는 고목이 우거져 방문객의 더위를 식혀 준다.

대로변에 위치해서인가. 아니면 오늘도 관우를 숭배하는 이들이 자신들의 염원은 빌고자 함인가. 아침임에도 사람들로 북적인다. 후한 말기부터 만들어지기 시작한 이곳은 남송 때 중건되고, 명나라 시대에 사당과 건축물이 본격적으로 지어졌는데, 이때는 관우 신격화가 최고조에 달한 시기였다. 팔각정과 춘추각 그리고 비석이 있는 회랑 등을 둘러보며, 전투에서는 영웅이었지만 전략에서는 극히 평범하였던 관우를 떠올린다. 대의를 무시하여 국가를 패망으로 이끌었던 그가 충과 의로 인해 신격화된 이유는 결국 봉건 사상에 꼭 필요한 충성과 복종의 이데올로기가 관우를 통해 구현될 수 있기 때문이다. 그리하여 관우는 오늘날 무신(武神)의 자리로까지 격상한 것이다.

▌당양 관우릉

▌관릉의 비랑에 있는 각종 비석들

관우 숭배의 전당이라고 할 수 있는 관림(關林)은 낙양에 있다. 낙양이라는 말은 낙수(洛水)의 북쪽에 위치한다 하여 붙여진 이름인데, 황허 문명의 주요 발상지 중 하나로 하남성 서부의 황하 중류에 있어 중서부 지역으로 진입하는 관문 역할을 하고 있다. 낙양은 기원전 11세기 주나라 성왕이 축성을 시작한 이래 한나라 때부터 번창하여 '중국 7대 고도(古都)'의 하나가 되었다. 그리하여 지금의 서안(西安)인 장안과 더불어 자주 국도(國都)가 되었는데, 북위 때 사람인 양현지가 쓴 『낙양가람기』를 보면, 낙양은 동서 10km, 남북 7.5km에 이르는 거대 도시로, 11만 가구에 1,400여개의 사찰이 있었다고 한다.

관림은 낙양 시내에서 남쪽으로 7km 떨어진 곳에 있다. 일반인의 묘는 분(墳), 왕과 제후의 묘는 총(塚), 황제의 묘는 릉(陵)이라고 한다. 그리고 성인의 묘는 림(林)이라 한다. 관우는 남북조 시기부터 청나라 말까지 역대 제왕들로부터 추존을 받아 '후(侯)'에서 왕(王), 왕에서 제(帝)'가 되었다. 그리고 공자와 대등한 무신이 되어 '문무이성(文武二聖)'으로 최고의 자리에 올랐다. 그러하기에 그의 묘도 관림이라 부르고 있는 것이다.

수천 년의 세파와 전란에 지쳐 있는가. '동도 낙양, 서도 장안'이라는 말에 어울리지 않게 낙양은 소박하다. 유적지 또한 파괴되어서인지 '7대 고도'에 걸맞지 않아 보인다. 관우의 머리가 안장된 관림을 찾았다. 문신(文神)인 공자와 어깨를 나란히 하는 무신(武神)을 모신 곳답게 입구부터 관우의 상징어인 '충의인용(忠義仁勇)'이라는 글귀가 웅혼하게 들어온다.

중국의 새벽은 기공이나 태극권 등 운동과 함께 시작된다. 이는 중국 어느 지역에서나 볼 수 있는데, 공터와 광장이 있으면 한결같다. 관림 앞 드넓은 광장은 남녀노소로 만원이다. 관우의 영험한 기를 받기 위함인가. 저마다 무리를 지어 심신단련에 열중이다. 그중에서도 한 무리의 소녀와 아줌마들이 같은 복장을 하고 검술 연습을 하는 것이 이채롭다. 아침 일찍 잠이 덜 깬 채로 엄마를 따라 나선 꼬마 녀석은 꼬리를 살랑대며 쫓아오는 강아지만 애꿎게 걸어찬다.

▌ 낙양 관림 입구

▌ 낙양 8경의 하나인 관림측백

관림 대전 입구

입구에 들어서니 '관림(關林)'이라고 쓴 황금색 편액이 앞쪽에 우렁차고 제왕의 궁전처럼 긴 통로 좌우로는 측백나무가 울창하다. 이곳에서 제사를 지낼 때 통로 좌우에 백관이 배알한다는데, 그 분위기는 어떠하였을까. 청나라 서 태후가 쓴 '위세가 온 세상에 떨치다(威揚六合)'는 편액의 글귀가 정답임을 알려 준다.

현재의 관림은 청 건륭 56년(1791)에 확장한 것으로 규모가 약 6만km²이다. 남쪽에서 북쪽 방향으로 대전(大殿), 이전(二展), 삼전(三展), 석방(石坊), 비각과 묘가 정연하게 자리 잡았는데, 그 배치가 산동성 곡부(曲府)에 있는 공자묘인 공림(孔林)과 같다. 동쪽과 서쪽에는 회랑이 있다. 낙양에서 출토된 후한 시대 이후의 석조물과 비석 수백 점이 진열되어 있어 보는 것만으로도 눈이 즐겁다. 또한 좌우로 들어선 측백나무들은 수령이 모두 삼백 년이 넘었는데, 그 수만도 팔백 그루가 넘는다고 하니, 관림취백(關林翠柏)이 '낙양 8경'의 하나인 것은 그야말로 지당하리라. 가히 성인을 모시는 전당이 아닐 수 없다.

대전에 모셔진 관우상은 제왕의 면류관을 쓰고, 몸에는 황금색 용포를 걸치고 있다. 그 위엄이 또한 서태후의 글씨와 같다. 이전은 중앙에 갑옷을 입은 관우가 분노한 눈빛으로 동오를 바라보고 있고, 왼쪽에는 관평이 오른쪽에는 주창이 보좌하고 있다. 삼전은 침전이라고도 하는데 관우의 일대기를 그린 열두 폭의 채색화가 걸려 있다. 『삼국지연의』를 재미있게 읽다가 어느 순간부터 읽기가 싫은 때가 있는데, 그때가 바로 관우가 죽을 때이다. 소설 속 관우의 용맹에 심취되었기 때문일 터, 그런 관우가 죽으니 안타까울 수밖에 없다.

▌ 제왕의 면류관을 쓰고 용포를 입은 관우상

▌동전을 던지면 일어나는 관우상

중국인의 관우에 대한 숭배는 충의뿐만 아니라 재물, 건강 등 생활 전반에 걸쳐 있다. 이를 통틀어 '관우 문화'라고 한다. 혹한의 문화혁명 때에도 관우 사당은 그대로 두었으니 관우 없는 중국은 상상조차 할 수 없다. 중국인들은 이곳에서 관우의 일대기를 그림으로 보면서 다시금 관우에 대한 숭배를 공고히 하게 되리라. 이런 생각들을 배가시켜 주는 재미있는 인형이 하나 있다. '살아있는 관공(活關公)'이라는 인형이 그것인데, 자는 듯이 누워 있

▌관우의 수급이 묻힌 관림

다가 사람들이 인형 앞에 동전을 던지면 관우 인형이 일어나서 고개를 돌려 동전을 던진 사람을 잠깐 쳐다본다. 그리곤 다시 드러눕는다. 숭배의 대상인 관우가 일어나 눈길을 주는 것은 소원 성취를 의미하는 것으로 받아들일 수 있으니, 그야말로 기막힌 상술이 아닐 수 없다. 인형의 주인이야말로 재물신인 관우를 누구보다도 최우선적으로 숭배하리라.

삼전을 지나면 관우의 수급이 묻혔다는 무덤이 있다. 높이 10m, 면적은 250m²로 격에 맞게 웅장하다. 무덤 앞에는 8각의 정자가 있고 그 안에는 비석이 있는데, 꼭대기에는 용이 조각되어 있다. 비석은 해서체의 글씨로 '충의신무령우인용위현관성대제림(忠義神武靈佑仁勇威顯關聖大帝林)'이라고 쓰여 있다. 이는 청나라 도광 원년(1821)에 추존된 것이다.

관우의 몸은 호북성 당양(當襄)의 관제묘에 있다. 관우의 고향인 산서성(山西省) 운성(運城)에도 묘가 있다. 운성의 묘는 어떤 의미로 인정되고 있을까? 머리는 낙양에, 몸은 당양에 있을지언정 혼은 고향에 있다고 믿기 때문이다.

관림을 돌아보고 난 후, 나를 안내한 지역 유지와 함께 관림을 책임지고 있는 관장을 만났다. 내가 삼국지와 관련된 유적을 답사 중이라고 말하자 그는 주저 없이 삼국지 최고의 인물은 관우라며 더욱 호감을 나타낸다. 관장은 어느 중국인보다도 관우를 흠모하고 있는 듯하다. 아니, 차라리 신앙에 가깝다.

"관우신을 모시는 제당이 한국에도 있습니까?"

"있습니다. 그것도 명나라 때의 것이니 중국뿐 아니라 동양 삼국을 통틀어도 가장 오래된 것이지요."

"최근에 우리가 동남아의 여러 나라에 관제묘를 지어 주고 있습니다만, 한국에는 그렇게 하지 못했습니다. 제가 이곳에 있는 동안 한국에도 관제묘 설립을 후원해 드리고 싶습니다."

"글쎄요. 한국은 중국처럼 관우를 신으로 모시지 않기 때문에 관제묘에 대해서 아는 사람도 없답니다. 삼국지 마니아나 관제묘 연구자들만 알고 있지요."

"그래서 관제묘가 설치되어야 합니다. 동남아는 관우신을 믿는 자가 많은데, 한국에는 없거든요. 관우는 전능하기 때문에 무병장수는 물론 사업도 잘되게 도와줍니다."

"하하하, 관우는 충성스런 장수였지 신이 아닙니다. 정치적인 필요에 의해 만든 이야기를 그대로 믿을 수야 없지요."

"필요하다면 관림에 있는 유물, 아니 이곳 하남성에 있는 모든 유물도 대여해 드릴 수 있도록 힘쓰지요."

한국에서 삼국지 유물전을 연다면 협조를 요청하겠다는 인사를 끝으로 관림을 나서는데, 배웅하는 관장의 모습이 관우에 대해 무언가 할 말이 남은 것만 같다. 참으로 대단한 관우 사랑이 아닐 수 없다.

진수는 『삼국지』에서 관우를 평하여 말하길, '능히 1만 명을 대적할 만한 용맹한 신하이지만, 고집 세고 교만한 단점으로 인해 실패했다.'라고 하였다. 용맹함을 믿고 교만하면 이치상 화를 자초한다는 것이다. 그러나 중국인 모두는 관우를 좋아한다. 아니, 숭배한다. 변하지 않는 충의와 신의, 장부다운 늠름함과 장수다운 용맹함에 매료되었기 때문이다. 설령 관우가 그렇지 않더라도 그러한 관우로 믿고 싶고 의지하고 싶은 것이다. 이는 풍요로운 농경 사회를 유지하며 살아온 중국이 그들 스스로가 오랑캐라고 부르며 천시했던 유목 민족에게 국가를 빼앗길 때마다 더욱 열렬하였다. 『삼국지연의』에는 오랑캐를 몰아내어 빼앗긴 국토를 되찾고, 나아가 더 넓은 제국을 만들고자하는 국가적 프로젝트가 녹아 있기 때문이다. 그러한 민족정신 고취의 중심에 관우가 있다. 관우가 죽자 이를 찬탄하며 읊은 시는 중국인의 관우 숭배 사상을 단적으로 말해 준다고 하겠다.

인걸은 오직 해량 땅에 있었으니	人傑惟追古海良
사람들 앞 다투어 한운장을 숭배하네	士民爭拜漢雲長
어느 날 도원에서 형제로 맺어져	桃園一日兄和弟
황제와 왕이 되어 대대로 제사 받네	俎豆千秋帝與王
기개는 바람과 우레 같아 적수가 없고	氣挾風雷無匹敵
해와 달을 품은 뜻은 세상을 밝히네	志垂日月有光芒
지금도 사당이 천하에 넘치는데	至今廟貌盈天下
고목의 갈가마귀는 어찌 석양 보고 우는가	古木寒鴉幾夕陽

관우 숭배는 오랜 세월 동안 중국의 위정자들이 백성과 나라를 효과적으로 다스리기 위해 만든 정치적 이데올로기이다. 이민족의 침탈에서 한족 국가를 지키고 발전시켜 당시의 천하를 중화주의로 통일시키려는 장기 전략인 것이다. 그런데 관림에 와서 보니 그 전략은 이미 중국을 넘어 아시아로, 아시아를 넘어 세계로 번져가고 있음을 느낀다. 실로 자본주의 도입 이후 이룩한 중국

의 경제 성장이 '관우 문화'의 글로벌화 정책을 통해 신(新)중화주의로 발전하고 있는 것이다. '낙양성 십 리 허에 높고 낮은 저 무덤은 영웅호걸이 몇몇이냐'라는 민요의 가사도 있지만, 관우는 낙양 북쪽 망산에 묻힌 영웅이 아니라 중국인들의 가슴 한복판에서 오늘도 신이 되어 계속 살아 숨 쉬고 있다.

관우는 죽어서도 대단한 활약을 한다. 먼저 그의 혼이 당양의 옥천산(玉泉山)에 자주 나타났는데, 보정선사(普淨禪師)의 가르침을 받고 깨달은 바가 많아 이후 백성들을 보살폈다고 한다. 또한 조조를 기절시켜 얼마 살지 못하게 하였으며, 승리를 축하하는 자리에서 여몽에게 혼이 실려 손권에게 욕을 퍼붓고 여몽을 피 토하며 죽게 하였다. 하지만 이는 모두 참혹하게 죽은 관우를 위로하고, 아울러 신격화하는 소설적 장치들이다.

▌옥천사 입구

▌관우가 칼을 갈았다는 관공마도석   ▌관우의 혼이 나타났다는 한운장현성처

　　관우가 죽어 신이 된 곳이라는 옥천사(玉泉寺)는 호북성 당양시 장판파에서 서쪽으로 15km 떨어진 옥천산에 있다. 산의 모습이 배가 뒤집힌 것과 같아 원래는 복선산(覆船山)이라고 불렀다는데, 우리나라 산처럼 수풀이 우거지고 경관이 좋다. 입구를 들어가니 13층의 옥천 철탑이 우뚝하다. 이 탑은 중국에 현존하는 가장 오래되고 높은 철탑이라고 한다. 옥천산으로 들어가는 산문(山門)은 철탑 계단 아래에 있었다. 산에서 내려오는 개울을 따라 더위를 식히며 올라가니 산비탈에 '한운장현성처(漢雲長顯聖處)'라고 쓴 돌기둥이 보인다. 이곳이 관우가 혼이 되어 나타난 곳이라고 한다. 옆에는 당나라 때 세운 비석도 있다. 관우가 칼을 갈았다는 '관공마도석(關公磨刀石)'도 놓여 있다.

　　옥천사의 원래 이름은 보정사(普淨寺)였다. 보정이라는 고승(高僧)이 이곳에서 참선을 했기 때문이다. 보정 스님은 관우가 조조와 이별하고 오관을 통

▌ 중국 최초의 관제묘인 옥천전

과할 때 세 번째 관문을 통과할 수 있도록 도와준 스님이다. 수나라 때부터 본격적인 모습을 갖춘 옥천사에는 절의 중심 건물인 대웅보전보다도 더 중요한 건물이 있다. 바로 대웅보전의 오른쪽 언덕에 지어진 조금은 허름한 '옥천전(玉泉展)'이다. 이 건물은 관우를 모신 중국 최초의 사당이다. 중국인의 관우에 대한 믿음은 엄청나서 관우는 재물신이 된 지 오래다. 이 또한 관우와 동향인 산서 상인들이 전파한 것으로, 관우는 중국뿐 아니라 화교 문화가 있는 곳이면 어디든 가리지 않고 손길이 닿아 있다. 우리나라도 마찬가지다. 지금도 웬만한 중국요리집의 입구를 살펴보면 재물신인 관우상을 볼 수가 있다.

관우 신앙의 탄생과 두 가지 믿음

　　관우의 최후는 한 시대를 풍미한 명장으로서는 쓸쓸한 종말이었다. 게다가 이미 신격화가 추진되고 있는 상황에서 관우가 죽임을 당하는 장면을 묘사하는 것은 극히 불손한 것이었다. 그래서 나관중은 관우가 잡혀 피살된 부분의 자료들을 사용하지 않았다. 그리고 신성을 갖춘 인간으로 묘사하는 데 주저하지 않았다. 그는 『삼국지평화』에서 싹튼 관우 존중 사상을 그대로 답습하였다. 청나라의 모종강도 관우를 존경하였다. 하지만 역사적 기록에 근거하여 천상의 신이 말한 부분을 과감히 삭제하고, 관우의 피살 과정을 자세히 묘사하였다. 관우의 최후는 모종강의 손을 거쳐 비로소 역사적 진실에 부합되고 문학성도 한껏 발휘된다.

　　하지만 관우의 신격화는 거스를 수 없는 대세였다. 모종강 역시 그러한 신격화와 관련하여 개연성 있게 묘사된 부분은 그대로 두었다. 관우의 혼령이 옥천사에 나타나 보정의 가르침을 받고 승천한 것, 여몽의 몸을 빌려 손권을 매도하고 여몽을 죽게 한 것, 조조가 관우의 수급을 보는 순간 관우의 눈이 부릅뜨고 머리카락과 수염이 곧추서서 조조가 놀라 졸도하고 결국 죽게 하였다는 것 등이다. 여몽은 형주를 탈환한 이후 얼마 지나지 않아, 조조는 관우가 죽은 그달에 각각 앓아 오던 질병으로 죽었다. 모종강은 이러한 부분을 모두 관우의 신성 이미지에 할애한 것이다.

관우의 생전 관직명은 전장군(前將軍)이고, 작위는 한수정후(漢壽亭侯)였다. 전장군은 그가 죽던 해인 219년에 유비가 한중왕이 되면서 부여한 것이고, 한수정후는 관우가 조조의 휘하에 있던 200년에 받은 것이다. '전장군 장목후'라는 시호가 추증된 것은 후주 유선이 통치하던 260년이었다. 이때까지만 해도 관우는 일반적인 관습에 의한 시호의 추증이었고, 신격화와는 아무런 관계가 없었다.

관우 신앙의 시작이라 할 수 있는 옥천사에 '현열묘(顯烈廟)'라는 황제의 친필 현판이 하사된 것은 송나라 철종 때인 1096년이었다. 이어서 북송 말기 휘종 때에는 관우가 왕위에 올랐다. 당시 휘종은 이민족의 침입과 민중 봉기가 빈발하자, 관우의 힘을 빌려 국가적 난국을 타개하고자 하였다. 이때부터 시작된 관우 신격화 사업은 청나라 말기까지 계속 이어졌는데, 이는 역대 왕조의 고충을 상징적으로 보여주는 것이기도 하다.

관우신에 의지하여 국가를 통치하고자 했던 지배 계급의 나약성은 결국 실패로 끝났다. 곪은 상처를 도려내지 않음에 따른 당연한 결과이기도 하다. 게다가 역대 위정자가 요구한 것은 군신, 부자, 형제라는 종적 관계를 중시한 유교적인 충의였다. 하지만 민초들은 자신들의 나약함을 극복하기 위해 공통된 목적 아래 힘을 모으고 이러한 관계를 유지하는 충의가 필요하였다. 역대의 위정자와 민초들이 관우를 숭상했지만 이처럼 서로의 믿음이 달랐던 것이다. 전자가 '공맹적(孔孟的)' 충의라면, 후자는 이에 대항한 '묵가적(墨家的)' 충의라고 할 수 있다.

관우는 『삼국지연의』에서 가장 중시되는 인물 중 하나다. 중국의 저명한 문학 사상가인 루쉰(魯迅)도 '유비의 장후(長厚)함을 나타낸 것은 위선자 같고, 제갈량의 다지(多智)를 그린 것은 요술사 같다. 다만 관우에 있어서만은 특히 묘사를 잘한 호어(好語)가 많아, 그 의리와 용기를 때때로 보는 듯하다'고 하였다. 하지만 소설을 자세히 읽다 보면 모든 것은 관우를 돋보이게 하기 위한 장치로 보인다. 이는 소설 속의 관우의 용맹상이 태반은 허구이기 때문이다. 청룡언월도와 적토마가 근거 없는 이야기이고, '술이 식기 전에 화웅을 베다', '문추를 베다', '오관에서 여섯 장수를 베다' '채양을 베다', '화용도에서 조조를 풀어주다' 등 우리가 흔히 알고 있는 관우와 관련된 『삼국지연의』의 명장면들이 모두 사실이 아니기 때문이다. 그러하매 '초선을 죽인 일'이나 관우 사후 '옥천산에서 신령으로 나타난 일'은 더더군다나 허구다. 안량을 베고, 뼈를 깎아내서 독을 치료하고, 조조의 7군을 물에 빠뜨려 물리친 일 정도가 사실이다.

이처럼 관우가 사실과는 다르게 훌륭하게 묘사된 것은 무슨 까닭일까? 그것은 관우가 신이 되어야 하였기 때문이다. 그렇다면 삼국지의 무수한 영웅들 가운데 유독 관우가 신이 된 이유는 무엇일까? 관우의 고향은 중국 최고의 소금 생산 지역인 산서성 운성(運城)이다. 소금은 고대로부터 매우 중요한 것이었기에 국가가 관리하였다. 정치적, 경제적으로 막대한 이익을 보장받는 소금 전매는 산서 상인들의 밀매와 이를 위한 전국 단위 비밀 결사체의 조직으로 이어졌다. 정부가 필요로 하는 막대한 자금이 산서 상인에 의해 지원되었고, 정부와 군인들은 자신들의 이익을 위해 이들과 결탁하였다.

산서 상인들은 그들만을 상징할 수 있는 결집체가 필요하였다. 그리하여 자신들의 고향이 낳은 관우에 주목하고 관우를 영웅화하였다. 이들에게 자금을 지원받는 정부도 관우의 영웅화에 앞장섰다. 상인들은 그들이 가는 곳마다 관우상을 만들어 놓고 군신(軍神), 재물신(財物神), 비밀결사의 수호신으로 믿었다. 산서 상인들에 의해 퍼지기 시작한 관우 숭배는 민간의 전폭적인 지지와 믿음으로 각종 전설을 남기며 신격화되었다. 이러한 관우신격화에 있어서 『삼국지연의』의 역할은 각별했는데, 저자인 나관중 또한 산서 출신이었다.

중국의 역대 왕조 통치자들도 국가적인 신앙이 필요하였다. 그리고 관우가 제격이었다. 그의 충의와 용맹한 무예를 신격화함으로써 왕조의 유지에 충성을 다하는 신하들이 될 것을 강요하였다. 송나라 때 관왕(關王)이 된 관우는 청나라 때 관성대제(關聖大帝)에 봉해지는데, 그 앞에 붙는 미사여구만도 자그마치 스무 자나 된다.

36. 천하도 도원결의 다음일 뿐이다

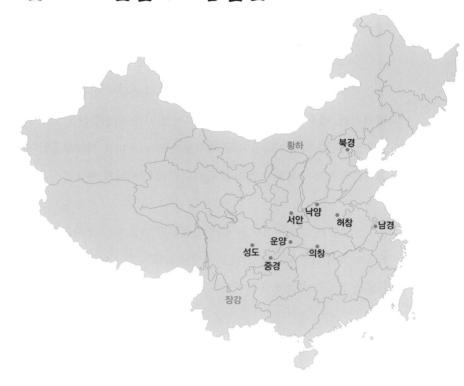

"폐하! 이제 황제가 되셨다고 예전 도원에서의 맹세를 잊으셨단 말입니까? 둘째 형님의 원수를 어찌 안 갚으십니까? 다른 이들은 지난날 우리들의 맹세를 모릅니다. 만약 폐하께서 하지 않으신다면, 신이 목숨을 내놓고 둘째 형님의 원수를 갚을 것입니다. 원수를 갚지 못한다면 차라리 그 자리서 죽을지언정 다시 폐하를 뵙지 않을 것입니다."

"폐하! 이제 도적 조비를 치는 것은 천하의 대의를 밝히는 것이니 민심이 모두 폐하께 향할 것이지만, 그렇지 않고 사사로이 원한 갚기에만 바쁜 나머지 손권을 치시면 천하의 민심을 어떻게 수습하겠습니까? 그러므로 손권을 치는 일은 뒤로 미루어야만 합니다.”

관우가 맥성에서 사로잡혀 손권에게 죽임을 당하자, 유비는 오나라를 총공격할 것을 명령한다. 촉의 적은 조조이지 손권이 아니라고 충신들이 간청하였지만, ‘내 아우의 원수를 갚지 않고서는 비록 천하 강산을 모두 얻는다 해도 소용없다’는 유비의 마음을 바꾸지는 못하였다. 유비는 거기장군인 장비와 함께 오나라를 정벌하여 관우의 한을 풀기로 하고 장비에게 재삼 타이른다.

“너는 성질이 불같은데, 술만 취하면 이를 참지 못하고 병사들을 때리는 버릇이 있는 것을 안다. 그러고는 다시 그들을 가까이 대하니 그것은 스스로 화를 부르는 짓이다. 이제부터는 제발 너그럽게 대하도록 해라. 예전처럼 하면 정말 안 된다.”

장비는 평소에도 술에 취하면 병사들을 마구 대하는 버릇이 있는데, 형님인 관우가 죽었음에야 더 말해 무엇 하겠는가. 노여움이 복받쳐 거슬리는 것이 눈에 띠기만 하면 장수건, 사병이건 닥치는 대로 매질을 하여 급기야는 죽는 사람까지 생겼다. 이러한 차에 삼군이 상복을 입고 오나라를 공격할 터이니 사흘 안에 흰 깃발과 흰 갑옷을 만들라는 장비의 불호령이 떨어졌다. 부하 장교인 범강(范彊)과 장달(張達)이 기한의 촉박함을 아뢰다가 도리어 피를 토할 정도로 매를 맞았다. 진퇴양난. 범강과 장달은 결국 자신들을 죄어오는 죽음의 위협을 떨쳐내기 위해 술에 곯아떨어진 장비를 살해하였다. 장비로서는 참으로 어처구니없는 죽음이 아닐 수 없다.

안희현에서 독우를 때렸다고 하더니	安喜曾聞鞭督郵
황건적 소탕하고 한나라 살리려 애썼네	黃巾消盡佐炎劉
호뢰관의 명성은 이미 진동하였고	虎牢關上聲先震
장판교에서는 강물도 역류하였네	長坂橋邊水逆流
엄안을 놓아 주어 서촉을 보듬고	義釋嚴顏安蜀境
지혜로 장합 속여 중원을 장악하였네	智欺張郃定中州
오나라 치기 전에 몸이 먼저 죽으니	伐吳未克身先死
가을 풀은 낭중 땅에 한으로만 남았네	秋草長遺閬地愁

　유비는 너무도 슬픈 나머지 식음을 전폐하였다. 한날한시에 죽겠노라는 맹세에도 불구하고 두 아우를 잃은 유비는 평정심을 찾을 수 없었다. 이제 대의(大義)는 오직 오나라를 치는 것이었다. 위나라와 손잡은 오나라 역시 한나라의 적이었기 때문이다. 제갈량도 유비의 생각을 바꿀 수 없었다. 그 또한 도원 의형제의 의리를 어쩔 수 없었기 때문이리라. 제갈량은 자신이 굳게 믿는 융중 대책이 계획처럼 진행되지 못하고 있어 안타까웠고, 초려를 나올 때 세웠던 계책도 결국 천운(天運)이 돕지 않고서는 될 수 없는 일이기에 고적하였다. 그는 마음속으로 외쳤을 것이다. '진인사대천명(盡人事待天命)이로다!'

　"육손은 대단한 지략가입니다. 폐하께서는 봄부터 먼 원정길에 올라 지금은 여름이 한창입니다. 저들이 숨은 채 나오지 않는 것은 우리 진영의 변화를 기다리는 것입니다. 폐하! 부디 통촉하시옵소서."
　"저들이 무슨 계책이 있다더냐? 다만 싸우기를 겁내는 것이다. 이제껏 저들이 패했으니 감히 다시 싸울 마음이 있겠느냐?"

유비는 칠백 리에 걸쳐 40여 곳이 넘는 영채를 수풀이 우거진 산기슭 냇가로 옮기도록 하였다. 무더위를 피하고 가을이 되면 총력 진군하기 위해서였다. 그런데 유비의 영채배치도를 본 제갈량은 한탄하였다.

"아, 이럴 수가! 이제 한나라의 운수도 끝장났구나!"

서기 222년, 유비는 관우의 원수를 갚고 형주를 탈환하기 위해 신하들의 반대를 무릅쓰고 오나라를 공격한다. 이른바 '삼국지 3대 대전'의 마지막인 이릉 전쟁이 시작된 것이다. 유비는 관우에 이어 장비마저 부하들에게 살해당하는 사건이 벌어지자 이성적인 판단이 더욱 흐려질 수밖에 없었다. 유비는 장강을 따라 대군을 이끌고 쳐들어갔다. 손권은 위나라 황제인 조비에게 신하 되기를 청하고 협공해 줄 것을 요청하였다. 하지만 조비는 양쪽의 싸움을 지켜보며 어부지리를 노렸다. 전쟁이 시작되자 분노에 찬 촉군은 연전연승하였고, 순식간에 이릉까지 진격해왔다. 당황한 손권은 형주를 돌려주고 예전과 같이 화평을 제안했지만 격분한 유비의 마음을 돌릴 수는 없었다.

유비는 많은 전공을 거두며 오나라의 간담을 서늘하게 하였다. 하지만 이것은 연의에서의 이야기일 뿐이다. 노장 황충이 분전하다 사망한 것, 감녕이 번왕(藩王) 사마가(沙摩柯)에게 죽임을 당한 것, 관흥이 참전하여 반장을 죽인 것, 미방과 부사인이 마충의 목을 베어 온 것, 손권이 범강과 장달을 포박하여 유비에게 보낸 것 등 모든 것이 사실이 아니다. 그렇다면 유비의 오나라 공격은 별다른 전승도 없이 사사로운 원한을 내세워 무고한 병사들만 잃은 셈이 된 것이다.

『손자병법』에 이르길, '전쟁은 국가의 대사로써 백성들의 생사와 국가의 존망이 걸려 있어 신중하게 살피지 않을 수 없다. 그러므로 군주는 분노하여 군대를 일으켜서는 안 되고, 장수 역시 한 때의 울분을 참지 못하여 앞뒤를 가리지 않고 전투를 벌여서는 안 된다.'라고 하였다. 하지만 이를 알고 있는 장수와 군주도 이를 지키지 못한다. 무엇 때문일까. 이성을 잃고 감성에 휘말리기 때문이다.

유비는 조조마저도 속이던 천하제일의 후흑(厚黑)이다. 그런 유비가 어째서 냉철하지 못했던가. 그것은 자리 때문이었을 것이다. 조직의 최고가 되면 그동안 숨어 있던 성격이 나온다. 그것은 본연의 것일 뿐만 아니라 최고가 되기까지 감내해야 하였던 처지에서 배태된 것까지 포함된다. 아울러 최고가 되고 나서 생기는 것도 있다. 자리가 사람을 만든다는 말도 이런 까닭으로 생긴 말이다. 유비도 만인지상의 황제에 등극하고 보니 그동안 잠재해 있던 오만과 고집이 거칠게 나타난 것이다.

손권은 육손을 총사령관으로 삼아 거세게 몰아치는 유비의 군대를 막도록 하였다. 육손은 장수들의 불만에도 불구하고 수비에만 치중토록 하였다. 속전속결을 바랐던 유비의 계책과는 달리 전선은 교착 상태에 빠졌다. 장기전에 돌입하자 촉군의 사기는 느슨해지고 더위는 기승을 부렸다. 그리하여 수십 개의 진영이 계곡에 진을 쳤다. 이제까지 수비에 치중하며 기회를 노리던 육손은 유비의 결정적 실수를 간파하고 즉각 화공 전략으로 공격하였다. 육손의 맹공에 촉군은 괴멸되고, 유비는 불과 백여 명의 부하들과 함께 백제성으로 피신하였다.

화공으로 칠백 리 영채를 무찌르니	持矛擧火破連營
유비는 살기 위해 백제성으로 도망가네	玄德窮奔白帝城
그 이름 하루아침에 촉과 위를 놀라게 하니	一旦威名驚蜀魏
오왕이 어찌 육손을 공경하지 않겠는가	吳王寧不敬書生

대승을 거둔 육손은 승리의 여세를 몰아 추격을 계속한다. 한참을 뒤쫓다 살기가 느껴져 척후병을 보내 알아보게 하였다. 수십 개의 돌무더기만 있을 뿐이다. 육손은 제갈량의 속임수라 믿고 석진(石陣)을 통과하려고 하였다. 순간 일진광풍에 휩싸여 빠져나갈 수가 없었다. 제갈량의 팔진도(八陣圖)에 걸려든 것이다. 육손은 제갈량의 장인인 황승언의 도움으로 목숨을 구한다. 제갈량을 존경하였던 두보는 이 구절에서 시 한 수를 지었다.

공은 위촉오 삼국을 뒤덮고	功蓋三分國
이름은 팔진도로 드높였네	名成八陣圖
강물이 흘러도 돌은 아니 구르니	江流石不轉
오를 무찌르지 못해 한이 된 것이네	遺恨失呑吳

육손은 추격을 금지시키고 군대를 철수시켰다. 이제껏 두 나라의 싸움을 지켜보던 위나라의 조비가 기습해 올 것에 대비해야 하였기 때문이다. 육손의 생각은 그대로 적중하였다.

❚ 삽협댐 완공 전의 장강삼협 선착장

❚ 장강 삼협 유람선

2002년 여름, 사천성 중경(重慶)에서 출발하는 장강 유람선은 많은 사람들로 붐볐다. 이는 장강 하구에 공사 중인 삼협(三峽)댐의 영향이기도 한데, 세계 최대인 이 댐이 완공되면 장강의 수면이 무려 175m나 상승해서 현재의 아름다운 자연 풍광을 볼 수 없기 때문이다. 청나라 때 시인인 원매(袁枚)가 계림(桂林)의 이강(漓江)을 읊은 시구 중에 '배가 산 위로 간다'는 구절이 있는데, 황토빛 강물에 잠긴 초록 산 위를 지나는 것은 생각만 해도 너무나 끔찍한 일이 아닐 수 없다.

유람선은 강물 위를 소리 없이 흐르고, 사람들은 너나없이 장강의 빼어난 풍광을 담기에 바빴다. 유람선을 탄 지 하루가 지나서 도착한 곳은 장비묘가 있는 운양(雲陽)이었다. 장비묘는 장강 변에 커다란 규모로 우뚝 솟아 있다. 특히 붉은색 누각과 녹색의 기와, 그리고 흰색 담장은 푸른 산과 어울려 한껏 기세를 뽐내고 있었는데, 그 기세가 마치 장비의 모습을 보는 듯하였다. 그런데 장비의 묘가 왜 운양에 있는 것일까. 이곳의 장비묘는 설화와 관련이 깊다.

장비를 죽인 범강과 장달은 장비의 수급을 가지고 오나라로 가던 중, 손권이 유비에게 화친을 청했다는 소식을 듣는다. 그러자 이들은 장비의 머리를 장강에 버리고 도망을 쳤다. 장비의 머리는 물살을 따라 흘러 내려오다 운양에서 어부의 그물에 걸렸다. 당황한 어부가 다시 강물에 버렸지만 떠내려가지 않았다. 어부의 꿈에 나타난 장비는 원수인 오나라로 흘러갈 수 없으니, 자신의 머리를 건져 촉나라 땅에 묻어 달라고 애원하였다. 어부가 장비의 머리를 건져 비봉산(飛鳳山)에 묻어 주고, 마을 사람들과 사당을 지어서 장비를 모셨는데, 오랜 세월이 흐르면서 지금과 같은 커다란 사당이 되었다고 한다.

▎ 예전의 운양 장비묘와 장강 풍경

운양 장비묘 입구

장강은 매년 거센 바람과 급한 물살로 많은 피해를 주는데, 이곳 운양에서만은 바람도 잔잔하고 물살도 순탄하다. 이곳 사람들은 장비가 도와주는 것이라 믿고 그를 더욱 극진하게 모신다고 한다. 그래서인가 장비묘 앞에는 '강상풍청(江上風清)'이라는 글씨가 웅장하다. 누각의 처마들이 오밀조밀 기대고 있는 공간을 지나니 도원결의를 상징하는 결의루(結義樓)가 눈에 띈다. 돌계단을 오르니 정전(正殿)이 나오는데, 갑옷을 입은 채 두 눈을 부릅뜬 장비의 형상이 거대하다. 짙은 눈썹은

솟구치고 머리는 쭈뼛하게 선 것이 노기로 가득하다. 관우의 죽음을 알고 금방이라도 원수를 갚으려는 장비의 심정이 잘 표현되어 있다. 그 옆에는 조풍각(助風閣)이 있다. 이곳은 순탄한 항해를 할 수 있도록 도와주는 장비를 제사지내는 곳이라고 한다.

유비는 죽어서도 황제로 칭송받고 관우는 죽어서 신이 되었다. 장비는 이들과 같은 반열에 오르지는 못했지만 서민을 대변하는 소설 속 형상처럼 죽어서도 서민들의 삶에 든든한 믿음을 심어 주는 대장부로 새겨져 있다. 거칠고 괴팍한 성격이지만 충직하고 진솔한 장비였기에, 그를 사랑하고 좋아하는 서민들이 오늘도 운양의 사당을 찾아오는 것이리라.

장강 삼협으로 일컬어지는 서릉협(西陵峽), 무협(巫峽), 구당협(瞿塘峽)을 지난 유람선은 호북성 의창(宜昌)에 닻을 내렸다. 사천성 중경을 출발한 지 나흘이 걸렸다. 의창은 삼국 시대 촉과 오의 접경지였다. 사천성의 험준한 지세를 따라 맹렬한 기세로 달려온 장강도 의창을 지나면서부터는 물살이 약해지고 장강 본연의 모습을 갖춘다.

장강 삼협댐의 완공은 장강의 높이를 평균 170여 m나 높였다. 이로 인해 많은 문화재가 소실되거나 훼손되었다. 개발이냐, 보존이냐 하는 경제 논리를 떠나 역사적인 가치가 있는 문화재가 사라지는 것은 안타까운 일이 아닐 수 없다.『삼국지연의』의 대표적인 유적인 운양의 장비 사당도 삼협댐의 완공과 함께 사라질 위기에 처하였다. 이를 해결하기 위하여 장비 사당을 옮겨서 보전하기로 하고, 90%의 재료를 이전해 와서 복원을 해놓았다.

▌ 새롭게 조성된 장비묘 입구 광장

▌ 장비묘 앞에 세워진 거대한 장비상

▎ 사자바위 위에 복원된 장비묘의 전경

　　장비 사당은 원래 운양현 비봉산록에 있었는데 수위가 높아져 상류쪽으로 32km를 옮겨왔다. 새로운 장비 사당은 대량산(大梁山)이 있는 반석진(盤石鎭) 용안촌(龍安村)의 사자암(獅子巖) 위에 조성되었다. 건너편에는 신도시가 생겼는데 장강을 가로지르는 대교가 건설되어서 자동차로도 올 수 있도록 하였다. 다리를 건너면 먼저 커다란 광장이 펼쳐진다. 광장에는 거대한 성이 세워졌고 앞에는 활짝 핀 복숭아꽃밭을 만들어 놓았다. 입구를 들어가면 장팔사모를 든 거대한 장비상이 내려다보고 있다. 형주성에 있는 관우상을 본떠서 만든 것 같은데 어째 어울리지 않는다. 중국은 인구도 많고 대륙도 커서 무조건 장대(長大)하게 만드는 것이 특기이지만, 주변 풍경을 고려하지 않고 무조건 '최고, 최대'만을 다투는 것은 오히려 없느니만 못한 것이다. 형주성의 관우상이 철거된 것도 이러한 고려 없이 무분별하게 건설하였기 때문이다. 과유불급(過猶不及)은 언제나 새겨 두어야 할 생활 지침인 것이다.

▎ 삼형제 도원결의 모습의 변화상

▎ 사당 내부 장비상의 변화된 모습

▎ 운양 장비묘의 시화 전시실

장비 사당은 오르는 계단부터 예전의 모습 그대로 옮겨다 놓았다. 한 바퀴를 돌아보니 토대나 기반공사를 빼고는 모두 옛날 모습대로다. 하지만 사당만 그럴 뿐, 전체적인 것은 조화롭지 못하다. 수몰 지구를 피해 새롭게 터를 닦고 옮겨 왔기 때문에 신구의 조화를 이루려면 좀 더 시간이 필요하리라.

의창은 삼국지의 3대 대전인 이릉 대전이 벌어진 곳이다. 유비군의 진영이 칠백 리였다는 데에서도 알 수 있듯이 이릉 대전은 넓은 지역에서 벌어졌다. 그래서 일정상 중요한 곳만 둘러보기로 했다.

먼저 찾은 곳은 효정고전장(猇亭古戰場). 이곳은 의창시 남동쪽의 장강 연안에 있는데, 육손이 화공으로 유비의 대군을 괴멸시킨 출발점이 된 곳이다. 효정의 원래 이름은 고로배(古老背)였다. 유비가 대군을 이끌고 이곳을 점거하자 제왕에 대한 존경을 표시하기 위해 '반룡와호정(盤龍臥虎亭)'을 세우도록 하였다.

서둘러서 정자를 완성하고 보니 호랑이와 비슷하기는 하지만 호랑이가 아닌 괴수 같았다. 그래서 효정(猇亭)이라고 불렀다고 한다. 이러한 정자도 이미

▎복원된 장비묘와 장강 풍경

▎효정고전장 입구

없어진 지 오래고 지금은 지명만 전해져 온다. 하지만 이곳 사람들은 유비가 이곳에서 싸웠던 '화소연영칠백리(火燒連營七百里)' 이야기를 많이 알고 있었다. 유비는 병력의 우세함만을 믿고 육손을 과소평가하였다. 그리하여 병력을 분산 배치시켰다. 게다가 수륙병진(水陸倂進)의 유리한 계책도 버리고 수군을 육지로 상륙시킴으로써 결정적 실수를 저질렀다. 충신들이 여러 차례 재고할 것을 당부해도 듣지 않고 인해전술로 복수심만 불태웠던 것이다.

▌ 호랑이가 아닌 괴수상이 된 효정

▌ 유비가 7백리에 걸쳐 진을 쳤었다는 효정

▌ 효정전투지의 잔도 및 내부 모습

효정고전장은 삼국의 자료와 유적을 고증하여 만들어놓은 일종의 역사 공원이다. 바람에 휘날리는 깃발들은 전쟁터의 군영 분위기를 자아내는 데 제격인 것 같다. 입구 정면엔 3층으로 지은 전각이 있는데 삼국의 인물들을 전시해 놓았다. 전각 아래는 깎아지른 절벽이고 그 밑으로 도도히 흐르는 장강이 눈앞에 펼쳐진다. 강을 따라 펼쳐진 언덕배기에는 옛날 성벽의 흔적들이 보인다. 하지만 그 이상의 유물과 유적을 보는 것은 불가능하다. 대부분의 유적지가 그렇듯이 오랜 세월이 지나며 사라졌기 때문이다. 당시의 모습을 그려보고 상상하는 현장감만 풍성할 따름이다.

▌ 장비가 북을 지며 군사를 조련했던 뇌고대

다음으로 찾은 곳은 장비뇌고대(張飛擂鼓臺). 이곳은 장비가 태수로 있을 때 인근 서릉산(西陵山)에서 북을 치며 군사를 조련했던 곳이라고 한다. 장비의 기백을 표현한 듯 울퉁불퉁한 돌로 만든 장비 형상이 천하도 진동시킬 듯한 기세다. 장강을 바라보며 두 눈을 부라린, 그야말로 촉한의 영웅다운 모습이 넘쳐난다. 하지만 장비는 이릉 대전에서 이러한 모습을 보여주지 못하고 죽었다. 유비 또한 정의(情意)만 넘쳤을 뿐 냉철하지 못하였다. 관우도 별반 다를 바 없었다.

안타깝게도 이들을 죽음에 이르게 한 것은 무엇일까. 그것은 바로 독단이었다. 상대를 간파하지 못하고 무시하는 교만함, 재삼 고려하고 판단하여 행동에 옮기지 않고 자신의 결정이 옳으니 무조건 따르라는 허황된 자신감이었다. 장강을 굽어보며 걷고 있노라니, 저 멀리서 달려온 강물이 절벽을 부딪쳐 오르며 힘찬 소리로 묻는다.

"너는 독단적이지 않느냐?"

이릉 대전, 천하 삼분을 위한 필연의 전쟁

관우의 죽음과 형주 상실은 촉오 관계를 급속도로 악화시켰고, 이러한 가운데 조비는 제위를 찬탈한다. 유비에게 있어서 형주 상실은 천하 삼분 전략의 결정적 파탄을 의미한다. 조비가 위나라를 세우자 익주를 차지한 유비는 한나라를 계승한다는 명분으로 촉한을 건국하고 황제에 올랐다. 하지만 도원결의 형제를 잃은 유비의 마음은 더없이 아팠다. 게다가 급변하는 정세는 유비를 더욱 급하게 만들었다. 유비의 선택은 오직 하나. 동맹 관계를 깬 오나라를 공격하는 것이다. 그것만이 의형제들과 맺은 신의를 저버리지 않을 뿐 아니라 형주 탈환을 통한 융중 대책을 실천하는 길이기 때문이다.

조운은 나라의 적은 조조이지 손권이 아니라며 유비의 친정(親征)을 말렸다. 먼저 위나라를 멸망시키면 오나라는 저절로 복종할 것이라고 주청했으나, 유비는 듣지 않았다. 제갈량 역시 유비의 생각을 바꾸려고 애썼다. 순망치한(脣亡齒寒)과도 같은 오나라와의 동맹이 아직도 소중했기 때문이다. 하지만 유비는 모든 신하의 만류에도 불구하고 자신의 생각을 바꾸지 않았다.

유비 또한 형주 없이는 제갈량의 계책을 달성할 수 없으며, 나아가 형주 상실은 곧 촉나라의 목숨을 끊는 것과 다름없음을 잘 알고 있었기 때문이다. 제갈량이 유비를 적극적으로 만류하지 않은 것도 형주 없이 익주만으로는 촉나라의 성공은 어렵다는 냉철한 계산이 있었기 때문이다. 이릉 대전은 이처럼 촉나라의 존망이 걸린 심대한 문제를 타개하기 위한 전쟁이었다.

그러나 나관중은 유비를 군주로서 국가의 안위를 고려하지 않고 사사로운 의형제의 원수를 갚기 위해 전쟁을 일으킨 인정 많은 인간으로 각색하였다. 이는 오랜 세월을 거치면서 중국인 사이에서 축적되어 온 신의를 중시하는 심리를 반영한 것이다. 그러하기에 손권이 제갈근으로 하여금 유비와 다시 강화를 맺고자 형주를 돌려주겠다고 하였으나, 이는 나관중이 지어낸 허구에 불과하다. 정녕 손권이 유비에게 형주를 돌려주겠다고 하였다면 유비도 필요 없는 전쟁을 할 이유가 없었다. 더욱 급박한 일들이 많았기 때문이다.

그럼에도 손권은 형주는 물론이고 그 어떤 것도 유비에게 전쟁을 멈출 명분을 주지 않았다. 유비의 선택은 하나뿐이었다. 형제들의 원수를 갚는다는 명분으로 형주를 탈환하는 것, 이것이 유비의 이릉 대전 전략이었다.

형주 탈환에 관한 한 제갈량은 어느 정도 희망을 가졌다. 그러했기에 제갈량 생애 최대의 도박과도 같은 유비의 동정(東征)을 적극적으로 막지 않았던 것이다. 그러나 형주 공략의 주역인 오나라의 장수 육손의 전술에 말려 이릉에서 대패하고 말았다. 청나라의 학자 전진황(錢振鍠)은 유비의 서툰 용병술이 패배의 원인이라고 지적하였다.

원소는 관도 대전에서 우세한 전력임에도 불구하고 조조를 얕잡아보다가 패배하였다. 조조는 적벽 대전에서 촉오 연합군을 얕잡아보다가 패배하였다. 유비도 이릉 대전에서 오나라를 과소평가하다가 패배하였다. 그리고 모두가 화공으로 치명타를 입었다. 평생을 전쟁터에서 보낸 유비가 어째서 똑같은 실수를 저지르고 패배하였는가.

목적 달성을 향한 승승장구는 자신감의 결과이기도 하지만, 한편으로는 교만함을 부추긴다. 교만함은 독단과 방심을 낳고 결국 스스로를 파멸로 이끈다. 역사가 누누이 지적하고 항상 경계하라고 타이르건만 어째서 이런 일이 반복되는가. 겸손한 명심조차 교만해졌기 때문이다. 천하의 위선자 유비도 독단과 방심을 감출 수 없었던 것이다.

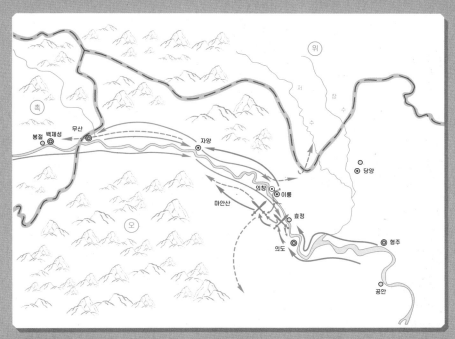

이릉대전도

제4부

천하는
누구의 것인가

37. 공명! 나를 대하듯
내 아들을 보좌해 주시게

"짐이 승상을 만나 이제 제업(帝業)을 이루었으나, 지략이 얕아 승상의 말을 듣지 않고 이렇게 패배하고 말았으니 어찌 한단 말인가? 회한이 병이 되어 이제 죽음에 이르게 되었네. 내 자식이 미흡하고 능력이 없으니 국가 대사를 승상에게 부탁하지 않을 수 없네."

"승상은 조비보다 열 배는 뛰어난 재주를 지녔으니 반드시 국가를 안정시키고 큰일을 이룰 수 있을 것일세. 만약 내 큰 자식을 믿을 만하면 도와주고, 그렇지 못하면 승상이 직접 익주의 주군이 되시게."

"폐하! 용체를 편히 돌보도록 하소서. 신 등은 모두 견마지로(犬馬之勞)를 다해 폐하의 지우지은(智愚之恩)에 보답할 것입니다.”

"너희들은 명심해라! 짐이 죽으면 너희 삼형제는 모두 나처럼 승상을 섬기도록 해라. 절대 소홀해서는 안 될 것이다.”

　서기 223년, 이릉 대전에서 대패하고 백제성으로 피신한 유비는 병과 한이 깊어 63세의 나이로 붕어(崩御)하였다. 난세의 돗자리장사에서 촉한(蜀漢)을 세운 풍운아 유비의 종말은 비교적 편안하였다. 50세도 적지 않은 나이인데 60세를 넘겼고, 제갈량이란 천하의 인재를 얻었으며, 작지만 나라도 세웠다. 한나라의 역적인 조가(曹家)를 섬멸하지 못한 것이 한으로 남을 뿐이었다. 하지만 사람의 운명은 하늘에 달려있는 법. 유비도 이를 거스를 수는 없었다.

　백제성으로 피신한 유비는 전쟁에 진 분함과 의형제의 원수를 갚지 못한 원통함에 하루가 다르게 몸이 쇠약해졌다. 게다가 패배한 군주라는 부끄러움은 성도로도 돌아갈 수 없는 처지가 되었다. 병은 깊어졌고 후사는 걱정되었다. 유비는 16년 전 신야에서 제갈량을 만났던 때를 떠올렸다. 그리고 제갈량과 함께 한나라의 부흥을 이루기 위해 '수어지교(水魚之交)'로 의기투합하였던 지난 일들이 주마등처럼 스쳐갔다. 유비는 제갈량이 그때부터 지금까지 충심으로 자신을 보필했던 것을 누구보다 잘 알고 있었다. 유비는 못다 이룬 꿈을 자식이 이루어 주기를 바랐지만 태자 유선이 그런 재목이 되지 못함이 안타까울 뿐이었다. 그렇다고 평생에 걸쳐 차지한 황제 자리가 자신의 대에서 끊어지기를 원하지도 않았다. 유비는 확신하였다. 승상인 제갈량의 마음만 잡으면 모든 것은 자신의 뜻대로 되리라는 것을. 유비는 모험을 시도하였다. 그리고 두근거리는 마음을 진정하며 제갈량의 대답을 기다렸다.

　제갈량은 초려를 나올 때의 정치적 이상을 잊지 않았다. 유비 역시 제갈량이 '천하삼분지계'를 논할 때만 하더라도 정치적 이상이 같았다. 그러나 둘의 정치적 이상은 틀어지기 시작하였다. 청나라의 유명한 학자인 왕부지는 『독통감론』에서 그 시점을 유비가 형주와 익주를 차지하고 난 후라고 하였다. 이때부터 유비는 이상을 버리고 이익만을 쫓았기에 위를 공격하지 않고 오를 공격했다고 하였다. 그리고 왕부지는 유비를 이렇게 평하였다.

'선주의 생각은 확실하게 드러났다. 기회를 엿보아 스스로 왕에 오르는 것뿐이었다.'

제갈량은 눈물을 흘리며 탁고(託孤)하는 유비를 보면서 정치적 이익에만 몰두하였던 유비의 처지를 딱하게 여겼는지도 모른다. 그리고 죽기 전에 다시 한 번 정치적 이상을 떠올리며 제갈량에게 많은 것을 요구하는 유비의 모습을 찬찬히 들여다보았을 것이다.

제갈량은 유비의 탁고가 자신의 정치적 이상과 포부를 실천할 수 있는 계기가 됨도 알았다. 하지만 그렇다고 해서 유선을 제치고 직접 왕좌에 오를 수는 없는 것이었다. 왜냐하면 제갈량은 유비의 죽음 앞에서 그의 정치적 이상이 자신과 진정으로 합치하고 있음을 알았기 때문이다. 그리하여 제갈량은 머리를 땅에 찧으며 말하였다.

"신이 어찌 고굉(股肱)의 도리를 다하지 않으며, 어찌 충정(忠貞)한 절의(節義)를 다 바쳐 대를 이어 목숨을 아끼지 않겠습니까?"

제갈량의 답을 들은 유비는 안도의 눈물을 흘렸다. 그리고 기쁜 마음으로 눈을 감을 수 있었다.

유비가 오를 치고자 삼협으로 향하나	蜀主窺吳向三峽
애끓게도 죽은 곳은 영안궁이었네	崩年亦在永安宮
황제의 깃발 빈 산 너머 펄럭이고	翠華想像空山外
옥빛 대궐은 허무하게 거친 절간이구나	玉殿虛無野寺中
낡은 사당 숲 속에는 왜가리가 깃들고	古廟杉松巢水鶴
명절이면 촌로들만 이곳을 찾네	歲時伏臘走村翁
무후의 사당이 언제나 옆에 있어	武侯祠屋長隣近
군신의 구별 없이 함께 제사 받드네	一體君臣祭祀同

유비와 손권이 이릉 전투를 치르고 있을 때 위는 가장 유리한 위치에 있었다. 즉 양쪽이 싸우는 틈을 이용해서 촉의 한중을 기습할 수 있었고, 오를 공격하여 손권을 위태롭게 할 수도 있었다. 그런데 조비는 어느 것 하나 이루지 못하였다. 손권이 유비의 공격에 위협을 느끼고 조비의 신하가 될 것을 자청했을 때, 대부 유엽(劉曄)이 조비에게 건의하였다.

"지금 손권은 촉군의 위세에 눌려 항복을 요청하는 것뿐입니다. 신이 생각하기에는 오와 촉이 싸우는 것이야말로 바로 하늘이 서로를 망치려는 것입니다. 그렇기 때문에 지금 한 장수에게 수만 명의 군사를 주어 장강을 넘어 오를 기습하도록 하면 촉은 오의 외부를 공격하고 우리는 오의 내부를 공격하는 것이니, 결국 오나라는 열흘 내로 망할 것입니다. 오가 망하면 촉도 혼자가 되어 결국 외로워질 터, 폐하께서는 빨리 도모하시지 않고 무엇을 생각하십니까?"

참으로 정세 판단이 뛰어난 유엽의 제안이었지만, 조비는 받아들이지 않는다. 어느 쪽도 돕지 않고 지켜보다가 한쪽이 남았을 때 공격하는 전략을 세웠을 뿐이다. 이릉 전투에서 오가 촉에게 대승한 후에야 군대를 일으켜 공격하게 한 것도 실패할 수밖에 없었다. 기세가 꺾였을 때 공격해야 함에도 이를 놓치고 오히려 적군을 물리쳐 기세가 등등한 때에 공격하니 패할 수밖에 없는 것이다. 유엽은 이러한 점에서 전세를 정확히 꿰뚫고 있었던 것이다.

조조는 생전의 목표가 촉오 군사 동맹을 깨뜨리는 것이었다. 그리고 승기를 잡은 나라와 연합해 다른 나라를 멸망시키는 것이었다. 이렇게 해야만 천하통일의 대업을 이룰 수 있다는 것을 누구보다 잘 알고 있었기 때문이다. 그러나 조조는 이러한 대업을 이루지 못하였다. 그것은 촉오가 급할 때마다 서로 손잡고 조조에게 대항했기 때문이다. 조조가 죽을 때까지도 촉오의 견고한 동맹을 깨뜨릴 수 없었다. 그런데 관우가 손권에게 죽임을 당하고 조비가 황제로 등극하면서 촉오 동맹은 깨지고 둘은 원수지간으로 변하였다. 위의 입장에서 보면 그야말로 천우신조나 다름없는 것이다.

하지만 조비는 정세를 읽는 힘이 부족하여 기회를 놓칠 뿐 아니라 뒤늦게 공격하여 패배까지 당하였다. 기회를 잡는 것은 사람마다 다르다. 그것은 기회에 대한 인식의 차이에서 비롯된다. 같은 상황임에도 유엽에게는 기회가 되었고, 조비에게는 아니었다. 또한 이미 기회를 놓쳤다고 생각한 유엽과는 달리, 기회가 왔다고 생각한 조비였다. 결국 승패의 결과가 말해 주는 것이지만, 대국적 정세 판단 능력이 최선이며 이러한 능력을 갖춘 자라야 리더가 될 수 있는 것이다.

삼국지의 '3대 대전'은 관도 대전, 적벽 대전, 이릉 대전이다. 이 대전의 특징은 모두가 전쟁을 일으킨 자들이 패배하였다. 패배의 주원인은 자만심이었고 모두 화공에 패하였다. 참으로 묘한 이치가 아닐 수 없다.

"대왕께서는 바로 이 세상의 뛰어난 호걸이시고 제갈량 역시 한 시대의 준걸이실 뿐 아니라, 촉은 험한 산천이 가로막고 있고 오는 삼강(三江)이 공고하게 지켜 주고 있습니다. 만일 두 나라가 손을 잡고 서로 돕는다면, 나가면 천하를 병탄할 수 있고 물러서면 정족(鼎足)의 세를 이룰 수 있습니다. 지금 대왕께서 만일 위에 예물을 바치고 신하가 되신다면 위는 반드시 대왕께서 조근(朝覲)하기를 바랄 것이고, 태자를 보내어 좌우에서 모시도록 하라고 요구할 것이며, 만일 따르지 않는다면 군사를 일으켜 침공해 올 것이고 촉 역시 장강을 따라 쳐들어 올 것이니, 그렇게 된다면 강남 땅은 다시는 대왕의 것이 되지 않을 것입니다."

제갈량은 유비가 서거하자 위와 오에 틈을 주지 않기 위해 신속하게 유선을 즉위시킨다. 그리고 장비의 딸을 황후로 맞이한다. 조비는 사마의의 제안을 받아들여 오나라와 손잡고 다섯 방면으로 촉나라를 공략하려고 하였다. 제갈량은 병을 핑계로 칩거하면서 은밀하게 일을 처리하여 네 방면에서의 공격을 막는 방법을 생각해낸다. 그리고 예전의 동맹 관계를 회복하여 오나라의 공격을 막고자 등지(鄧芝)를 파견한다. 오의 손권도 이릉 대전 이전부터 관계 회복을 염원하였던 바, 촉과 화친을 맺고 동맹을 강화한다. 서기 224년, 촉오 동맹이 다시 결성되자, 위의 조비가 대군을 이끌고 수륙 합동으로 오나라를 공격하지만 실패로 끝난다. 그리고 다시 위와 오는 숙적 관계가 된다.

성채는 높고 길은 가팔라 깃발조차 시름겨운데	城尖徑仄旌旆愁
아스라이 높은 곳에 나는 듯 누각 하나 홀로 서 있네	獨立縹緲之飛樓
갈라진 골짜기 사이 먹구름은 용과 범이 웅크린 듯	峽坼雲霾龍虎卧
맑은 강 비친 햇빛은 자라와 악어 노니는 듯하여라	江清日抱黿鼉游

부상나무 서쪽 가지는 벼랑과 짝을 이루고	扶桑西枝對斷石
약수 동쪽 그림자는 장강 따라 흐르누나	弱水東影隨長流
지팡이 짚고 서서 세상을 탄식하는 이 누구인가	杖藜歎世者誰子
백발 되어 뒤돌아보니 피눈물만 허공을 흩뿌리네	泣血迸空回白頭

　　두보가 지은 시를 떠올리며 백제성(白帝城)으로 향하였다. 백제성은 사천성 봉절현(奉節縣)의 동쪽, 구당협의 입구에 있다. 이곳은 호북성과의 경계이기도 한데 백제성은 이곳 백제산 기슭에 있다. 백제성은 삼면이 장강 물로 둘러싸여 있는 천혜의 요새다. 특히 이곳을 흐르는 장강은 그 흐름이 마치 산을 가

▌백제성 입구

▌장강 삼협의 험함을 알리는 기문

■ 이백의 「조발백제성」 시비(중앙)　　　　■ 유비가 제갈량에게 아들을 부탁하는 장면을 표현한 탁고당의 소상

르는 것처럼 거세게 역류하여 공격하기도 어려운 곳이다. 이 성은 왕망(王莽) 때 이곳에 있는 우물에서 흰 용이 나오는 것을 본 공손술(公孫述)이 한나라의 토덕(土德)을 자신이 이어받게 되었다며 스스로 백제(白帝)라 선포한 뒤 이 성을 쌓았다. 유비는 이곳의 이름을 영안(永安)으로 고쳤는데, 자신이 이곳에서 죽을 줄 알았던 것일까. 참으로 기묘한 일이다.

　　멀리 백제성(白帝城)을 바라보니 붉은 벽에 파란 기와, 날아오를 듯한 추녀가 초록나무 사이로 반짝인다. 유람선에서 쪽배로 옮겨 타고 백제성 아래에 있는 포구에 도착하였다. 줄지어 선 나무들 사이로 좁다란 시멘트 산길을 올라가니 백제성의 서문(西門)이 나온다. 조금 더 올라가니 더 이상 오를 수 없는 곳에 고풍스러우면서도 단아한 모습의 백제성이 나온다. 글씨가 영락없는 곽말약체다. 중국의 유적지를 다니다 보면, 유명 유적지에는 곽말약이 쓴 글씨들이 많다. 그 독특한 필체를 익히 보아 왔던 터라, 이제는 글씨만 보아도 그가 쓴 것임을 알 수 있을 정도이다. 그 앞에는 이백이 한때나마 정치에 관여하였다가 역적

■ 백제성에 있는 무후사

으로 몰려 도피하던 중, 죄가 사면되었음을 듣고 기쁜 마음을 표현한 '조발백제성(早發白帝城)' 시비가 있다. 그런데 시비의 필체가 좀 독특하다. 자세히 살펴보니 주은래(周恩來)의 필체다.

■ 새롭게 조성된 비랑

사당 안을 들어서니 제일 먼저 탁고당(託孤堂)이 눈에 띤다. 유비가 제갈량에게 아들을 부탁하는 장면을 실감나게 묘사해 놓았다. 유비는 영안궁에서 죽었다. 그런데 영안궁의 위치가 이곳이 아니라 현재의 봉절현에 있는 사범학교라고도 한다. 하지만 사람들은 이곳을 찾는다. 장강 삼협과 어우러져 풍치 좋은 백제성이 영안궁일 것이라고 믿기 때문이다. 벽에는 서기 223년, 임종을 맞이한 유비가 제갈량에게 뒷일을 부탁하는 '유비탁고도(劉備託孤圖)'가 처연하다.

탁고당을 돌아가면 조그마한 정원을 끼고 무후사가 있다. 제갈량과 그의 아들, 손자의 조각상이 보인다. 제갈량이 밤에 별을 관찰했다는 관성정(觀星亭)도 있다. 동서 양쪽에는 장강 삼협을 노래한 문인들의 비각을 모아놓은 삼협 최대의 비림(碑林)이 있어 돌아보는 것만으로도 흐뭇하다.

▍ 백제성으로 통하는 다리

▍ 백제성 입구의 제갈량상

▌ 삼협댐 완공으로 섬이 된 백제성

▌ 명량전의 유비상　　　　　▌ 명량전의 관우와 장비　　　　　▌ 문신청

　　삼협댐 완공 이후 다시 찾은 백제성도 많이 변해 있었다. 댐이 완공되면 백제성은 섬이 된다고 하더니만 말 그대로다. 좋아진 것이 있다면 배를 타지 않고서도 이곳에 올 수 있다는 것이다.

　　백제성이 삼협댐 건설로 섬이 되자, 중요 유적지인 이곳을 대대적으로 개발하였다. 덕분에 백제성을 오가는 다리를 놓아서 중경에서 출발하는 장강 삼협 유람선을 타지 않고도 편하게 이곳을 볼 수 있게 된 것이다. 유람선의 선착장도 바뀌었다. 예전에는 중경에서 동쪽으로 장강의 중심 물줄기를 따라서 내려가다 구당협(瞿塘峽)이 보이는 초입에서 정박하였다. 그런데 지금은 거센 물줄기를 벗어나서 안전하게 운항하기 위해 북쪽으로 옮겨졌다.

　　백제성 입구는 예전과 변함이 없는데, 내부는 많은 것이 새로 들어섰다. 정전 격인 명랑전에는 유비를 중심으로 관우와 장비, 제갈량의 소상을 모셨다. 문신청(文臣廳)과 무장청(武將廳)도 있고, 비랑(碑廊)도 예전보다 커졌다. 장강 지역의 장례 풍속인 현관(縣棺)을 전시하는 장소도 생겼다. 아울러 유비의 사당인 소열사(昭烈祠)와 유선의 사당인 후주사(后主祠)도 새롭게 만들어 놓았다. 당

▌ 장강 지역의 장례 풍속인 현관

▌ 사당에 세운 유비상과 유선상

대부터 명대까지의 위인 10명의 동상을 모신 십현당(十賢堂)도 있는데 다른 동상들은 조용한 모습인데 이백과 두보의 동상만은 생동감 있게 표현해 놓았다.

중국인들은 흔히 주은래를 제갈량에 비유한다. 주은래의 일생이 몸과 마음을 다해 나라를 돌본 제갈량의 모습을 닮았기 때문이라고 한다. 이들은 높은 지위였음에도 불구하고 이를 이용하여 욕심을 채우지 않고, 현명함과 청렴함으로 국가를 위해 헌신한 점 때문에 죽어서도 존경과 숭배의 대상이 되고 있는 것이리라. 인류의 역사에 있어서 숱한 영웅들이 명멸(明滅)하였다.

하지만 그들 모두가 존경과 숭배의 대상은 아니다. 스스로가 영웅이라고

자신했을 뿐 후세인들의 마음을 움직이지 못했기 때문이다. 진정한 영웅은 화려

함을 쫓지 않는다. 오직 국궁진췌(鞠躬盡瘁)만을 행할 뿐이다. 진정 그러한 인물

이 간절히 그리운 시대다.

탁고(託孤), 철저히 계산된 유비의 유언

"짐이 처음은 설사병에 걸렸다. 그러던 것이 여러 가지 병이 더해져서 결국은 일어날 수 없게 되었구나. 사람이 나이 쉰 살이면 살 만큼 살았다고 하는데, 짐은 예순하고도 수년을 더 살았으니 무슨 소원이 있겠느냐? 오로지 너희 형제가 걱정될 뿐이다. 항상 힘쓰도록 해라. 악한 것은 작더라도 하지 말 것이며, 착한 것은 비록 작더라도 하려고 애써라. 오직 어짊과 덕망이 있어야만 남들이 따라오는 것이다. 아비는 박덕하여 본받을 것이 없다. 내가 죽으면 너는 승상과 같이 일을 보며 나를 대하듯이 섬기도록 해라. 짐의 말을 명심하여 지키도록 해라. 너의 형제는 이제 다시 새로운 가르침을 받도록 해라. 마지막으로 당부하고 또 당부하는 것이니라."

제갈량은 삼고초려한 유비의 '한나라 왕실 부흥'이란 대의에 감격하여 그를 따라 나섰다. 제갈량이 초려를 나설 때의 마음은 정녕 그러하였는지 모른다. 하지만 명민한 제갈량은 유비의 행동을 지켜보면서 그가 대의가 아닌 제위를 노리는 야심가임을 간파하였을 것이다. '천하 삼분'이라는 원대한 전략을 구상한 제갈량이 한나라 왕실 부흥에 동의하였다는 것부터 이율배반이기 때문이다. 결국 '한나라 왕실 부흥'이란 어지러운 시기에 백성들의 지지를 얻기 위해 야심가들이 사용한 슬로건에 지나지 않는다. 제갈량은 진작부터 유비의 기량과 위선을 꿰뚫어보고 있었던 것이다.

유비 또한 제갈량을 군사로 모시며 대단히 만족하였다. 하지만 제갈량에 대한 유비의 신뢰는 전적이지 않았다. 제갈량의 임무는 항상 후방에서 전선에 병사와 식량을 조달하는 것이었다. 이는 사마휘가 유비에게 제갈량을 추천하며 했던 말인 '시무(時務)'에 밝은 경제 관료에 지나지 않는 것이다. 그런데도 제갈량은 왜 유비를 모셨는가. 제갈량은 자신을 항상 관중이나 악의에 비유하였다. 이 말은 곧 유비를 난세의 패자로 만들겠다는 의지의 반영이다. 그러므로 한나라 왕실 부흥은 제갈량에게도 쓸모없는 시무였던 것이다. 유비와 제갈량의 관계를 가리켜 '수어지교'라고 하는데, 이러한 속내가 서로에게서 소통되고 있었기 때문이다.

그러나 제갈량이 아무리 출중하고 명민하다고 해도 유비보다 앞설 수는 없었다. 유비가 영안궁에서 임종하며 국사를 위탁할 때 제갈량 말고도 이엄(李嚴)이라는 신하가 있었다. 유비가 익주를 차지하고 촉나라를 세우자 이제껏 유장을 따르던 많은 사람들이 유비의 신하가 되었다. 그리하여 유비의 촉나라에서는 유장을 모시던 가신단과, 유비가 데리고 온 가신단의 두 세력이 존재하였다. 이엄은 유장을 모시던 가신단 중 한 사람이다. 촉을 세운 유비의 최우선 과제는 유장의 가신단을 무리 없이 포용해서 정권을 안정시키는 것이었다. 유비는 죽음을 앞두고 이들 두 세력의 대표인 제갈량과 이엄을 불러 신구 세력의 균형을 꾀하였다. 그리고 아들이 재능이 없다면 제갈량이 직접 나라를 맡으라며 제갈량의 손을 들어 주었다. 혹시라도 있을 유장 쪽 가신단의 행동을 견제하며 신하들이 협동 단결할 것을 노린 고단수 전략이었다.

순간 제갈량은 유비가 자신의 목숨을 담보로 제갈량에게 절대적인 신뢰와 권위를 안겨 주는 것을 감지하였다. 제갈량은 이에 충심을 다해 유선을 군주로 모신다. 아울러 이엄을 국정에 참여하지 못하게 함으로써 실권을 장악한다. 유비는 죽으면서까지 위선과 교활한 지혜를 사용하였고, 제갈량은 그러한 유비의 유지를 받들어 유비의 기대에 부응하였다. 천하의 그 누구도 감히 흉내 내지 못할 '수어지교'적 믿음이 아니고 무엇이겠는가.

38. 망국과 건국 사이에서

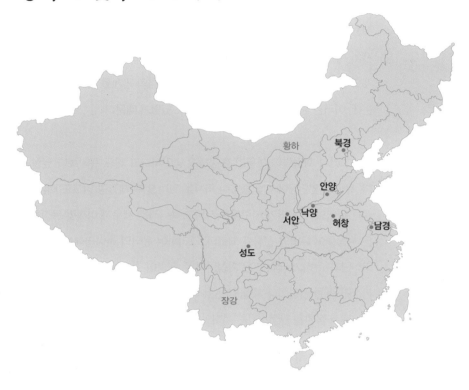

땅은 업성 물은 장수	鄴則鄴城水漳水
빼어난 인물 여기서 태어나네	定有異人從此起
웅혼한 지략은 문무와 어울려 빛나니	雄謀韻事與文心
군신이요 형제요 부자지간이었네	君臣兄弟而父子
영웅의 마음은 속인들과 달라	英雄未有俗胸中
안목 없는 이들이 어찌 알겠는가	出沒豈隨人眼抵
공훈을 세우고 대죄를 지은 자 다른 사람 아니고	功首罪魁非兩人

악명도 칭송도 본디 한몸이라네	遺臭流芳本一身
문장은 입신의 경지요 패업은 기개가 넘쳐나거늘	文章有神覇有氣
어찌 그리도 구차한 무리 속에 섞여 있는가	豈能苟爾化爲群

서기 220년, 조조가 죽었다. 향년 66세였다. 죽음을 앞둔 조조는 가까이서 모시는 신하에게 평소 갈무리해 두었던 좋은 향을 가져오라고 하여 모든 시첩(侍妾)들에게 나누어 주며 유언하였다.

"내가 죽으면 너희 여자들은 쓸 만한 일을 열심히 배우도록 하라. 신발(絲履) 같은 것을 실로 많이 짜서 팔면 돈도 벌고 음식도 장만할 수 있을 것이다. 또한 동작대에 많이 살도록 해라. 그래서 제사를 지낼 때는 기녀들에게 음악과 춤을 추게 하고 상식(上食)을 올리도록 하라."

또한 창덕부(彰德府) 강무성(講武城) 밖에 가짜 무덤 72기를 만들어 후세 사람들이 자신의 무덤이 어디 있는지를 알지 못하게 하였다. 그러나 진수의 『삼국지』 중에서 「무제기」를 보면, 천하가 아직 난세이므로 매장이 끝나는 즉시 모두 상복을 벗고 병사와 관리는 각자 자신의 직무를 다하라고 하였다. 또한 시신은 평상복을 입히고 금은보물은 묘 속에 넣지 말라고도 하였다. 유언이 이러할진대 어찌 72기의 의총을 만들 필요가 있겠는가. 게다가 창덕부라고 부른 것은 금나라 때부터로 원·명 시대에 걸쳐 사용한 명칭이다. 이를 종합해 보면 후세 사람들이 조조의 간사함을 한껏 키우기 위하여 만든 말에 불과하다. 이러한 폄하는 조조를 미워하는 사람들에게는 매우 효과가 커서 말 그대로 맹신한 자들도 적지 않았다. 남송의 유응부(兪應符)가 그 대표적인 사례다.

'살아서는 하늘을 기만하여 한 왕실의 대를 끊더니, 죽어서는 사람들을 속이려고 여러 개의 무덤을 만들었구나. 사람은 누구나 살았을 때는 꾀를 쓰다가도 죽고 나면 쉬는 법인데, 조조는 그 간사함이 어찌 의총에까지 이르렀는가? 진실로 사람들이 말하는 것을 나 또한 의심하지 않는다.'

미움은 의심을 만들고 의심은 확신처럼 퍼져나가 사실이 된다. 그리고 마침내 정치와 역사가 된다. 그러한 인류의 역사가 어디 이것뿐이랴.

조조가 죽자 큰아들 조비가 조조의 뒤를 이어 승상과 위왕에 올랐다. 이로써 조비는 조조의 모든 권력을 계승하였다. 조비는 위왕이 되자 동생 조식을 핍박하였다. 한때 조조도 조식을 태자로 삼을 생각을 하였다. 조식의 재주가 그만큼 뛰어났기 때문이다. 조비는 태자 자리를 놓고 다툰 적이 있는 동생이기에 더욱 미워할 수밖에 없었다. 급기야는 일곱 걸음을 걷는 동안에 시를 짓지 못하면 죽음을 면치 못하는 지경에까지 이른다. 이에 조식은 처연하게 시 한 수를 읊어 댄다.

콩을 볶는다고 콩깍지를 태우니	煮豆燃豆萁
콩이 가마 속에서 흐느끼네	豆在釜中泣
본래가 한 뿌리에서 나왔거늘	本是同根生
어찌 이리도 호되게 들볶는가	相煎何太急

조비는 비분과 애원이 넘치는 조식의 시를 접하고는 그의 관직을 안향후(安鄕侯)로 강등하여 풀어 준다. 『세설신어(世說新語)』 '문학' 편의 시를 개작한 이 작품은 봉건 왕조 시대의 골육상쟁(骨肉相爭)을 생동감 있게 묘사하고 있다.

煮豆持作羹漉
菽以為汁萁在
釜下燃豆在釜
中泣本是同根
生相煎何太急

▎인천 차이나타운의 삼국지 벽화 중 '칠보시'

조비는 위왕에 오르자마자 곧바로 헌제에게 마각을 드러낸다. 자신의 즉위와 동시에 기린(麒麟)이 내려오고, 봉황(鳳凰)이 날아들고, 황룡(黃龍)이 나타나고, 가화(嘉禾)가 자라나고, 감로(甘露)가 내리니, 이는 곧 하늘의 상서로운 기운으로 '위가 한을 대신해야 한다는 상징'이라고 몰아부친다. 그리고 '위(魏)가 허도(許)에서 번창(昌)한다'는 것으로 선양을 획책한다. 헌제는 스스로 힘이 없음을 한탄하며 위왕에게 선양을 약속한다.

"한나라의 기수가 이미 쇠퇴하여 천하의 질서가 어지럽고 흉포한 무리가 멋대로 역모를 저지르는 이때, 조조가 나라를 어려움으로부터 구하여 안정시켰으매 오늘의 천하는 필시 그의 덕이니라. 이제 조비는 이를 받들어 더욱 명심하고 대업을 넓혀 밝게 비추라. 이는 요순시대의 선위와 같은 것이요, 천하는 덕 있는 자가 다스리는 것이니 조비는 엄숙한 마음으로 천명을 받들지어다.”

　　서기 220년 10월 28일 새벽, 일진광풍이 허도의 번양(繁陽)에 쌓은 수선
대를 한바탕 휩쓸었다. 수선대 주위를 휘감은 오색 깃발이 미친 듯이 흩날리고
몇 개는 부러졌다. 선양책(禪讓冊)을 읽고 옥새를 바치는 헌제의 두 눈에는 뜨거
운 눈물이 맴돌았다. 단 아래 백성들은 희비가 교차하였다. 하지만 그뿐, 만세 소
리 드높게 위나라 시대가 시작되었다. 모든 절차는 평화적이고도 일사천리로 진
행되었다. 선양을 마치고 대에서 내려오는 헌제의 두 볼에는 회한의 눈물이 앞을
가렸다. 한나라 사백 년 사직, 32년의 천하가 눈물에 잠겨 떠내려갔다. 주악 소리
는 망국의 황제가 된 헌제의 가슴을 갈기갈기 찢어 넋조차 사라지게 하였다.

한나라 사직 자못 순탄치 않았는데	兩漢經營事頗難
하루아침에 옛 강산을 모두 잃어버렸네	一朝失却舊江山
조비가 요순의 선양을 본뜨려 한다지만	黃初欲學唐虞事
사마씨가 그대로 본뜨는 것 보리라	司馬將來作樣看

　　황제에 오른 조비는 연강(延康)이라 하였던 연호를 황초(黃初)로 고치고,
나라 이름을 대위(大魏)라고 하였다. 부친인 조조가 이루어 놓은 권력을 발판 삼
아 자신의 뜻을 이루었으니 어찌 기쁘지 않을 수 있겠는가. 문무백관의 벼슬을
올려 주고, 천하에 대사면을 내려 민심을 다스렸다. 나라의 영원한 번영을 위해
지명의 이름도 바꾸었다. 번양을 번창(繁昌)으로 허도를 허창(許昌)으로 고쳤다.
수선대에서의 선양으로 대내외에 위나라의 정통성을 알리고, 후세에 이를 전하
고자 ‘권진표(勸進表)’와 ‘수선표(受禪表)’ 두 개의 비석을 세우도록 하였다.

북송(北宋)때의 시인 황정견(黃庭堅)은 「조공전을 읽고(讀曹公傳)」라는 시에서 조비의 선양을 이렇게 풍자하였다.

남북으로 정벌 나가 혁혁한 공을 세우니	南征北伐報功頻
유씨도 친히 위나라의 빈객이 되었네	劉氏親爲魏國賓
결국 조비가 폐업을 달성하였으니	畢竟以丕成霸業
어찌 한의 성실한 신하이겠는가	豈能于漢作純臣
두 도읍의 가을빛이 교목에 비치고	兩都秋色皆喬木
두 임금의 은택이 백성들에게 미치네	二祖恩波在細民
영웅도 놀라 가 버리니 계책이 있다 하나	駕馭英雄雖有術
힘써 종사를 도울 자. 그 누구인가	力扶宗社可無人

조조는 죽어서 고릉(高陵)에 묻혔다. 조조의 무덤인 고릉이 어디에 있는지는 그동안 미스터리였다. 조조가 아주 간사한 까닭에 자신의 가짜 무덤을 72개나 만들었다는 말 때문이다. 이는 후세 사람들이 조조를 악인으로 만들기 위해 꾸며낸 말이다. 지난 2009년 12월 27일, 중국의 언론계가 발칵 뒤집혔다. 삼국 시대 최고의 영웅인 조조의 무덤이 발견되었다고 대서특필하였기 때문이다.

고릉이 발견된 장소는 하남성안양현(安陽縣) 안풍향(安豊鄕) 서고혈촌(西高穴村)이다. 이곳은 서쪽으로 태항산맥(太行山脈), 북쪽으로 장하(漳河), 남쪽으로 난령산(南岭山), 그리고 동쪽으로는 화북평야(華北平野)를 품고 있는 명당자리다. 이러한 까닭에 동한(東漢) 시대와 북조(北朝) 시대의 묘군(墓群)이 산재해 있다. 조조가 관도 대전에서 원소를 무찌르고 동작대를 지은 업성(鄴城)이 묘에서 동쪽으로 14km 떨어져 있다.

▌ 조조의 묘인 고릉으로 가는 길의 안내판

▌ 고릉 발굴 장소에 세워진 고릉 전시청과 입구

　　조조묘인 고릉을 보기위해 비포장 길을 달린다. 고릉은 어떤 모습일까. 언론에 보도된 이후부터 줄곧 보고 싶었으니 실로 기대가 크다. 입구에 이르자 군데군데 고릉을 소개하는 안내판이 보인다. 드디어 고릉 전시청이라고 쓴 커다란 건물이 보인다. 주차를 하고 문을 들어서려는데 공안이 제지한다. 입장할 수 없다고 한다. 이유를 물어보니 아직 발굴중이어서 참관이 불가하다는 것이다. 홍보는 대대적으로 하면서 볼 수가 없다니 기가 찰 노릇이다. 잠깐만 둘러

▎ 발굴 작업이 한창인 조조의 고릉

보고자 사정하였으나 소용없다. 관공서의 허가를 받아오라는 말만 한다. 기대가 크면 실망도 큰 법, 허탈함에 발걸음이 떨어지지 않는다.

  발굴 현장은 철판으로 촘촘하게 둘러쳐져 있어 볼 수도 없다. 아쉬움에 주변이라도 둘러볼 겸 마을로 갔다. 발굴 현장 옆 이층집에 오래된 나무 사다리가 놓여 있다. 기쁜 마음에 집주인에게 부탁하였더니, 떨어져서 다치면 책임지지 않는다는 조건으로 허락한다. 여러 명의 사람이 각기 구역별로 발굴 작업을 진행하고 있는 모습이 보인다. 언론에 보도된 지 10여 년이 되어 가는데, 고릉은 아직도 발굴 작업이 한창이다. 언제 전시관을 개봉할지도 의문이다. 중요한 유적이어서 발굴 작업에 시간이 걸리는 것인지, 아니면 조조의 고릉이라는 증거가 부족해서 찾고 있는 것인지 정녕 모를 일이다. 다음에 오면 볼 수 있을까. 돌아서는 마음이 못내 아쉽기만 하다.

▌수선대 유적 원경

　　한 왕조의 비운과 위 왕조의 탄생을 동시에 간직한 수선대는 하남성 허창(許昌)시 서남쪽 17km지점의 번성진(繁城鎭)에 있다. 마을에 도착하니 밭 사이로 높이 20m 정도의 황토 구릉이 보인다. 이곳이 바로 당시 격동의 현장이었던 수선대(受禪臺)다. 모두 3개의 단으로 구성된 수선대는 양쪽으로 돌계단을 통해 올라가도록 되어 있었고, 정상에는 정자를 세워 그 속에 옥좌를 놓았다고 한다. 위나라의 개국을 만천하에 알리는 행사였기에 그 무엇보다도 화려하고 거대하였으리라. 그러나 천 년이 넘는 풍우 속에 무너지고 씻겨나가 지금은 가축과 아이들의 놀이터로 변한 채, 사각형으로 된 한 개의 대만 남아 있다. 수선대임을 알리는 표지석도 사라진 지 오래다. 단 위에 올라 사방을 둘러보니 마을 외에는 온통 벌판뿐이다. 조비가 양위를 받고 호쾌하게 웃은 자리는 사라졌지만, 헌제가 단을 내려오며 한숨 짓던 곳은 반드시 이곳 어디일 것이니, 역사도 진정한 모습만은 보여주려 애쓰는 것인가.

간신이 잡은 권력 한나라를 망치는데	奸宄專權漢室亡
선양이라 속이며 요순을 본받자고 떠드네	詐稱禪位效虞唐
조정의 신하들이 모두 위를 떠받드니	滿朝百辟皆尊魏
하루아침에 옛 강산을 모두 잃어버렸네	一朝失却舊江山

　　마을 안으로 들어오니 헌제의 사당이 있다. 그리고 그 안에는 진기한 보물인 권진표와 수선표가 새겨진 비석이 있다. 권진표에는 한나라의 녹을 먹은 신하 49인이 조비에게 황제에 오르도록 권유하는 문장과 함께 자신들의 이름을 조각해 놓았다. 수선표에는 헌제가 양위를 해야 하는 당위성이 유려하고 화려한 필체로 새겨져 있다. 이 두 비석은 한나라 말기의 세 명장의 손에 의해 만들어졌는데, 비문은 어사대부 왕랑(王郞)이, 글씨는 당대 대표적 서도가인 양곡(梁鵠)이, 그리고 조각 역시 서도가로 이름난 시중(侍中) 종요(鍾繇)가 맡았다. 일명 '삼절비(三絶碑)'라 일컫는 이 비석은 왕희지와 소동파를 비롯하여 많은 문인과 학자들이 찾아와 감상하였는데 그들의 감회는 어떠하였을까. 진기함에 웃고,

▌염소의 목축지로 변한 수선대

▌헌제 사당 입구

자랑스러워함에 웃고, 화려한 치장에 또 웃었으리라.

　　헌제의 선양 소식은 헌제가 피살되었다는 살이 덧붙여져서 성도의 유비에게로 전해졌다. 유비는 문무백관과 함께 상복을 입고 통곡하며 민제(愍帝)라는 시호를 올렸다. 중국 역사상 두 개의 시호를 받은 것은 한나라의 마지막 황제인 유협이 유일하다. 이는 왕권의 정통성과 관련되어 분열과 반목 중인 국가 사이에서는 매우 중요한 것이다. 역사는 한나라 마지막 황제의 시호를 헌제로 적고 있다. 따라서 그의 무덤도 헌제릉이었다. 그러나 명대 이후 사람들은 『삼국지연의』에 푹 빠져 헌제를 '민제'라 부르면서 릉 이름도 '민제릉'이 되었다. 민(愍) 자가 '근심하고 불쌍히 여긴다'는 뜻이니 마지막 황제의 운명을 동정하는 측한 정통론자들이 황제의 칭호까지도 바꾸어 놓은 것이다.

　　민제릉은 허창시 동쪽 15km 떨어진 곳인 장반진(張潘鎭)에 있다. 이곳은 황제의 의관총이기도 한데, 높이가 10m 폭이 20m 가량의 네모진 능이다.

▎헌제 사당에 있는 삼절비와 권진표

왼쪽으로는 계단이 나 있다. 예전에는 이곳 정상에 헌제의 사당이 있었고, 각종 석상과 복숭아나무가 가득하였다고 한다. 그러나 지금은 아무 흔적도 없다. 파헤쳐지고 버려진 곳에는 조그마한 밭두둑만 나란하다.

　황제릉 꼭대기에 밭을 일군 사람은 누구일까. 무슨 생각으로 채소를 심었을까. 감히 상상조차 할 수 없는 일을 떳떳하게, 그리고 보란 듯이 벌여놓은 심사는 무엇일까. 중국인의 사고는 고정되어 있지 않다. 유가를 정통으로 하되, 법가도 필요하다. 문치를 내세우지만 무력 또한 중시한다. 그들의 사고방식은 음양의 이치처럼 끊임없이 변화하고 항상 현실적이다. 황제릉으로 쳐다보는 것보다는 생산성 있는 한 뼘의 땅이 더 소중한 것이리라. 그렇다하더라도 문물보호지역을 이토록 허술하게 관리하는 것은 심히 안타까운 일이다.

　중국 역사에서 최고의 시대였던 한나라. 그 한나라의 마지막 황제릉이 이토록 훼손된 채 버려진 것은 마지막 황제의 애끓는 운명을 떠올리게 하려는 고상한 생각은 결코 아닐 것이다. 그저 망국처럼 잊힌 황제가 되어 이토록 처참한 폐허 속에 누워 있는 것이다. 언제나 그랬듯이 역사와 현실은 승자의 것이요, 그것은 항상 창업과 건국에만 관심이 있기 때문이다.

▌ 허창에 있는 헌제의 의관총인 민제릉과 능 위에 만든 텃밭

권력 찬탈의 평화적 수단, 선양(禪讓)

　'덕 있는 자만이 나라를 다스릴 수 있다.' 중국에서는 전통적으로 왕위(王位)는 선양(禪讓)의 형식으로 이루어졌다. 황제의 자리를 자식에게 세습하지 않고 요(堯)임 금이 순(舜)임금에게, 순임금이 우(禹)임금에게 양위한 것처럼 덕 있는 이에게 제위 를 물려주는 것이었다. 그러나 이는 어디까지나 전설 속의 이야기이고, 왕조는 부자 세습이나 종친 세습으로 이어졌다. 역사적으로 선양의 형식을 빌려 왕조를 찬탈한 것은 조조의 아들 조비가 처음이었다.

　"위왕에게 고하노니, 옛날에 황제 요는 우순(虞舜)에게 양위했고, 순 역시 대우(大禹)에게 양위했으니 천명은 결코 변하지 않는 것이고, 오직 덕망이 있는 자에게로 돌아갈 뿐이다. 한나라의 도의는 점점 쇠미하여 천하는 그 질서를 잃었 으며, 나의 시대에 이르러 큰 변란이 세상을 뒤흔들고 수많은 흉포한 자들이 제 멋대로 천명을 거역하여 천하는 전복될 지경이 되었다. 다행히 무왕(武王)은 신 같은 용무(勇武)를 갖고 있어서 사방에서 일어나는 이 혼란을 구하고 중화 땅을 밝게 다스리고 우리 한나라의 종묘를 안전하게 보호하였으니, 나 한 개인만이 태 평성대를 누리고 있는 것인가? 천하가 모두 실제로 그의 은덕을 받았으니, 이제 왕은 선왕의 사업을 받아 계승하고 덕을 빛내 문무 양쪽의 대업을 확충시켜 망부 의 큰 업적을 발휘시킬지어다. 하늘에서는 상서로운 기운을 내리고, 사람과 신이 길조를 예견하였으며, 사람들은 큰 일을 밝히고 짐의 사명을 서술하였다. 모든 태도는 우순과 같기에 나는 『상서(尚書)』의 「요전(堯典)」에 따라 황제의 위치를 공경스럽게 그대에게 주노라. 아! 하늘은 사명을 그대에게 주었으니, 성실하게 중용의 도를 운용하면 하늘이 준 행복은 영원히 계속되리라. 그대는 공손하게 대례(大禮)를 따르고, 모든 나라를 다스림에 엄숙하게 천명을 받으라."

조비는 부친인 위왕(魏王) 조조가 죽자 연호를 연강(延康)으로 바꿨다. 헌제가 비록 힘은 없지만 황제 자리에 있는데, 이를 무시하고 연호를 바꾸었다는 것은 이미 자신이 황제에 오르겠다는 속셈을 드러낸 것이다. 그리고 요순의 전설을 빌미로 짜고 치는 고스톱인 양, 세 번의 사양을 거친 후 헌제로부터 제위를 선양받았다. 이는 덕 있는 자에게로의 평화적 정권 교체를 만천하에 공표함으로써 정통성을 획득하고, 손쉽게 민심을 수습하기 위한 수단인 것이다.

220년, 조비는 스스로 위나라 황제가 되었다. 조비에서 시작된 위나라는 조예, 조방, 조모, 조환 등 5대 만에 단명하였다. 264년 사마소가 진왕(晉王)에 오르고 265년에는 그의 아들인 사마염이 원제(元帝)인 조환으로부터 제위를 선양받았다. 조비가 한나라의 헌제로부터 제위를 선양받은 방법 그대로 조환이 진(晉)나라에게 선양했으니, 사필귀정(事必歸正)이란 이를 두고 하는 말이다.

진나라는 곧 북방 유목 민족인 오호(五胡)의 침략으로 무너지는데, 5호16국의 하나였던 후조(後趙)의 태조인 석륵(石勒)은 조씨와 사마씨의 선양에 대해 다음과 같이 평하였다.

"짐이 한 고조를 만난다면 당연히 그의 신하가 되겠다. 한신이나 팽월이라면 어깨를 견줄 만하다. 광무제를 만난다면 중원을 두고 한판 승부를 겨루겠다.

호각지세일 것이다. 대장부는 일을 벌임에 있어 정정당당해야 한다. 조맹덕과 사마중달이 세상 사람과 고아, 과부를 속이고 여우처럼 잔꾀를 부려 천하를 얻은 것은 정녕코 본받지 않아야만 한다."

동진의 마지막 황제인 공제(恭帝) 사마덕문도 송왕(宋王) 유유(劉裕)에게 선양을 하였다. 송나라 마지막 황제인 순제(順帝) 또한 제(齊)나라를 세운 소도성(蕭道成) 장군에게 선양이라는 미명 아래 제위를 빼앗겼다. 이처럼 모든 역사는 평화를 가장한 정권 찬탈의 연속이었고 이는 비단 중국만의 일은 아니다. 덕은 항상 외롭고 덕망 있는 자는 가까이에 없으니, 어찌 요순의 시대가 존재할 수 있겠는가.

인간은 자리를 만들고 저마다 자리를 탐낸다. 자리는 교만과 나태로 인간을 부추기며 자신의 위세를 높인다. 그리하여 인간이 서로를 누르고 차지한 자리는 항상 한 뼘 머리 위에서 인간을 손짓한다. 인간이 만들었으되 영원히 가질 수 없는 것, 그것이 바로 자리다. 그러나 오늘도 세상은 자리로 인해 시끄럽고, 자리 때문에 싸운다. 자리가 벌이는 한판 놀음에 스스로 노예가 되어 있음을 아무도 인정하지 않는다.

39. 하늘이 절대로 너희들을 돕지 않을 것이다

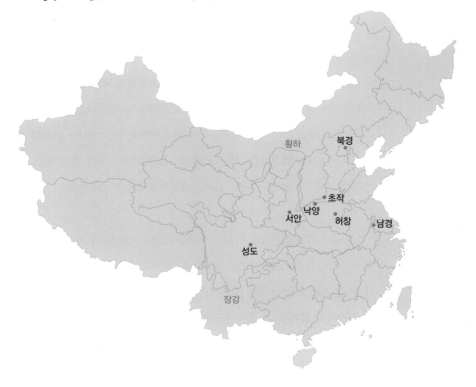

"옥새는 바로 천자의 보물이오! 어떻게 함부로 달랄 수가 있단 말이오?"

"뭣이 어째? 일개 부보랑 따위가 어디서 큰 소리야. 저놈을 당장 끌어내서 목을 베어라!"

왕랑과 화흠이 헌제에게 선위(禪位)만이 살 길이라고 흔들어 대고, 조홍과 조휴가 칼을 빼어들고 대전으로 들어와 옥새를 내놓으라고 압박할 때였다. 황제의 절과 옥새를 담당하던 부보랑(符寶郎) 조필(祖弼)이 조홍과 조휴를 꾸짖었다. 조필의 단호한 꾸짖음에 화가 난 조홍은 조필을 죽였다. 조필은 죽음을 앞두고도 두려워하기는커녕, 목이 베이는 순간까지도 조홍과 조휴를 호통쳤다. 문무백관이 한마음으로 헌제에게 선위를 요구할 때, 오직 조필만이 죽음으로 헌제를 보필하였으니, 진정한 사직의 신하이자 헌제의 보배였다.

간악한 것이 권력을 쥐고 한나라 망치면서	奸宄專橫漢室亡
선위를 가장, 요와 순을 본받는다 하네	詐稱禪位效虞唐
만조백관이 모두 위왕만 우러러 받드니	滿朝百辟皆尊魏
충신이라고는 겨우 부보랑 하나밖에 없네	僅見忠臣符寶郎

산양공(山陽公)에 봉해진 헌제는 하내군 산양현에서 파란만장하였던 삶을 정리하며 여생을 보냈다. 소제의 이복동생으로 태어난 헌제 협(協)은 태어나자마자 어머니인 왕 미인(王美人)을 잃었다. 소제의 모친인 하 황후의 질투가 원인이었다. 할머니인 동 태후의 손에 자란 헌제는 진류왕(陳留王)에 봉해졌다가, 동탁이 정권을 잡고 옹립함으로써 헌제로 즉위하였다. 그의 나이 고작 아홉 살이었다. 그러하매 실권은 동탁에게 있었고 황제는 허울뿐이었다. 헌제의 꼭두각시 황제 노릇은 여기서 그치지 않았다. 동탁이 여포에게 살해된 후 이각과 곽사에 쫓겨 낙양으로 돌아왔고, 조조의 보호를 받아 허도로 자리를 옮겼다.

허도의 생활은 조조의 정치적 명분 쌓기에 일조하는 것일 뿐, 황제의 권위는 땅에 떨어진 지 오래였다. 이에 더하여 조조가 위공(魏公)에 오르자, 곧장 자신의 세 딸인 조헌(曹憲), 조절(曹節), 조화(曹華)를 헌제의 귀비(貴妃)가 되게 하였다. 이는 황제의 시중을 들면서 궁궐 안에서 무슨 일을 꾸미는지 감시하고자 한 것이었다. 헌제는 이러한 상황에서도 여러 번 조조 제거를 시도하였다. 214년에는 복 황후와 그의 부친인 복완(伏完)이 조조를 제거하려고 모의하다가 누설되어 복씨 일가가 모두 처형되었다. 이때 복 황후와 두 황자도 조조에게 살해되었다. 복완은 소설과는 다르게 이미 죽은 뒤였다. 모든 일이 수포로 돌아가자, 헌제의 하루하루는 그야말로 감옥과도 같은 생활이었다.

조조는 복 황후를 살해하고 둘째 딸인 조절을 황후로 세웠다. 헌제의 두 번째 황후인 것이다. 부부는 일심동체(一心同體)라고 하였던가. 조절은 황후가 되자 부군(夫君)인 헌제를 극진하게 예우하였다. 헌제가 조조를 겁내서 조 황후를 대하는 것과는 다른 것이었다.

조 황후는 부친인 조조와 부군인 헌제 사이에서 균형을 도모하며 지혜롭게 대처하였을 것이다. 이는 조조가 황제와 같은 권력을 가졌지만 제위(帝位)를 찬탈하려는 마음이 없었기 때문에 가능하였다. 그런데 조조가 죽고 태자이자 오라버니인 조비가 위왕에 오르자 상황은 급변하였다. 헌제로부터 선양을 받아 황제가 되고자 한 것이다.

"너(헌제) 말대로라면 내 오라버니가 나라를 빼앗으려는 역적이라는 것인데, 너의 고조는 풍패(豊沛)의 한갓 술주정꾼이었고 아주 못된 소인배였다. 내 아버지가 천하를 맑게 하고 내 오라버니가 여러 번 큰 공을 세웠는데 어찌 황제가 될 수 없다는 것이냐? 네가 30여 년 동안 황제 노릇을 하도록 해주었는데도 내 부친과 오라비가 아무런 이득도 없다면, 너의 살을 저미고 뼈를 빨을 것이다!"

나관중은 『삼국지연의』를 촉한 정통론에 입각해서 집필하였다. 그는 조절도 악인 조조의 딸답게 악독한 인물로 표현하였다. 모종강은 나관중의 정신을 이어받아 촉한 정통론을 더욱 단단하게 굳혔다. 그럼에도 불구하고 조절을 변호하였다. 정사에 근거하여 내용을 바로잡았다.

"네 이놈들! 모두가 너희 난적(亂賊)놈들이 부귀를 도모하고자 역모를 꾸미고 있는 것이구나. 우리 아버님은 전국을 덮을 만한 공을 세우셨고, 그 위세에 온 천하가 무서워 떨었다. 그래도 감히 제위를 뺏으려고 하지 않으셨다. 그런데 오라비는 지금 왕위에 오르자마자 한나라를 찬탈할 생각부터 하고 있으니, 하늘은 반드시 복을 내리지 않으실 것이다."

헌제(獻帝)는 어릴 때부터 총명하여 동탁에게 발탁되어 황제가 되었다. 시법(諡法)을 살펴보면 '총명예지(聰明睿知)함'을 헌(獻)이라고 한다고 하였으니 황제의 시호가 이를 입증하는 셈이다.

난세의 군주는 총명함도 중요하지만 무력이 최우선 조건이다. 하지만 이미 나라는 망국의 길로 접어들었고, 나이 어린 황제는 이를 지켜볼 뿐 해결책을 마련할 수 없었다. 삭풍에 떨어지는 낙엽과도 같은 존재인 것이다.

▌ 산동성 초작시에 있는 산양고성 입구

▌ 대로가 생기면서 두 동강이 난 산양고성

하남성의 정주 공항을 출발한 지 30여 분, 초작(焦作)시에 도착하였다. 이곳은 헌제가 조비에게 선양한 후 산양공이 되어 봉지(封地)를 받아 지낸 곳이다. 초작 시내로 들어서서 산양고성(山陽古城)을 찾았다. 한적한 대로변을 따라가니 마침내 산양고성이 보인다. 고성은 길을 만드느라 두 동강이 나 있다. 끊어진 성벽을 따라 걷노라니, 다시금 하루아침에 황제에서 산양공으로 떨어진 헌제의 애끊는 마음이 보이는 듯하다. 망국의 군주가 되어 나라를 잃고 자신이 살던 곳마저 두 동강이 난 채 오늘도 차가운 역사 위에 버려져 있다.

▌ 복원한 산양고성과 당시의 토성 흔적

성벽은 최근에 벽돌을 쌓아서 그럴듯하게 복원해 놓았다. 그중 일부는 아크릴판으로 만들었는데, 당시 흙으로 쌓았던 성벽을 살펴볼 수 있게 하였다. 성터는 발굴의 흔적인 듯 군데군데 파여 있다. 성벽은 새로 뚫린 길을 가운데 두고 오솔길이 되었다. 길섶에는 부지런한 동네 사람들이 일구어 놓은 밭들만 가지런하다.

▎마을 주민들의 텃밭으로 변한 고성

산양공이 된 헌제는 조조가 그리하였던 것처럼 자신의 두 딸을 황제 조비의 귀비로 보냈다. 조조는 헌제를 감시하기 위하여 딸들을 귀비에 앉혔지만, 산양공은 자신의 목숨을 보전하기 위하여 두 딸을 보냈으니 그 차이는 하늘과 땅만큼이나 컸다. 귀비에 오른 딸들의 위치 또한 그 아비의 권력에 따라 판가름 났으니 위왕 조조의 딸은 황후가 되었고, 산양공의 딸은 귀비로 생을 마쳤다.

헌제는 이곳 성에서 말년을 보냈다. 조비는 산양공에게 특별한 예우를 베풀었다. 그도 한때는 황제였기에 새로운 황제인 조비에게 신하의 예를 갖추지 않아도 되도록 하였다. 산양현의 1만 호를 식읍으로 주었고, 건안(建安)이라는 연호를 그대로 사용하게 하였다. 또한 예전대로 천자의 의례에 따라 하늘에 제사지내고 상서를 올릴 경우에도 '신(臣)'이라고 칭하지 않게 하였으며, 그의 네 아들을 모두 열후에 봉하였다. 조비가 산양공에게 이토록 예우를 한 것은 포용과 아량의 미덕으로 민심을 다스려 '한'에서 '위'로 교체된 왕조의 정통성을 널리 알리기 위한 것이다.

▌산양공이 살았던 궁전에 쓰였을 용무늬 벽돌 　　▌산양공 유협이 생전에 썼던 질그릇

　　초작박물관에는 산양공과 관련된 유물들이 전시되어 있다. 용무늬 공심전(空心磚), 채색 향로와 악공과 가무 등을 빚은 토용(土俑)들을 통해서 산양공으로서 지낸 그의 생활을 짐작해 볼 수 있다.

　　그중에서도 눈에 들어오는 질그릇이 하나 있다. 허름하게 생긴 검은색 토기인데, 입구 주변을 돌아가며 '산양(山陽)'이라고 새겨 놓았다. 누군가가 산양공 유협이 생전에 썼던 질그릇이었음을 알리려고 표시한 것은 아닐까. 한동안 그 앞에 서서 질그릇을 바라보고 있노라니 한 많은 삶을 달래며 살았을 산양공의 모습이 언뜻언뜻 질그릇에 어린다.

　　산양공은 봉지인 이곳에서 백성들을 어질게 대했다고 한다. 하지만 이는 사서의 기록이 아닌 민간에서 전해오는 이야기다. 한나라의 마지막 황제라는 오점을 남긴 헌제를 위로하기 위한 것인가. 헌제는 원래 총명하고 어질었다. 헌제가 황제에 오른 지 4년째인 193년. 유생 40여 명을 시험을 치러 상등(上等)에게는 낭중(郎中)을, 중등(中等)에게는 태자사인(太子舍人)의 직위를 내리고 하등(下等)은 파면하려고 하였다. 그러자 헌제는 조서를 내려 파면 조치를 못하도록 하였다.

"공자께서 탄식하길 '학문을 익히지 않는 것이 내가 걱정하는 것'이라고 하셨으니, 익히지 않으면 알고 있던 것도 잊히기 마련이다. 지금 늙은 유생은 나이가 예순을 넘었고 고향에서 멀리 떠나와 양식과 재물을 구하느라 학업에만 전념할 수 없었을 것이다. 어려서 학문에 들어와 흰 머리가 되어 빈손으로 돌아간다면, 농촌 들판에 버려져 입신양명의 바람과 멀어져야 하니, 짐은 이를 매우 불쌍히 여기노라. 파면 대상자들도 모두 태자사인(太子舍人)으로 임명해 주도록 하라."

헌제의 조서에 따라 파면자들도 모두 구제를 받아 태자를 모시는 시관이 되었다. 그러자 장안에서는 이를 풍자하는 동요가 유행하였다.

머리는 희고 흰데	頭白皓然
먹을 것은 충분치 않으니	食不充徹
저고리 싸매고 바지 걷어 올린 채	裹衣褰裳
이제금 고향으로 돌아가게 되었네	當還故鄉
어진 임금께서 이를 불쌍히 여겨	聖主愍念
모두 낭(郞)에 보임해 주시니	悉用補郞
이제사 베옷을 벗어 버리고	舍是布衣
검고 누런 관복을 입게 되었네	被服玄黃

헌제의 어짐이 이와 같았는데 산양공으로 강등되었다고 해서 그의 성정이 변하지는 않았을 것이다. 산양공의 어진 삶이 민간의 고사로 전래되는 것은 모든 사서가 황제 중심의 역사를 기록하기 때문이다. 그렇다 보니 자연히 산양공의 선행은 입에서 입으로만 전해 올 수밖에 없는 것이다.

| 초작 박물관에 있는 산양공 유협의 소상 | 초작시 수무현에 있는 산양공 무덤인 선릉 |

헌제는 조비에게 선양한 후 산양공으로 14년을 살다가 234년, 53세로 세상을 떠났다. 그의 릉은 선릉(禪陵)이라고 부르는데, 초작시 수무현(修武縣) 방장진(方庄鎭) 고한촌(古漢村)의 남쪽에 있다. 헌제가 조비에게 선양을 하였기에 이렇게 지었다고 전해 온다. 황제가 된 조비는 제위에 오른 지 7년 만인 226년, 40세의 나이로 세상을 떠났다. 산양공도 이 소식을 분명코 들었을 터, 그는 무슨 말을 하였을까. 『후한서』의 「헌제기」에서는 산양공으로 추락한 헌제에 대하여 다음과 같이 논하였다.

『춘추좌씨전』에서 이르길, 정(鼎)이라는 기물(器物)은 비록 크기는 작으나 무거우므로 신이 보배로이 여겨 함부로 빼앗아 옮길 수 없다."라고 하였다. 이제 위나라가 짊어지고 가 버리게 되었으니, 이는 또한 한나라의 천운이 다한 귀결이로다!

하늘이 한나라의 덕을 미워한 지 오래되었으니 산양공을 어찌 꾸짖을 수 있겠는가!'

　　헌제 역시 한나라의 운수가 끝나 망국의 길로 접어드는 때에 제위에 오르게 되었으니, 천하 대세의 입장에서 보면 그 또한 때를 잘못 타고 난 희생자인 것이다. 그래서 비록 황제라 했을지언정 몸은 풍찬노숙(風餐露宿)처럼 떠도는 인생이 되었고, 정치와 강토는 내우외환(內憂外患)에 시달려야만 하였다.

　　우리는 태평성대를 말할 때면 으레 요순시대를 가리킨다. 하지만 요임금이 순임금에게 제위를 물려주는 것 또한 헌제와 조비의 상황과 다를 바 없다. 사서의 기록이 평화적인 정권 교체가 이뤄졌다고 기록할 뿐이다. 요임금의 아들에 단주(丹朱)가 있었다. 요는 단주에게 제위를 물려주지 않고 순(虞舜)에게 선양하였다. 그 이유는 단주가 임금의 재목이 못 되었기 때문이라고 하였다. 임금이 된 순은 요의 아들인 단주를 빈객으로 삼았다. 이를 일러 '우빈재위(虞賓在位)'라고 한다. 이는 조비가 헌제를 산양공에 봉하여 위의 빈객으로 삼은 것과 다를 것이 없는 것이니, 요순의 평화적인 선양이란 애초부터 권력 찬탈을 정당화하기 위해 지어낸 것일 뿐이다. 그리고 이를 전고(典故) 삼아 '정당하다'는 가면을 쓰고 찬탈의 사악함을 감추는 일이 오늘까지도 도처에서 일어나고 있으니, 어찌 삼국 시대에만 일어난 일이라고 치부할 수 있으리오.

헌목 조황후 조절(曹節)의 뒤엉킨 삶

난세의 시대를 살아가는 백성들은 누가 권력을 차지하는가가 중요한 것이 아니라 누구든지 빨리 어지러운 시대를 끝내주기를 원한다. 이는 오로지 전란의 고통 속에서 벗어나고픈 까닭이다. 무력만이 판치는 남성 중심의 시대에 여인들의 삶은 더욱 처절하다. 자신의 의지와는 상관없는 일을 해야 하기도 하고, 때로는 죽고 싶어도 마음대로 죽을 수도 없다. 여인들에 대한 것은 사서의 기록도 일천해서 권력의 최상위층에 있어야만 겨우 짐작할 수 있다.

조조에게는 다섯 명의 딸이 있었다. 그중에서 세 명을 헌제의 귀비로 앉혔다. 복 황후가 피살된 후인 215년에 둘째 딸 조절이 황후가 되었다. 조절은 조비의 여동생이지만 생모는 다르다. 그녀의 생모가 누구인지, 어린 시절은 어떻게 지냈는지 알 수 있는 내용은 없다.

황후가 된 조절은 조조의 뜻대로 움직이지 않았다. 남편인 헌제의 아내로서 자신의 운명을 한 왕조와 함께하였다. 헌제를 감시하여 부친 조조에게 알린 것이 아니라, 부친의 행동을 감시하여 남편을 보호하려고 하였다. 조절은 위왕인 부친이 황제의 자리에는 욕심이 없는 것을 알고는 마음이 놓였다. 하지만 조조가 죽고 오빠인 조비가 위왕에 오르자 정세는 급전직하(急轉直下)로 바뀌었다. 조비의 참모들이 헌제에게 황제의 자리를 선양할 것을 협박하였기 때문이다.

조절은 몇 차례에 걸쳐 선위를 반대하였지만, 더 이상 막을 수는 없었다. 급기야 옥새를 난간 아래로 집어던지고 소리 내어 울면서 울부짖었다.

"하늘이 절대로 너희들을 돕지 않을 것이다!"

조절은 황후에 오른 지 7년 만에 산양공 부인이 되어 남편과 함께 산양현에서 살았다. 조절은 남편인 헌제가 세상을 떠난 후에도 26년을 더 살았다. 산양공 부인이 되어 모두 41년을 살며 그녀가 눈물로 울부짖었던 말들이 그대로 이루어졌음을 두 눈으로 확인하였다. 찬탈자인 오빠 조비가 5년 만에 요절하였고, 조카 손자인 조예 역시 30대의 젊은 나이로 요절하였으니 말이다. 그뿐 아니라 260년, 조모가 대낮에 사마소에게 시해당하는 일까지 목도함에 따라 조씨의 위나라가 철저하게 망하는 것을 확인하고는 눈을 감았다.

조절의 일생은 난세의 한가운데를 건너는 고난의 여정이었다. 남편의 한나라가 망하는 것을 눈물로 지켜보아야만 하였고, 혈육이 세운 위나라가 한나라에 하였던 것 이상으로 진나라에 멸망당하는 것을 애끊는 마음으로 확인해야만 하였다. 그녀는 최상위층의 신분이었지만 몸과 마음은 난세를 살아가는 백성들보다 더한 아픔과 비극으로 점철되었던 것이다.

조절은 죽어서도 헌제와 함께 선릉에 합장되었다. 시호는 헌목(獻穆)이라 하였다. 남편인 헌제를 공경하고 한나라의 황후로서 삼가며 화목함을 펼치려고 노력하였던 조 황후에게 잘 어울리는 이름이다. 헌목 조황후는 죽어서도 남편과 함께 누웠다. 그녀는 헌제에게 위의 멸망을 말해 주며 기뻐하였을까.

40. 난세에 꽃으로 피어 낙신(洛神)으로 죽다

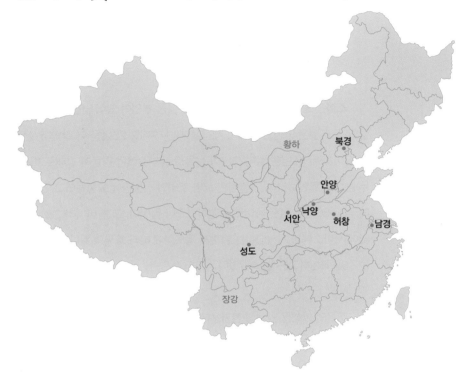

"세자가 아니었다면 첩의 집은 안전하게 보호받을 수 없었을 것이옵니다. 이제 견씨를 바치겠나니 바라옵건대 세자를 곁에서 모시게 해주십시오."

조조가 원소를 무찌르고 기주의 업성(鄴城)을 차지할 때, 누구보다 먼저 조비가 원소의 집으로 달려갔다. 군사들도 도망친 곳에서 두 여인이 울고 있었는데, 원소의 처 유씨와 원소의 둘째 며느리인 견씨였다. 조비는 매무새가 흐트러진 견씨를 살펴보고 곧바로 한눈에 반했다. 견씨의 미모가 경국지색(傾國之色)이었던 것이다. 조조는 모두에게 출입을 금했음에도 조비가 들어간 것을 알고 엄히 꾸짖었다. 그러자 원소의 처인 유씨가 절하며 사정하였다. 조조는 견씨를 불러내어 자세히 살펴보고는 '손색없는 나의 며느리'라며 조비에게 아내로 맞아들이도록 하였다. 이후 조비가 조조의 뒤를 이어 위왕에 오르자, 더욱 총애를 받으며 명제(明帝)와 동향 공주(東鄕公主)를 낳았다.

견 황후는 한(漢) 태보(太保) 견감(甄邯)의 후손으로 대대로 2천 석을 받는 관직을 역임한 집안에서 태어났다. 아버지 견일(甄逸)은 상채(上蔡)의 현령이었는데, 그녀가 세 살 때 돌아가셨다. 어느 날, 유랑(劉郞)이라는 관상쟁이가 찾아와서 견씨를 보고는 '아주 귀한 인물이 될 것'이라고 하였다. 그의 말대로 조비의 눈에 띠어 황후가 된 것이다. 견 황후는 비단 미모만 뛰어난 것이 아니라 머리도 총명하였다.

견 황후가 어렸을 때의 일이다. 천하가 전쟁의 와중에 기근까지 겹치자 백성들이 살 길이 막막하였다. 그들은 목숨을 연명하기 위하여 너도나도 소중하게 보관하던 금은보화를 팔았다. 이에 어머니가 백성들의 물건을 사들이자, 이를 막고 나서며 말하였다.

"지금 세상이 혼란스러운데도 보물을 사들이고 있으니, 이는 죄가 없는 자라도 죄를 짓는 일입니다. 주위에 있는 백성들이 모두 굶주리고 식량도 다 떨어져 가니, 어머니께서는 이웃 사람들에게 곡물을 나누어 주고 널리 은혜를 베풀어야 합니다."

220년, 조비는 헌제로부터 선양을 받아 황제에 오른다. 조비는 위왕 시절까지만 해도 견후를 무척 총애하였다. 그런데 황제가 되자 마음이 바뀌었다. 문제(文帝)는 산양공(山陽公)으로 강등된 헌제의 두 딸을 비빈으로 삼아 총애하였고, 곽후(郭后)와 이 귀인(李貴人), 음 귀인(陰貴人) 등도 총애하였다. 반면 총애를 잃은 견후는 점점 실의에 빠져 급기야는 원망하는 말을 하게 되었다. 문제가 이를 알고 대노하여 황제에 오른 다음해에 사자를 파견하여 자결토록 하였다. 견후는 죽은 후 업성에 초라하게 매장되었다.

문제 조비의 뒤를 이어 명제 조예가 황제에 올랐다. 명제는 생모인 견후에게 시호를 추증하고, 능묘를 조양릉(朝陽陵)으로 이장하였다. 명제가 생모에게 추증한 시호는 '문소 황후(文昭皇后)'이다. 이는 '견문이 뛰어나고 두루 통한 경우를 소(昭)라고 한다. 덕을 밝히고 공이 있는 경우를 소(昭)라고 한다.'라는 시법(諡法)에 따른 것이다. 시호에서도 견 황후의 성품과 견문이 어느 정도 느껴지는 내용이다.

친모에 대한 명제의 사랑은 외가로까지 이어졌다. 그리하여 견씨 일가를 대거 중용하고 봉작을 주는 등, 외가의 일이라면 어느 하나 마다하지 않고 끊임없이 살피었다. 경초 3년(239)에는 외가에 대저택을 지어주고 친히 수레를 타고 둘러보았다. 저택의 이름을 특별히 '위양(渭陽)'이라 부르게 하고, 그 지역을 위양리(渭陽里)라고 명명하였다. 「위양」은 『시경』의 '진풍(秦風)'에 나오는 시로, 진 강공(秦康公)이 어머니를 사모하는 노래다. 강공은 진 목공(秦穆公)의 아들이다. 어머니는 진 헌공(晉獻公)의 딸이다. 진 문공(晉文公)인 중이(重耳)가 여요(驪姬)의 난을 만나 망명했다가 채 귀국하기도 전에 진 목희(秦穆姬)가 죽었다. 목공은 문공을 받아들여 보호해 주었다. 강공은 당시 태자였는데 외숙인 문공을 위수(渭水)의 북쪽에서 전송하면서, "내가 외숙을 만나 보니 어머님이 살아계신 듯하네.(我見舅氏, 如母存焉.)"라며 다시는 뵐 수 없는 어머니를 그리워하는 노래를 불렀다. 명제는 자신의 처지가 이와 같음을 느끼며 외가의 이름을 위양(渭陽)이라고 불렀던 것이다.

명제는 생모를 잃고 자식이 없었던 곽후의 양자로 자랐다. 그녀는 어려서 부모를 여의고 전란 중 유랑하다가 위공 조조의 눈에 띄어 동궁에 들어왔다. 조비는 이때부터 궁녀 곽씨를 알았을 것이다. 곽후는 지모와 술수가 뛰어나 때때로 문제 조비에게 의견을 제시하여 문제로 하여금 받아들이게 할 정도였다. 궁 안에서 일어나는 일을 세세히 알 수는 없는 일이지만, 권력 다툼은 언제나 치열 했음은 자명한 일이다. 특히, 지모와 술수가 뛰어난 그녀가 귀비의 자리에 만족 할 수는 없었다. 『삼국지연의』에서는 견 부인이 조비의 총애를 잃자, 자신이 황후 가 되기 위해 자신의 수족과도 같은 신하 장도와 모의를 한다. 그리고는 천자를 저주하는 오동나무 인형을 만들어 견후 궁중에서 파냈다며 조비에게 바쳤다. 이 를 본 조비는 크게 노하여 견후를 죽였다. 조비는 견후를 죽이고 곽후를 황후로 삼으려고 하였다. 그러자 중랑(中郞) 잔잠(棧潛)이 반대하는 상소를 올렸다.

『역경』에 "가정의 도가 바르게 되면 천하가 안정된다."라고 했으니 안으로 부터 밖으로 미치는 것은 선왕의 법령이고 제도였습니다. 또 『춘추』에 "첩을 정 부 인으로 삼은 예제는 없다."고 하였습니다. 지금 후궁의 대열에 들어선 첩들은 항상 수레를 타는 제왕의 지위에 가까이 있습니다. 만일 총애하기 때문에 이들 중에서 황후를 얻는다면, 비천한 자가 제왕을 능멸하여 제왕의 권위가 떨어지고 전제(典 製)가 느슨해지고 법도가 없어져서 화란(禍亂)이 이로부터 일어날까 두렵습니다.'

조비는 상소를 무시하고 곽후를 황후로 삼았다. 곽후가 어렸을 때 그의 부친이 "이 아이는 내 딸 중에서 왕이 될 재목이다."라면서 자(字)를 여왕(女王) 이라고 지었다고 하는데 그대로 이루어진 것이다. 곽 황후는 명제가 즉위하고 8 년 후에 죽었다. 그녀는 명제가 매번 생모인 견후를 생각하며 슬픔의 나날을 보 내는 것을 우려하다가 어느 날 갑자기 세상을 떠났다고 하였다. 『한진춘추』에는 '명제가 핍박해서 죽였다'고 하였다. 어느 것이 사실일까. 인간사 순리적으로 생 각하면 다 벌어질 수 있는 일이다.

『위략(魏略)』을 살펴보면, 조비는 견후의 장례를 이 부인(李夫人)에게 맡겼다. 명제 때 곽 태후가 죽자 이 부인은 "견후가 참소(讒訴)의 화(禍)를 당하여 대렴(大殮)도 받지 못하고, 머리를 풀어헤쳐 얼굴을 덮었다."라고 명제에게 고하였다. 이에 명제는 슬프고 한스러워 눈물을 흘리며 태후를 빈장(殯葬)하는 일은 모두 견후의 때와 같게 하도록 명령하였다. 곽후는 황후가 되고 태후가 되어 이름처럼 여왕의 삶을 살았는지는 모르지만, '인생은 뿌린 대로 거둔다.'라는 말처럼 죽어서는 부메랑이 되어 자신에게로 돌아간 셈이다.

오랜만에 여유로운 아침을 먹고 견 황후의 묘를 찾아보기 위하여 호텔을 나섰다. 명제 조예는 견후에게 시호를 추증하고, 묘를 업성에서 조양릉(朝陽陵)

으로 옮겼다. 조양릉은 현재의 하남성안양현(安陽縣) 백장진(柏庄鎭) 서영지촌(西靈芝村)으로 안양시에서 약 5km 정도 떨어진 곳이다. 고속도로를 벗어나 영지촌 입구에 들어서니 밭두렁 사이로 한 줄기 좁은 길이 펼쳐진다. 조심조심 길을 따라 마을에 도착하니 동네 사람들이 좁은 길에 모여 배수로 공사가 한창이다. 자동차를 주차하고 한국에서 견 황후묘를 보러 왔다고 하니, 영지촌의 당서기라는 분께서 직접 안내해 주겠다며 앞장선다.

묘는 마을 끄트머리 붉은색 벽돌 담장이 둘러친 곳에 있었다. 벽 한가운데에는 일반 가정집보다 조금 큰 대문을 세웠는데, 견비묘(甄妃墓)라고 쓰여 있다. 당서기와 함께 잠긴 문을 열고 들어가니, 오른쪽에 잡목이 우거진 자그마한 봉분이 보인다. 견비묘라는 안내가 있었기에 망정이지, 그냥 둘러본다면 도저히 황후의 묘라고는 할 수 없는 모습이다. 또한 봉분의 위치도 평지보다 패인 곳에 있다. 내가 조금 의아한 모습으로 살펴보자 안내자가 봉분의 내력을 알려 준다.

"이 견비묘는 원래 호수 위에 있었습니다. 1957년에 이곳을 발굴하고는 호수가 깊어서 메워 버렸지요. 봉분에 사용된 흙은 이곳에 있는 것과는 다릅니다. 흙

파헤쳐지고 무너진 채 방치된 견 황후의 묘

이 찰지고 좋아서 석탄과 함께 뭉쳐 태우면 화력(火力)이 세지는 통에 사람들이 저마다 파다 썼습니다. 측백나무도 우거졌었는데, 그때 모두 베어졌지요."

삼국지 관련 유적들은 중국 전역에 퍼져 있다. 하지만 이들 유적 모두가 잘 보전되어 있는 것은 아니다. 촉한 정통론의 영향으로 유비와 제갈량, 관우에 대한 것은 그것이 역사적인 것이든, 문학적인 것이든 상관없이 즐비하지만, 나머지 유적은 그다지 관심이 없거나 버려진 채 사장되고 있다. 최근 10여 년은

▌ 1300년에 모사된 조식의 「낙신부」 내용

▌ 동진 때의 화가 고개지가 그린 〈낙신부도〉

조조를 재평가하는 열풍이 일어나 조조와 관련된 유적지에 조조상이 세워지기도 하였지만 이는 본래의 역사적 유적을 복원한다는 가치보다는 관광 상품 개발에 치중하는 경향이 더 심하다.

　　삼국지 관련 유적의 관리와 보전이 이러한데 하물며 버림받은 여인의 무덤이 어떤 가치가 있다고 보전하겠는가. 역사는 견씨가 왕비가 되고 황후도 되어 수양릉에 묻혔다고 기록하였지만, 현실은 견비묘라고 하여 일반인과 같이 취급하고 있다.

명제 조예의 고평릉

소낙비라도 한바탕 내리면 곧 무너져 버릴 듯한 묘를 둘러본다. 원소의 둘째 며느리였다가 조조의 며느리가 된 여인. 빼어난 미모만큼 총명하였지만, 궁중의 암투를 이겨내지 못한 여인. 봉건시대 총애를 받아 살아났다가 총애를 잃어 죽은 여인. 견 황후는 죽어 「낙신부(洛神賦)」의 여신으로 부활하였는데, 허술하기 짝이 없는 묘는 언제 문소 황후릉(文昭皇后陵)으로 부활할 것인가.

명제릉은 낙양시 여양현(汝陽縣) 대안향(大安鄉) 조유촌(曹劉村)에 있다. 일명 고평릉(高平陵)이라고도 부른다. 이곳은 명제가 죽은 후 10년이 지난 날, 와신상담하던 사마의가 사냥 나간 조방과 조상 일파를 무찌르고 권력을 장악하여 진나라 창업의 기틀을 다진 '고평릉의 변'이 발생한 지역이기도 하다.

▌ 고평릉에서 바라본 들녘과 만안산

　　고평릉 가는 길은 드넓은 벌판 사이로 황토 구릉이 펼쳐지고, 그 주변은 산들이 에워싸고 있다. 인적이 드문 길가에 차를 세워 놓고 구릉을 올라가니, 정상에 커다란 릉 하나가 보인다. 고평릉(高平陵)이라는 이름이 딱 어울리는 위치다. 당시의 릉은 높이가 15m에 이른다고 하였는데, 오랜 세월이 흘렀음에도 10여 m는 됨직하다. 표지석 주변으로는 가시나무가 봄바람에 날카로운 가시를 흔들어대고 있다. 구릉을 올라 뒤돌아보니, 멀리 남북으로 산줄기가 내달린다. 그 지맥이 이곳에 이르렀는데, 당시에는 만안산(萬安山)이라고 불렀다.

　　조예는 황제에 즉위하자 이 일대를 자신의 능침(陵寢)으로 정하고 개발하였다. 이에 아첨하는 신하들이 묘호(廟號)까지 정해서 상주하였는데, 이는 역대(歷代)에 없었던 일이다.

'무황제는 혼란스런 세상을 다스려 바르게 하셨기에 위 태조(魏太祖)가 되셨고, 문황제는 하늘의 뜻에 순응하여 천명을 받아 위 고조(魏高祖)가 되셨고, 폐하는 제도를 만들어 태평스러움을 장려하셨으니 위 열조(魏烈祖)가 되셨습니다.'

묘호는 원래 황제가 죽고 난 이후에 정하는 것이다. 또한 조(祖)는 공이 있는 것에, 종(宗)은 덕이 있는 것에 사용하는 법인데, 살아있을 때 미리 묘호를 정해 놓으니 어찌 후대의 비웃음을 피할 수 있겠는가. '조예(曹叡)가 한창 생존해 있는데 미리 묘호를 정했으니, 어처구니없는 일치고 이를 넘어설 것은 없다.'라는 『통감집람(通鑑輯覽)』의 비판이 대표적인 것이다. 진수(陳壽)가 자신의 책에서 조조를 태조 무제라 칭하고 이어서 문제, 명제라고 기록한 것은 역사가로서 이를 바로잡은 것이다.

▌위 문제의 사당인 고묘

지난밤, 쌀쌀하던 날씨가 새벽에 눈을 흩뿌려서 들판은 온통 신천지다. 푸르게 숏구치던 보리들도 오늘 하루는 눈을 이불 삼아 늦잠들을 자고 있다. 따뜻한 햇살을 믿고 조심스레 위문제묘(魏文帝廟)를 찾아간다. 문제 사당은 하남성 허창시에서 동남쪽으로 10여km 떨어진 곳에 있다. 입구에 도착하니 최근에 만든 듯한 주련(柱聯)이 걸렸다. 하늘의 뜻에 따라 국가를 부강하게 만들고, 백성의 마음을 따라 사념 없이 정치를 하면 일월성진(日月星辰)처럼 빛날 것이라는 내용이다.

위왕 조비는 한 헌제로부터 선양을 받아 황제가 되었다. 이것이 '순천의(順天意)'라는 것인데, '순민심(順民心)'은 무엇을 의미하는 것일까. 진수가 문제 조비를 평하길, '천부적으로 문학적 소질을 타고나서 붓을 대면 문장가요, 지식도 두루 갖추고 기억력도 탁월해 다방면에 재능을 갖추었다'고 하였다. 하지만 이것이 국정을 이끌어야 하는 군주의 책무는 아니다.

'여기에 그의 도량이 조금 더 크고 마음 씀씀이를 공평함에 힘쓰며, 도의(道義)의 존립(存立)에 노력을 기울여 덕망 있는 마음을 더욱 넓힐 수 있었다면, 어찌 옛 군왕들이 그로부터 멀리에 있었겠는가!'

진수의 평가를 살펴볼 때 조비는 임금의 재목은 될지언정, 임금으로서의 책무는 다하지 못했던 것이다.

위문제묘(魏文帝廟)는 고묘(高廟)라고도 부른다. 사당 안에 높은 누각이 있어서 이를 본 사람들이 그렇게 불렀다고 한다. 지금은 고루(高樓)는 사라졌고 대신 허름한 2층 건물이 '관야루(關爺婁)'라는 편액을 걸고 사당의 초입을 막고 섰다. 관우신을 모신 누각인 것이다.

┃ 고묘 안에 있는 관야루

┃ 고묘 안의 옥황각과 포공전

　사당 안에는 조비를 모신 곳이 없다. 대신 옥황각(玉皇閣)이 있고, 송나라 때 명판관 포청천을 모신 포공전(包公殿)이 있다. 자손전(子孫殿)에는 삼신할미상이 모셔져 있다. 말이 위문제묘일 뿐이지, 도교의 풍습인 복을 비는 장소로 변해 버렸다.

고묘 안의 자손전

이곳은 원래 조조가 자기 가족들의 사당으로 지은 것이다. 명제가 태화 6년(232)에 허창에 잠시 머물면서 이곳에 참배하고 제사를 올렸다. 이때 조씨 가묘(曹氏家廟)를 문제묘(文帝廟)로 개칭하여 부친인 조비를 개국 군왕으로 기념하였다. 이는 신하들이 말한 대로 조비를 위 고조(魏高祖)로 높인 것이다. 조예는 이렇게 함으로써 자신 또한 위 열조(魏烈祖)가 된다고 여겼을 터이니, 어찌 후세에 비웃음거리가 되지 않으리오. 문제묘라는 표지석만 있을 뿐, 사당 안에는 문제와는 상관없는 인물들이 모셔져 있는 것이 바로 진정한 민심(民心)인 것이다.

「감견부(感甄賦)」, 조식의 이루어질 수 없는 사랑 이야기

　조식은 조비와의 권력 다툼에서 밀려나 산동성 임치(臨淄)에서 우울한 나날을 보내고 있던 차에 형수이자 황후인 견씨가 죽었다는 소식을 듣는다. 얼마 후, 조식은 조비의 명을 받들어 조정에 입궐했다가 형수의 일을 물었다. 조비는 이미 곽 황후를 총애하던지라, 견 씨에 대한 감정은 이미 사그라졌다. 이에 견 황후가 쓰던 베개를 조식에게 기념품으로 주었다. 조식은 이를 보배처럼 소중히 여겼다.

　조식이 돌아가던 중 낙수(洛水)를 지나다가 배 위에서 꿈을 꾸었는데, 꿈속에서 견 황후를 만났다. 견 황후가 한 줄의 진주를 조식에게 주자, 조식도 옥패 하나를 답례로 주었다. 서로가 헤어짐을 아쉬워하다가 꿈에서 깨었는데, 조식은 생시와도 같은 꿈을 잊을 수 없어 감개무량한 마음으로 「감견부(感甄賦)」를 지었다. 작품의 첫 부분을 살펴보면 이를 짐작할 수 있다.

　'황초 3년(222), 나는 서울에 입조했다가 돌아가면서 낙천을 건넜다. 옛사람의 말에 그 물의 신 이름은 복비(宓妃)라고 하였다. "송옥의 초양왕이 신녀를 만난 일"의 감회에 젖어 이 부를 짓는다.'

　견 황후의 이름이 복(宓)이었다고 하니, 낙수의 신 복비(宓妃)는 다름 아닌 견 황후를 이르는 것이다. 조식이 지은 이 부는 오늘날 「낙신부(洛神賦)」로 전해 온다. 「감견부」가 「낙신부」로 된 사연이 송나라 때 편찬된 『문선(文選)』에 전해 온다. 문제 조비가 죽고 명제 조예가 황제로 즉위한 뒤, 조예는 모친인 견 황후의 지위를 복권시키기 위하여 숙부 조식의 글을 개명하였다는 것이다. 조예는 작품명을 「낙신부」로 바꾸고, 여주인공도 낙수의 여신으로 바꾸어 버렸다. 이는 숙부가 품었던 연정이 자칫 모친인 견 황후의 명예를 실추시켜 자신의 뜻을 제대로 펼 수 없을까 두려웠기 때문이다.

조식의 이 작품은 오랫동안 논란이 일었다. 형수인 견 황후와 상관없는 순수한 문학적 작품이라 보는 시각도 많았다. 이들은 조식이 형수보다 일곱 살이나 어린 상황에서 연애가 성립될 수 없다고 주장했다. 황후와 형수라는 위치가 전통적인 예법을 넘어설 수 없는 것일지라도, 흠모하는 연정까지 막을 수는 없는 노릇이다. 특히 조식은 부친인 조조 앞에서도 음주와 호기로운 행동으로 미움을 사서 태자의 자리까지 내놓은 터에, 한 여인을 사모하는 마음을 어찌 7년의 나이 차가 막아설 수 있겠는가. 조식은 낙수의 여신과 헤어지는 마음을 다음과 같이 표현하였다.

'한스러운 것은 사람과 신의 길이 정해진 것이요, 원망스러운 것은 젊은 날을 함께하지 못한 것이라네.(恨人神之道殊兮, 怨盛年之莫當.)'

동진(東晉) 때의 화가인 고개지(顧愷之)는 조식의 부를 읽고 〈낙신부도(洛神賦圖)〉를 그렸다. 이 작품은 모두 세 부분으로 이루어져 있는데, 조식의 절절한 마음을 약 6m의 두루마리 화폭에 그대로 옮겨 놓았다. 현재 우리가 보는 그림은 고개지의 원본이 아닌 송·명대의 모사본이다. 조식과 고개지의 원래 작품은 볼 수 없지만, 그들의 작품은 문학과 회화를 하나로 연결하여 오늘도 이루어질 수 없는 사랑을 애달파하는 모든 이들의 마음을 위로해 주고 있다.

41. 마음을 얻는 것이 최선의 상책이다

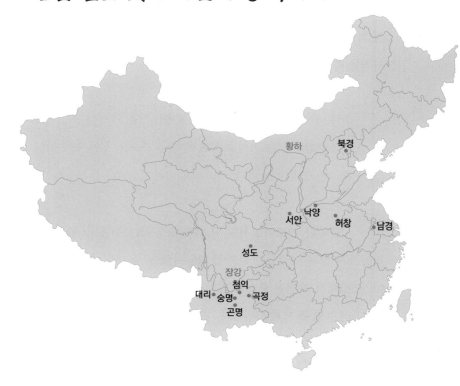

　　"남만(南蠻)은 그들이 사는 땅이 이곳서 멀고 험하다는 것을 아는 까닭에 오랫동안 복종하지 않고 있습니다. 비록 오늘 그들을 무찌른다고 해도 그들은 내일이면 또다시 배신할 것입니다. 지금 승상께서 대군을 거느리고 그곳에 가시면 그들은 반드시 평정될 것입니다. 하지만 군사를 철수시켜 돌아와 그 군사들로 북쪽의 조비를 치시면, 남만의 병사들은 나라 안이 무방비임을 알고 금방 배신하여 쳐들어올 것입니다. 그래서 그들의 마음을 공략하는 방법을 상수로 삼고, 성을 공격하는 방법을 하수로 삼습니다. 심리전이 가장 좋은 전략이고, 군사를 투입하여 싸우는 것이 가장 나쁜 전략입니다. 바라건대 승상께서는 충분히 그들의 마음을 굴복시키실 것입니다."

223년, 이릉 대전에서 패한 유비가 백제성에서 병사하자, 남중 익주군의 호족인 옹개(雍闓)가 반란을 일으켰다. 소수 민족의 수령인 맹획(孟獲)이 고정(高定), 주포(朱褒)와 함께 촉에 대항하였다. 옹개는 보다 많은 사람들이 참가하기를 바랐다. 그래서 헛소문을 퍼뜨려서 사람들을 선동하였다.

"촉나라 관아에서는 온통 검은색뿐인 개를 3백 마리를 모아오라고 요구했다. 또한 그뿐인가! 진드기의 머리만 세 말을 모으고, 길이가 세 길이나 되는 단목(斷木)을 3천 개나 대령하라고 하니 이게 어찌 가당키나 한 것인가?"

'단목'은 견고하면서도 휜 나무로 높이는 두 길을 넘지 않는다. 이처럼 선동하자 많은 사람들이 반란에 가담하였다. 옹개의 소문을 믿어서가 아니었다. 조정에서 파견된 관리의 가혹한 착취가 그들을 옹개의 편에 서게 한 것이다. 반란은 남중 전체로 번졌다. 관리를 죽이고 군현의 관청을 점거하는 등, 남중은 반란군의 천하가 되어 가고 있었다.

승상 제갈량은 곧바로 토벌군을 보낼 수 없었다. 이릉 대전의 패배로 촉의 국력이 약화되었기 때문이다. 제갈량은 군사들을 쉬게 하고 군비를 비축하며 국력 회복에 심혈을 기울였다. 그리고 무엇보다도 시급한 오나라와의 동맹 관계를 다시 맺었다.

225년. 2년의 준비 기간을 거친 제갈량은 손수 대군을 이끌고 남중으로 출정하였다. 이때 마속이 승상 제갈량의 물음에 마음을 사로잡는 것이 최선의 책략임을 말하자 제갈량이 흐뭇해하였다. 제갈량의 생각과 일치한 것이다. 『손자병법』의 「모공(謀攻)」에서도 '최상의 전쟁은 적의 계획을 분쇄하는 것(上兵伐謀)'이라고 하였으니, 투지와 모략을 통해 싸우지 않고 적을 굴복시키는 것이 최선이자 고도의 전략인 것이다. 이처럼 남방 정벌의 전략은 반란자들의 마음을 굴복시키는 것이었다. 제갈량은 반간계를 이용하여 반란군 사이에 내분을 일으켜 순식간에 옹개와 고정을 제거하고, 이들을 따르던 무리들을 안심시킨다.

"너희는 모두가 착한 백성들이다. 그런데 맹획에게 예속되어 이런 불행한 꼴을 당했구나. 내가 생각하기에 너희의 부모, 형제, 처자들은 오늘도 대문에 기대어 너희가 돌아오기만 애타게 기다리고 있을 것이다. 만약 싸움에 졌다는 풍문이라도 들으면 애간장이 끊어져 녹아내리고, 두 눈은 피눈물이 흐를 것이다. 내 너희들을 모두 살려서 보낼 터이니 모두 돌아가 집안을 안정시키도록 하라!"

맹획은 잔여 세력을 이끌고 운남(雲南)으로 도망하여 더욱 거세게 저항하였다. 맹획은 위신을 중시하는 고집불통의 수령이었다. 제갈량은 이런 맹획에게서 진심으로 항복을 받아내고 싶었다. 남방을 정복하여 물자를 확보하고 안정적인 상황에서 위나라를 공략하기 위해서는 필수적인 선결 조건이었다. 이를 위해 제갈량은 맹획을 7번 사로잡았다가 풀어 준다. 나관중이 제갈량을 신묘(神妙)한 인물로 만들기 위하여 만들어 낸 '칠종칠금(七縱七擒)' 이야기다. 나관중이 심혈을 기울인 칠종칠금을 살펴보자.

첫 번째는 반간계의 꾀를 내어 기선을 제압한다. 두 번째는 맹획이 노수(瀘水)를 방패 삼아 성을 쌓고 장기전에 임하자, 밤에 노수를 건너 맹획을 사로잡는다. 세 번째는 제갈량이 병가의 금기인 나무가 우거진 숲속에 진영을 세우고 맹획을 유도하자 맹획은 아우인 맹우(孟優)에게 거짓 항복하게 한 후, 안팎에서 화공으로 공격하기로 하지만 역시 제갈량에게 사로잡힌다. 네 번째도 맹획 형제는 제갈량의 함정에 빠져 다시 사로잡힌다. 다섯 번째는 독룡동(禿龍洞)에서 대항하는 맹획을 공략하는 것인데, 이곳은 지세가 험하고 독사와 전갈이 많으며 저녁 무렵에는 독한 안개가 사람을 질식시키는 곳이다. 또한 길가의 물은 모두 독이 들어 있어서 함부로 마셔서는 안 되는 위험한 곳이다. 하지만 제갈량은 산속의 노인에게서 예방과 해독법을 알아내고 맹획을 사로잡는다. 여섯 번째는 신비한 도술을 부리는 목록대왕(木鹿大王)을 무찌르자, 맹획의 처남인 대래동주(帶來洞主)가 맹획 일당을 사로잡아 오는 척하며 제갈량을 무찌르려고 하는 것을 역으로 사로잡는다. 일곱 번째는 오과국(烏戈國)의 천하무적인 등갑군(籐甲軍)을 불로 제압하고 맹획을 사로잡는다. 이에 맹획은 진심으로 승복한다.

　　"일곱 번 잡고 일곱 번 놓아 준 것은 일찍이 없었던 일이오. 내 비록 변방에 살고 있지만 예의는 알고 있소. 어찌 염치가 없겠소이까. 이제 공은 우리에게 황제의 위엄을 보이셨으니 이곳 사람들은 결코 배신하지 않을 것이오."

　　제갈량의 신기(神技)와 마술적 계략에 맹획은 더 이상 저항하지 못하고 육단사죄(肉袒謝罪)하며 항복하였다. 제갈량은 맹획을 용서하고 정복한 모든 지역을 그에게 주며 다스리도록 하였다. 모든 사람들이 제갈량의 은덕에 감복하여 사당을 세우고 '자부(慈父)'라고 부르며 따랐다.

윤건에 깃털부채 들고 수레에 앉아	羽扇綸巾雍碧幢
일곱 번 사로잡으니 만왕이 스스로 항복하네	七擒妙策制蠻王
지금도 남만 땅에는 위엄과 덕 기리기 위해	至今溪洞傳威德
높은 언덕 선별해서 사당을 세웠다네	爲選高原立廟堂

제갈량은 서기 225년 5월에 노수를 건넜다. 노수는 지금의 금사강(金沙江)이다. 그렇다면 그 넓고 긴 강줄기의 어느 곳으로 건넜을까. 세 가지 설이 있는데, 운남성의 번지화시(攀枝花市)가 유력하다. 번지화시는 아롱강과 금사강이 합류하는 지점으로 옛날부터 커다란 강나루가 있었기 때문이다. 강나루터는 시내에서 남동쪽으로 60km 떨어진 납자(拉鮓)라는 곳이다. 좁은 계곡을 구불구불 흘러내려 온 금사강은 이곳에서 강폭이 넓은 강으로 변한다. 강변으로 넓은 모래톱도 펼쳐져 있다. 물살이 완만하여 강을 건너기도 편리하고 야영지로도 제격이다. 하지만 이곳에서 삼국 시대의 유물은 발견되지 않았다. 오랜 세월에 걸친 강물의 범람으로 흔적도 없어졌으리라. 다만 제갈량이 만두를 만들어 광풍이 휘몰아치는 노수를 진정시키고 강을 건넜다는 '만두제강(饅頭祭江)' 고사만이 전해지고 있다.

제갈량이 세 갈래로 맹획을 포위하여 반란군을 평정한 곳은 운남성 곤명(昆明)의 전지(滇池)호수 일대이다. 하지만 맹획을 사로잡은 곳은 대리(大理)에 있는 천생교(天生橋)라고 한다. 천생교는 자연이 만든 아치형 거석인데, 절벽 양쪽을 이어 마치 인공으로 만든 다리처럼 생겼다. '한제갈무후금맹획처(漢諸葛武侯擒孟獲處)'라는 비석도 있다고 하나 왠지 석연치 않다. 제갈량이 맹획을 사로잡을 당시 이곳은 옹개와 맹획의 반란을 반대한 영창 태수 여개(呂凱)가 다스리던 곳이기 때문이다.

비행기가 새벽 공기를 가르며 운남성 곤명에 사뿐하게 내려앉았다. 호텔에서 잠시 눈을 붙이고 아침 일찍 대리로 향하였다. 운남은 일 년 내내 봄 날씨와 같다고 해서 일명 '춘성(春城)'이라고도 부르는데, 과연 그 말을 몸으로 체감한다. 춥지도 덥지도 않은 선선한 날씨와 공기, 지상위엔 온갖 꽃들과 초록

▌곤명에 있는 전지

▌대리시의 이해 공원 입구

이 만발하고 하늘은 온통 코발트블루색이다. 그 사이를 뭉게구름이 하늘을 바다 삼아 유영하고 있는 것이 그야말로 낙원이 아닐 수 없다. 대리로 가는 고속도로는 최근에 완성된 듯 깨끗하다. 일직선의 고속도로가 초록과 코발트블루를 가르며 길을 내고 길 끄트머리에는 뭉게구름 터널이 보인다. 자연이 빚어내는 풍광이야말로 천하제일의 명품인 것을 오늘도 다시 한 번 실감한다. 한참을 달리는데 고속도로 변에 옹기종기 자리 잡은 집들 담 벽에 공룡 그림이 그려져 있다. 그 이유를 물었더니 지금 지나는 곳의 지명이 공룡곡(恐龍谷)이란다. 이곳에서는 중생대 때 전성을 누렸던 공룡의 뼈가 대거 발굴되어 커다란 기념관까지 있다고 한다. 담 벽의 공룡들을 바라보면서 가노라니, 마치 쥐라기 공원을 지나가고 있는 듯하다.

한동안 보이던 공룡 그림이 어느덧 화려한 봉황 그림으로 바뀌었다. 이곳에 사는 소수 민족 중에 백족(白族)이 있는데, 이들은 봉황을 숭배한다고 한다. 우리 동이족도 봉황을 숭배하는데 그렇다면 같은 뿌리는 아닐까. 이곳은 날씨가 좋고 비도 자주 내려서 논농사를 많이 짓는다. 도로변 좌우로 우리나라 시골과 다름없는 논들이 즐비하다. 우리나라 5월의 호남 지방을 지나는 것만 같아 참으로 정겹다. 오랜만에 창밖 풍경을 카메라에 담는데, 이번에는 야트막한 산등성이에 커다란 버섯 모양의 건축물이 즐비하다. 담 벽 그림도 이젠 노란색 버섯으로 바뀌었다.

"이곳에서는 버섯이 많이 납니까?"
"네, 남화의 특산물이 버섯입니다."

그러고 보니 지나치는 도로변 안내표지가 '남화(南華)'임을 알려 준다. 아담하고 정겨운 산과 논밭들이 이어지고 간간이 뿌리는 빗줄기가 구름산과 햇살 사이를 오가고 있다. 그야말로 '운남(雲南)'이 아닐 수 없다. 대리에 가까워지자, 저 멀리 구름모자 쓴 산의 모습이 늠름하다. 운남성을 대표하는 산인 창산(蒼山)이다.

대리시에 도착하니 시간은 어느새 점심때가 되었다. 그 모양이 귀를 닮았다고 해서 붙여진 이해(耳海) 공원에서 식사를 하였다. 식당을 물색하자 각양

▌ 운남성의 과일 장사들

각색의 열대 과일 바구니를 든 아주머니들이 몰려든다. 산죽(山竹), 양매(楊梅) 등을 사서 맛을 보았다. 새콤달콤한 맛이 부드럽게 입안에서 녹는다. 점심은 이곳 특산인 양쾌(쌀로 만든 음식)를 시켰다. 그 맛 또한 별미여서 눈깜짝할 새 2인분을 먹었다.

여러 자료를 찾아보니 '한제갈무후금맹획처' 비석은 이곳 이해 공원으로 옮겨서 보관하고 있다고 한다. 이를 믿고 찾아보았으나 아는 사람이 없다. 천생교에서 흔적이라도 찾아볼 요량으로 창산을 찾았다. 창산은 전체 둘레가 50km나 되는 엄청난 산으로 국가지질공원으로 지정되었다. 4천 m 이상의 산이 즐비하다고 하는데, 이런 규모의 산에서 천생교를 찾기란 마치 사막에서 바늘을 찾는 것과 같은 것이리라. 특히, 지리를 모르는 안내자와 함께 찾아야만 하니 더욱 답답할 수밖에 없다. 역사적으로도 제갈량이 이곳에서 맹획을 사로잡지 않았기에 커다란 의미는 없다. 하지만 중국의 삼국지 유적이 그러하듯 『삼국지연의』의 영향을 받아 생겨난 것 또한 많다. 그리고 그것을 사실로 여긴다. 소설의 역사화가 그들에게는 진정한 역사가 되는 것이다. 대리에서 일평생을 사셨다는 노인에게 한 번 더 물었다. 비석의 내용은 모르지만 오래된 비석이 있는 곳을 알려 준다.

노인이 알려 준 비석은 창산 입구에서 15km 정도 떨어진 전혀 다른 곳이었다. 하지만 여기까지 와서 그대로 돌아간다는 것이 마음에 내키지 않았다. 노인의 말을 믿고 시간을 쪼개어 한 번 더 찾아보기로 하였다.

▍ 대리고성의 입구 모습

▮ 대리고성의 내부 모습

　　대리시에서 보산(保山)으로 가는 320번 국도를 타고 길을 물어 가며 한 시간 반을 달렸다. 좁은 길옆으로 고속도로를 만들기 위해 깎아 내고 남은 높다란 그루터기 땅에 조그만 절이 하나 보인다. 바로 노인이 가르쳐 준 곳이다. 길가에 차를 세우고 좁은 길을 어렵게 올라가니 '강풍사(江風寺)'란 현판이 보인다. 그런데 문이 굳게 잠겨 들어갈 수가 없다. 아무리 불러도 스님은 출타를 하였는지 인기척이 없다.

　　어렵게 찾았는데 그냥 돌아설 수가 없었다. 우선 철창문 사이로 살펴보기로 하였다. 많은 비석들 사이로 오래되어 다시 끼워 맞춘 듯한 비석이 보인다. 잘 보이지 않는 글씨를 한 자씩 읽어 간다.

"한·제·갈·무·후·금·맹·획·처."

"아, 찾았다! 이 비석이 여기 있었구나!"

누구도 찾지 못하였던 비석을 찾으니 너무도 기뻤다. 순간 어린 동자가 보인다. 동자의 도움으로 문을 열고 들어가서 비석을 살펴보았다. 비석은 청나라 때 것인데, 제갈량과 맹획에 대한 이야기가 세세하게 묘사되어 있다. 청나라 때 비석인 것으로 보아 소설의 영향을 받은 것이 틀림없다. 하지만 맹획이 일곱 번이나 사로잡혔다는 기록은 없다. 역사적 사실이 아닌 소설의 역사화에 기여하는 비석을 대하니, 중국인, 특히 한족들이 스스로 내세우는 소수 민족들에 대한 우월감의 한 면을 보고 있는 듯하다.

강풍사 원경

강풍사 안의 제갈량금맹획처 비석

절을 한 바퀴 둘러보니 고속도로를 내느라고 끊어진 산을 잇는 다리가 하나 보인다. 이 다리 이름이 또한 천생교다. 천생교가 여럿이라더니 바로 이를 두고 한 말인 것이다. 그리고 보니 내가 들어온 곳은 강풍사의 후문이다. 어느새 햇살 사이로 소나기가 요란하다. 비를 피하며 눈을 옆으로 돌리는 순간, 절벽의 선인장 군락 속에 한 그루 화사한 꽃이 피어 있다. 선인장 꽃은 매우 귀한 것이니 길조(吉兆)가 아니겠는가. 이곳에서 비석을 찾고 길조를 암시받았으니 이번 답사는 분명 좋은 결과가 있으리라. 감사한 마음으로 길을 나선다.

제갈량이 맹획을 칠종칠금하였다는 이야기는 사실이 아니다. 5월에 노수를 건너 가을에 4개 군을 평정하고 그해 12월에 성도로 돌아온 것이 역사적 사실인데, 아무리 신묘한 제갈량이라 하더라도 남방의 오지에서 일곱 번을 싸웠다는 것은 시간적으로도 불가한 것이다. 노필(盧弼)은 그의 저서인 『삼국지집해(三國志集解)』에서 제갈량의 칠종칠금은 사실일 수 없다고 하였다.

'칠종칠금 기록에 격찬하는 것이야말로 무식함이 지나친 결과이다. 만이(蠻夷)가 진실로 복종하였다고 하지만, 대장을 그렇게 잡아들였다가 풀어 준다는 것은 어린애들 장난에서나 볼 수 있는 짓이다. 한두 번도 어렵거늘 어찌 일곱 번씩이나 그렇게 할 수 있단 말인가. 무엇보다 제갈량이 급했던 것은 남쪽을 빨리 안정시키고 북벌을 추진하는 일이었다. 그런데 어떻게 잡았다가 놓아 주기를 반복하면서 시일을 미루는 여유가 있을 수 있었겠는가!'

제갈량은 전쟁에서의 승리보다는 맹획과의 협력이 중요했던 것이다. 우수한 군사력을 유감없이 발휘하고, 이를 바탕으로 맹획의 복종을 원했던 것이다. 제갈량의 이러한 의도를 역사는 다음과 같이 기록하였다.

▌제갈량이 식량을 보관하였던 수숭산 전경

'전지의 동쪽에서 싸우고 반강에서 회맹하였다(戰於滇東 會盟盤江)'

　　제갈량과 맹획이 회맹한 곳은 어디일까. 반강은 지금의 곡정(曲靖)을 지나지만, 그 당시에도 곡정을 지나갔을까는 의문이다. 이런 생각을 하며 제갈량이 맹획을 사로잡기 위해 진을 쳤다는 수숭산(秀崧山)을 찾았다. 수숭산은 숭명(嵩明)시에 있는데 곤명에서 자동차로 한 시간 거리다. 제갈량은 수숭산에 식량을 보관했는데, 식량이 줄어들자 맹획을 사로잡는 데 더욱 분발했다고 한다. 이것만 보아도 제갈량이 맹획을 일곱 번씩이나 놓아 주며 여유를 부릴 틈이 없었음을 알 수 있다. 나를 안내하던 가이드가 인터넷을 찾아보더니 이곳에 오래된 비석이 있는 곳이 있다고 한다. 안내를 부탁하였다. 시내에 있는 숭명농업기술학교인데, 길을 몰라 오토바이택시를 타고 그곳을 찾아갔다. 오토바이택시란 말 그대로 오토바이를 택시처럼 사용하는 것을 말한다. 택시비가 비싸니 이런 방법이 생긴 것 같다.

▍ 제갈량이 맹획과 회맹한 숭명학교 전경　　▍ 건물의 벽으로 변한 명대 비석　　▍ 제갈량과 맹획이 회맹한 고맹대

　　학교에 도착하니 몇 명의 마을 사람들이 마당 한 귀퉁이에서 쉬고 있다. '이처럼 낡은 건물에 무엇이 남아 있을까?' 생각하며 건물을 돌아보던 중 깜짝 놀랐다. 비석이 건물의 벽으로 둔갑해 버린 것이 아닌가. 어떻게 이런 생각을 했을까. 문화재의 보존보다도 더 중요한 것이 비용 절감이었을 것을 생각하니, 참으로 대단한 중국인들이다. 비석은 벽의 일부분이 된 지 오래여서 글씨마저 많이 훼손되었다. 낯선 이방인이 들어와 벽을 훑어보자 그 모습이 더 신기한 듯 유심히 쳐다본다. 도저히 알아보기 힘든 상태에서도 희미하게나마 남아 있는 글씨들을 찾기 위해 비석을 찬찬히 훑어보았다. '제갈량 칠종맹획○○○' 글씨가 희미하게 보인다. 모두 두 개의 비석이 건물의 벽이 되어 있었는데, 하나는 명나라 만력 때, 또 하나는 청나라 강희 때 세워진 것이다. 학교 건물 뒤로 돌아가자 높다란 대 위에 빛바랜 안내석이 보인다. 그리고 그곳에 커다란 글씨로 '고맹대(古盟臺)'라 쓰여 있다.

제갈량과 맹획이 회맹한 곳을 찾았다는 반가움이 가슴 가득히 밀려온다. 대리에서 꽃핀 선인장을 본 길조가 바로 이것을 의미하였다는 생각마저 들었다. 제갈량과 맹획이 회맹한 곳이라는 표지석을 보고 있노라니, 이곳 사람들도 고개를 갸우뚱하며 살펴본다. "이런 곳에 비석이 있었나?" 하며 의아해한다. 하기야 사람들의 왕래가 없는 건물 뒤편의 처마에 있었으니 관심이 없으면 보이기나 했겠는가.

회맹비를 살펴보고 있노라니 한 가지 생각이 파고든다. 제갈량이 일곱 번이 아닌 한두 번의 전투에서 이긴 후, 친화 정책을 펼치자 맹획이 이에 적극 화답한 것은 아닐까. 제갈량이 남정을 한 뒤 8년 후인 233년, 이곳에서 다시 반란이 일어나자 마충(馬忠)이 평정하였는데, 이러한 여러 가지 정황을 살펴보건대 '칠종칠금'은 시대를 거쳐 오면서 소수 민족을 다스리기 위한 중화주의의 포용 정책으로 변화되었을 가능성이 높다. 『삼국지연의』가 이에 적극적으로 기여한 것이다.

숭명의 특산물인 수박을 먹으며 첨익(沾益)으로 향하였다. 첨익은 제갈량이 맹획을 다섯 번째 사로잡은 곳인데, 이곳에 독수(毒水) 바위가 있다. 두 시간을 헤맨 끝에 시골 마을인 송림진(松林鎭)에 도착하였다. 자동차가 더 이상 들어갈 수 없는 곳에 이르자, 이곳에서도 한 시간을 더 가야만 한다고 한다. 날씨는 무덥고 가시밭과 풀밭인 산길을 헤쳐 가려니 난감하였다. 자동차를 세워 둔 집에 왕밍(王明)이라는 스무 살 청년이 있기에 길 안내를 부탁하였다.

무더위가 극심한 날에 정글과도 같은 산길을 한 시간 가량 걸어가니 좁다란 길섶에 '독수'라고 쓰인 바위가 보인다. 그러나 바위 아래에는 물이 흐르지 않는다. 가뭄에 물이 끊어진 것이다. 독수 바위를 찾아가는 길은 좁은 길임에도 불구하고 바닥은 널따란 돌들로 가지런하다. 그리고 그 돌들은 상당히 오래되어 보인다. 이 길이 그 유명한 '오척도(五尺道)'다. 오척도는 중국을 통일한 진시

┃ 오척도에 있는 독수 바위

황이 기원전 221년, 이곳 운남에 군현을 설치하고 만든 길인데, 사천의 선빈(宣賓)에서 이곳 곡정까지 이르는 길의 폭을 5척으로 확장해서 붙여진 것이다. 한무제 시대에는 이 길을 더욱 확장하여 '서남이도(西南夷道)'라 칭하였는데 동남아 지역까지 무역과 상업이 확대되었다. 제갈량은 남정을 위해 성도에서 세 방면으로 진군하였는데, 동쪽 방면의 길이 바로 이곳이었다.

왕밍에게 칠종칠금에 대하여 물었다. 교과서에서 배워서 알고 있다고 한다. 그 내용이 과연 사실이라고 믿느냐고 묻자, 그렇다고 대답한다. 그의 출신을 물었더니 '한족'이라고 한다. 한족이기에 사실이라고 굳게 믿고 있는 것이다. 소수 민족에게도 묻고 싶었지만 인적이 없다. 운전을 맡은 기사도 물어보니 한족이다. 이젠 이곳에서도 소수 민족이 점점 줄어들고 한족이 기하급수적으로 늘어나고 있는 것이다.

흠뻑 젖은 땀을 식히며 맹획의 고향인 곡정(曲靖)으로 향하였다. 곡정은 곤명에서 북동쪽으로 160km 떨어진 곳에 있다. 맹획이 쌓고 지켰던 성벽은 남아 있지 않지만, 이곳이 맹획의 고향임을 알려 주는 거대한 부조물이 있다. 바로 곡정시 중심에서 북쪽으로 6km 정도 떨어진 곳의 인적 드문 도로 옆에 60m 길이로 제작된 부조상이 그것이다. 이 커다란 부조상에는 제갈량과 맹획이 새와 동물, 산천초목을 배경으로 한족과 소수 민족이 지켜보는 가운데 결맹의 잔을 들고 있는 모습이 새겨져 있다. 그런데 맹획의 모습이 제갈량과 함께 득의양양하다. 맹획의 고향이어서 그러한가.

▌ 제갈량 맹획 회맹을 표현한 곡정의 부조

▌ 택시 승강장으로 변한 쌍정 터

부조상을 둘러보고 곡정 시내의 북문 성터로 향하였다. 이곳에는 성벽의 흔적이 조금 남아 있는데 성벽 위에는 집들이 빼곡하다. 성벽 아래는 음식 장사들이 내뿜는 연기로 주변을 제대로 볼 수가 없다. 멀리서나마 성벽을 보는 것으로 만족해야만 하였다. 제갈량이 독수를 피하고 군사들의 식수를 마련하기 위해 팠다는 쌍정(雙井)은 흔적도 없어졌다. 얼마 전까지만 해도 곡정 광장 앞 입구 도로변에 있었다고 하는데, 이제 그 자리는 택시 승강장으로 변하였다. 한 그루 나무만이 이곳이 옛날 쌍정이 있었던 자리임을 묵묵히 알려 준다.

'칠금맹획(七擒孟獲)'은 한족 우월주의에 입각한 전설이 역사적 전고(典故)로 각색된 것이다. 이 지역에서 전해 오는 '칠금공명(七擒公明)' 이야기가 소수 민족의 자긍심을 높이는 것과 같은 이치인 것이다. 맹획 등의 반란은 소수 민족에 대한 한족의 경멸과 잔혹한 수탈에 대항하여 일어난 것이며, 한족이 이를 진압하는 과정에서 오랜 세월 동안 첨삭되고 미화된 것이 '칠종칠금'인 것이다. 그리고 마침내 나관중이 뛰어난 필치로 화룡점정(畵龍點睛)한 것이다.

촉한 정권의 성립과 신구 세력의 조화

유비가 촉한을 세운 익주는 다른 지역에 비해 인구 증가가 현저하였다. 이는 익주지역이 중원의 전란으로부터 벗어나 생활할 수 있는 지리적 조건이 갖추어졌기 때문이다. 익주의 인구 증가는 농업 생산의 증가와 이로 말미암은 경제 발전을 불러왔다. 제갈량이 일찍이 익주를 일컬어 '천부지토(天府之土)'라고 한 것도 비옥한 들판이 펼쳐진 이곳만으로도 촉나라를 이끌어 갈 경제력이 충분함을 비유한 말이었다.

하지만 현실은 달랐다. 촉한 건국과 함께 이 지역에 많은 권문 호족이 편입되었는데, 이때 이들이 관리하는 부곡민(部曲民)이 함께 유입되었다. 부곡민은 전쟁을 수행하는 사병이나 사노비이다. 그러므로 이들의 유입은 노동 생산력 향상이나 국가의 경제력 증대와는 상관이 없었다. 정권에 참여하는 호족이 늘어날수록 비노동 인구도 늘어났고, 경제는 그만큼 위축되었다. 촉나라가 형주를 잃자 익주의 풍요는 옛날이야기가 되었다. 하지만 남중은 '금은보화의 땅'으로 불릴 정도로 각종 산물이 넘치는 곳이다. 한나라는 항상 이곳의 풍요로운 물자를 수탈해 왔다. 따라서 남중의 토착민들은 이러한 수탈과 착취에서 벗어나 자립하는 것이야말로 최대 과제가 아닐 수 없다.

후주 유선이 즉위하자마자 정권의 불안정한 틈을 타 시작된 옹개와 맹획의 반란은 이러한 사정을 배경으로 일어났다. 오나라 또한 이들을 지원하고 선동하여 촉을 견제하였다. 국력 회복이란 최우선 과제를 해결해야 하는 제갈량은 이릉 대전 이후 냉랭했던 오나라와의 관계를 정상화시켰다. 이는 남중 정벌을 위해서도 필수적인 선결 과제였다. 촉오 동맹을 재수립한 제갈량은 방비를 철저히 한 채 남중 정벌에 나섰다. 그러나 이 정벌은 죽고 죽이는 싸움이 아니었다. 마음으로부터 진정한 항복을 받아내고 필요한 물자를 획득하는 것이 목적이었다. 위나라 공략과 국내의 경제적 궁핍을 해결하는 후방 기지로서 남중의 역할이 촉의 운명을 좌우하기 때문이었다.

남중 정벌에 막대한 공을 세운 사람은 당시 남부 4군을 총독하고 있던 내항도독(庲降都督) 이회(李恢)와 마충(馬忠), 여개(呂凱), 왕항(王伉) 등이다. 한중을 지키고 있던 위연을 포함하여 조운, 장완, 비의, 왕평, 장익 등은 남정에 참가하지도 않았다. 그런데 나관중은 제일 공이 큰 이회 등을 빼고 조운과 위연 등으로 바꿔치기하여 이야기를 전개하였다.

제갈량의 남중 정벌에는 또 하나의 목적이 있었다. 장건이 개척한 서역과의 통상은 육로도 중요했지만 바닷길도 발달해 있었다. 오나라도 이에 주목하고 교주 태수(현재 베트남 하노이 북부) 사섭으로부터 조공의 형태로 남해 교역의 이익을 누리고 있었다. 국내 현안 문제를 타결해야 하였던 제갈량이 이를 놓칠 리가 없었을 것이다.

"나라 밖에 관리를 남기려면 군사들도 주둔해야 한다. 그런데 군사를 주둔시키려면 식량도 남겨야 한다. 그 식량이 없으니 첫 번째 단점이다. 이번 전투에서 이 땅에 사는 많은 사람들이 다치거나 죽었다. 그러므로 관리를 남기면서 군사를 두지 않으면 변고가 생길 것이니 두 번째 단점이 이것이다. 또한 남만은 서로를 죽이고 내쫓으며 살았기 때문에 속으로 의심과 미움이 많다. 이런 곳에 우리의 관리를 남겨 두면 나중에는 서로 믿지 못하여 변란이 일어날 것이니, 이것이 곧 세 번째 단점이다. 그러므로 사람을 남기고 가지 않는 것이 해결책이다.”

남중 정벌은 반년 만에 그 목적을 달성하였다. 행정 구획도 분할하여 촉의 체제에 편입시켰다. 하지만 행정 실무는 현지인에 위임하였다. 주둔병도 남겨 두지 않았다. 그 까닭을 제갈량은 오랑캐와 한인이 평화롭게 공존하고 있기 때문이라고 하였다. 소수 민족에 대한 제갈량의 이러한 배려 정책은 오늘날까지도 중국의 소수 민족 정책으로 자리 잡고 있다.

42. 눈물을 흘리지 않는 자, 그 누구인가

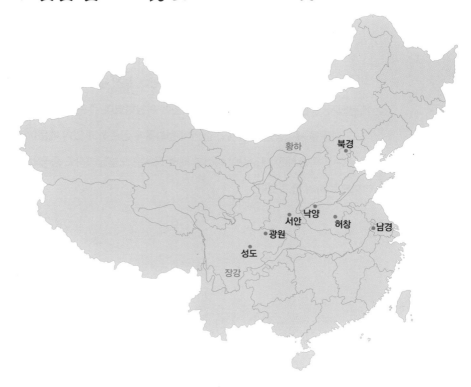

'이제 천하는 셋으로 벌려 있고 익주는 피폐한 형편이니, 진정 나라의 존망이 위태로운 시기입니다. 그럼에도 폐하의 신하들은 안으로 맡은 바 직무에 충실하고, 밖으로 헌신하며 국토를 지키고 있으니, 이는 모두 선제에게 받은 은혜를 폐하에게 갚고 싶은 마음에서 우러난 것입니다. 폐하께서는 귀를 밝게 여시어 선제께서 남긴 인덕을 더욱 빛내고, 뛰어난 자가 널리 뜻을 펼치도록 애쓰셔야 합니다. 지혜로운 신하를 가까이하고 간사한 소인을 멀리한 것이 전한이 번성한 까닭이고, 소인의 말을 듣고 현명한 신하를 쫓은 것이 후한이 멸망한 까닭입니다.

현재 남쪽은 평정되었고 병사와 장비도 구비되었습니다. 따라서 전군을 이끌고 북방의 중원을 평정할 때가 온 것입니다. 저의 소망은 미욱한 재능을 쏟아 흉포한 자들을 몰아내고 한 황실을 부흥시켜 옛 도읍을 되찾는 것입니다. 이것만이 선제의 은혜를 갚는 길이며, 폐하께 충성하기 위해 반드시 이루어야 하는 일입니다.

폐하 또한 바라건대 스스로를 돌아보시고, 신하에게는 밝은 도리만을 자문하셔서 옳다고 판단되시면 받아들여 진행하셔야 합니다.'

226년, 위나라의 조비가 죽고 그의 아들 조예(曹叡)가 뒤를 이었다. 남중을 평정하고 이로부터 촉의 경제력을 회복한 제갈량은 북벌 준비에 여념이 없었다. 후주(後主)인 유선(劉禪)은 아직도 어리고 총명하지 못했지만, 제갈량은 국력 증강에 온 힘을 쏟았다. 유비가 백제성에서 임종하며 아들인 유선을 부탁할 때 제갈량과 함께 있었던 이엄이 제갈량에게 편지를 보냈다. 제갈량이 왕이 되어 촉나라를 다스려 달라는 내용이었다. 제갈량이 이엄에게 답장을 보냈다.

'나는 본시 농무(隴畝)에 하찮은 인간이었소. 우연히 선제께서 불러 써주시는 은혜에 힘입어 최고의 관직과 녹봉을 받는 위치에 올랐소. 선제의 오랜 소원이셨던 위나라 공략을 하려 하지만 아직 뜻을 못 이루고 있소. 그런데 부질없이 내 스스로를 높게 하는 것은 이치에 배반되는 일이오. 뒷날 위를 멸망시켜 조예를 처단하고 우리 폐하께서 옛 수도인 낙양으로 가시게 되면, 그리하여 나 또한 여러분과 함께 그 자리에 선다면 그땐 정녕코 십명(十命)이라도 받겠소. 그러하매 왕이야 말해 무엇 하겠소.'

제갈량은 이엄에게 선주에 대한 변함없는 신념과 후주에 대한 충성심을 여유롭게 설파하였다. 한나라 부흥에 전념하는 것이 천명임을 상기시킴으로써 향후 일어날 수 있는 내부로부터의 분열을 방지하고자 하였다.

227년, 제갈량은 후주에게 출사표를 올린 후 북벌을 감행한다. 형주와 익주 두 방면에서 중원을 회복하고자 하였던 제갈량의 융중 전략은 형주를 잃음으로써 북벌밖에는 다른 방도가 없었다. 오와 국교를 회복하고 남중을 평정한 것도 북벌을 위한 준비 작업이었다.

출정을 앞둔 제갈량은 심사숙고하였다. 그리고 조운을 연로하다는 이유로 북벌 명단에서 제외시켰다. 조운은 불같이 항의하였다.

"내가 선제와 동행한 이래 전쟁에 나가면 물러섬이 없었고, 적을 만나서는 맨 앞에서 싸웠소. 대장부로 태어나 싸움터에서 죽는 것은 내가 바라는 일인데, 어찌 그만두겠소이까? 전군의 선봉이 되게 해 주시기 바랍니다. 만일 선봉이 되지 못한다면 그냥 돌계단에 머리를 빻고 죽겠소."

제갈량은 조운을 제외할 수 없는 분위기가 조성되자 그를 선봉장으로 삼는다. 촉나라의 국운이 걸린 전투에서 서전을 승리로 장식하는 것은 이후의 북벌 추진과 군사의 사기 증진에도 매우 중요한 일이다. 제갈량은 조운이 적임자임을 알았으나, 다시 한 번 경각심을 일깨울 필요가 있었던 것이다. 이는 또한 혈기 넘치는 젊은 장수들에게도 노장의 투혼을 보여줌으로써 스스로가 더욱 분발할 수 있도록 이중의 효과를 노린 전략이기도 하다. 조운은 '상산의 조자룡' 답게 위나라의 다섯 장수들을 물리치며 초반전을 승리로 장식한다.

그 옛날 상산 조자룡을 돌아보면	憶昔常山趙子龍
칠십에도 펄펄 날아 기이한 공 세웠네	年登七十建奇功
혼자 네 장수 베고 적진을 휘저으니	獨誅四將來衝陣

제갈량이 첫 전투에서 승리하자 위연은 장안으로 이르는 최단 노선인 자오곡(子午谷)으로 군사를 몰아 기습작전으로 승부를 내자고 진언하였다. 하지만 제갈량은 상책이 아니라며 받아들이지 않았다. 제갈량은 보다 깊은 생각을 하고 있었고, 위연은 자신의 계략을 반대하는 제갈량을 이해하지 못하였다. 제갈량은 한중에서 서북으로 우회하여 남안, 천수, 안정을 공략하였다. 위나라의 총대장이자 조조의 부마(駙馬)인 하후무(夏候楙)를 생포하는 전과도 올렸다. 하지만 이러한 부분들은 나관중이 꾸민 이야기이다.

진수의 『삼국지』 어디를 보아도 조운이 한덕의 부자(父子) 다섯 명을 처단하였다는 기록은 없다. 하후무에 대한 것도 허구다. 『위서』 명제기(明帝紀)를 보면 하후무는 문제(文帝)인 조비와 친하였는데, 문제가 즉위하자 안서 장군(安西將軍)이 되었다.

하후무는 무략(武略)은 없고 재산 불리기만 좋아하였다. 명제가 서정(西征)을 나가자 하후무를 탄핵하는 사람들이 있어 불러들여 상서(尙書)로 삼았다. 또한 기첩(妓妾)을 많이 거느리고 있어서 부인인 청하 공주(淸河公主)와 사이가 좋지 못하였고, 이로 인해 화가 난 명제가 죽이려고까지 하였다. 그러므로 하후무는 장안에 있었지, 한중에 있었던 것이 아니다.

228년, 제갈량이 제1차 북벌을 단행할 때, 명제는 기병과 보병 5만 명을 동원하고 조진(曹眞)을 대장군으로 삼아 제갈량에 대항하게 하였다. 제갈량이 기산(祁山)을 공략하자, 유비가 죽은 후 아무런 대비도 없던 농우(隴右)쪽의 남안(南安), 천수(天水), 안정(安定) 3개 군이 위나라를 배신하고 제갈량에게 호응해 온 것이다. 결코 제갈량이 무력으로 정복한 것이 아니다.

북벌을 위해 통과하지 않을 수 없었던 진령산맥의 웅장한 모습

사천성 광원(廣元)시로 갔다. 광원시는 촉나라로 통하는 요로(要路)이다. 사천성 북쪽의 대파산(大巴山) 기슭에 있는 광원시는 역사상 이주(利州)로 불렸는데, 예부터 촉나라로 통하는 전략적 요충지였다. 그래서인가 광원은 촉나라 흥망과 불가불의 관계에 있다. '촉나라는 가맹(葭萌)에서 일어나고 면죽(綿竹)에서 멸망한다.'라는 말이 있기 때문이다. 광원시는 배산임수(背山臨水)의 도시여서 그야말로 명당임을 알 수 있다. 그래서인가 다른 어느 도시보다도 활기차다. 또한 가릉강(嘉陵江) 뱃길과 보성선(寶成線) 철길, 그리고 천섬공로(川陝公路)의 도로가 모두 이곳을 지나는 교통의 요지이기도 하다. 아울러 중국 최초의 여황제인 무칙천(武則天)의 고향이기도 하다.

먼저 가릉강을 구경하였다. 가릉강은 감숙성에서 내려오는 백룡강(白龍江)과 합쳐 멀리 중경에서 장강으로 이어지는데, 일찍이 이백(李白)이

'촉으로 가는 길, 하늘 오르기보다 어렵다.'라고 노래한 「촉도난(蜀道難)」의 풍광이 시작되는 곳이다.

가릉강은 유유하게 흐른다. 유유한 강물을 따라간다. 강물은 변함없이 조용히 흐르고 있건만, 인간의 영욕은 한낱 저 강물보다도 못한 것인가. 부귀영화와 권력도 결국은 부질없는 인간의 욕망에서 비롯되었으니, 그 욕망을 고요히 다스리는 것이 삶의 궁극적 목적임을 설파하고 있는 것 같다. 그래서인가, 강을 따라 4km 정도의 언덕에는 바위를 뚫고 들어선 마애석굴이 마치 벌집을 보는 듯하다. 북위(北魏) 시대부터 청나라 시대까지의 석굴이 모여 있는데, 이곳에는 석상(石像)이 빼곡하다. 그 수만도 총 7천 개가 넘는다고 한다. 그중 가장 오래된 것은 1,400년이나 되었다고 한다.

이곳에서 멀지 않은 곳에 황택사(皇澤寺)가 있다. 황택사 부처상은 곧 무측천의 얼굴이라 하기에 잠시 들렀다. 칙천전(則天殿)에는 한 번에 보아도 부처 모습을 한 무측천임을 알 수 있는 상이 위엄 있는 모습으로 앉아 있다. 남북조시대부터 수, 당, 송 시대에 걸쳐 새긴 1,200여 개의 마애불과 양봉 작업 과정을 알려 주는 양봉 12도(養蜂十二圖)는 매우 진기한 것이다. 무칙천석각진용상(武則天石刻眞容像)도 있는데, 이것은 황제가 되기 전에 미움을 받아 여승으로 있었던 때의 모습이라 한다. 오직 이곳 황택사에만 있는 것들이다.

제갈량은 군대를 이끌고 촉나라로 들어오는 길인 촉잔도(蜀棧道)를 거꾸로 거슬러 올라갔다. 삼국 중 제일 적은 병력을 소유한 촉인지라 제갈량은 병력의 활용에 각별히 신경을 썼다. 12만 명의 병력 중에서 8만 명을 동원하고 4만 명은 성도에 남겨 두어, 만일의 사태에 대비하였다가 전선의 교대 병력으로 활용하였다. 제갈량의 철두철미한 전술로 인해 촉은 적은 병력으로 강력한 군대가 될 수 있었던 것이다.

아아! 험하고 높아라	噫吁戲, 危乎高哉!
촉으로 가는 길, 푸른 하늘 오르기보다 험하구나	蜀道之難難于上靑天!
서쪽 태백산은 오직 새들만 길이 있고	西當太白有鳥道
아미산 정상이 앞을 가로막았네	可以橫絶峨眉巓
땅이 무너지고 산이 눌러 장사가 죽고 나서야	地崩山摧壯士死
비로소 사다리 길, 돌 잔도가 이어졌도다	然后天梯石棧方鉤連
위로는 육룡도 해를 못 본 고봉이 있고	上有六龍回日之高標
아래엔 깊은 물결 소용돌이치는 강물이 있다	下有沖波逆折之回川

황학이 날아도 넘지 못하거니와	黃鶴之飛尙不得
원숭이도 건너려다 가지 잡고 떨고 있구나	猿猱欲度愁攀援
촉 가는 길, 푸른 하늘 오르기보다 험하구나	蜀道之難難于上靑天!

중국의 시선 이백이 촉으로 가는 길이야말로 하늘에 오르는 것보다 험하다고 노래한 촉도(蜀道)는 크게 세 갈래의 길이 있다. 모두 한중 분지에서 진령산맥을 넘어야 하는데, 섬서성 보계(寶鷄)시로 나오는 '진창도(陳倉道)', 오장원(五丈原)을 거쳐 섬서성 위수(渭水)의 남쪽으로 나오는 '포사도(褒斜道)', 서안(西安) 방면으로 나오는 '자오도(子午道)'이다. 진창도는 감숙성 천수(天水)와 가정(街亭)을 우회하는 가장 먼 길이고, 자오도는 서안으로 진격하는 가장 짧은 길이다. 제갈량은 가장 빠른 자오도로 진격하지 않고 진창도과 포사도를 이용한 북벌을 시도하였다.

▌가릉강가의 주필역 터

제갈량은 정녕 위연의 제안을 알지 못했던 것인가. 그렇지 않다. 제갈량이라고 당장 자오곡으로 진격하여 장안을 점령하고 그 여세를 몰아 일시에 위나라를 위태롭게 하고 싶은 마음이 없겠는가. 하지만 촉나라의 현실은 그렇지 못하였다. 오히려 전체적인 국면은 위나라에 이롭고, 후주 유선이 한나라를 연선조 유방처럼 구석에서 일어나 중원을 수복할 만한 그릇이 되지 못함도 알고 있었다. 이러한 상황에서 자오곡을 통해 위나라의 장안을 점령한들 그것은 곧 위의 역공을 받게 되어 촉의 병력만 잃게 될 뿐이다. 제갈량은 자신이 견지해 온 정책을 접고 새로운 계략을 구상해야만 하였다. 제갈량이 고심에 찬 생각 속에 내린 계책이 바로 천수, 남안, 안정을 차지하는 것이었다.

이 세 곳은 장안처럼 요지는 아니지만 서촉으로 들어오는 입구에 해당한다. 이곳을 점령하면 무도(武都), 음평(陰平)을 품게 되어 위나라는 검각을 넘어 촉의 북부를 넘볼 수 없고, 또한 촉의 서부도 칠 수 없게 되니 굳건히 지킬 수 있다. 제갈량은 후주의 미약함을 염두에 두고 자신의 뜻을 바꾼 것이다. 이러하매 위연이 자오곡으로의 진격만을 주장할 때, 어찌 심중의 말을 다할 수 있겠는가. 최고의 자리에 있는 자가 최선의 방법을 강구하여 결정하였지만, 이를 함부로 이야기할 수는 없는 것이다. 그것은 소위 국가의 일급비밀에 해당하기 때문이다.

촉도난은 섬서성 한중(漢中)의 면현에서 시작해 사천성 검각현 무련역(武連驛)에 이르는 일명 '금우도(金牛道)'라고 불리는 길을 말한다. 이 길은 길이만도 355km인데, 한중에서 성도(成都)에 이르는 600여km의 절반이 넘는다. 고잔도(古棧道) 가운데 비교적 보존이 잘되어 있는 곳이 명월협(明月峽)이다. 특히 이곳은 주위의 경관과 잘 어울려 고잔도의 풍경을 보기에는 제격이지만, 이를 만들기 위해 피땀 흘린 백성들을 생각하면 찜통 날씨에도 간담이 서늘하기만 하다.

가릉강 명월협의 잔도 시작점   가릉강의 명월협 입구

　　제갈량이 군사를 이끌고 북벌을 시도한 명월협을 찾았다. 명월협은 조천협(朝天峽)이라고도 부르는데 고대 금우도의 중요한 관소였다. 광원이 사천으로 들어가는 입구라고 한다면, 명월협은 그 문에 해당하는 곳이다. 명월협에 도착하니 가릉강을 사이에 두고 양쪽으로는 높은 산들이 우뚝 솟았다. 커피색 강물은 협곡을 빠져나가기 위해 무서운 속도로 세차게 흐른다. 보트를 빌려서 강물을 거슬러 올랐다. 강변의 바위벽에 사각형의 구멍이 삼단으로 줄지어 뚫려 있는 것이 보인다. 이곳에 길을 내어 잔도를 만든 것인데, 중단의 구멍이 길을 만드는 용도이고, 하단은 중단의 길을 받쳐 주는 기둥을, 상단은 지붕을 만들기 위한 것이다. 지금은 여행객들을 위하여 당시의 모습으로 얼마간 재현해 놓았다. 그런데 어느 부분은 화재로 타 버렸다. 궁금해서 그 이유를 물었다. 얼마 전에 항우와 유방에 관한 영화를 찍었는데, 실감나게 하기 위해서 그랬다고 한다. 문화재를 복원하고 다시 불태우는 것은 있을 수도 없는 일이지만, 명월협의 잔도는 그 모양이 더 자연스럽고 운치가 있어 보인다.

▍강에서 본 명월협 고잔도 모습

　　강에서 바라보는 절벽의 풍광이 참으로 엄청나다. 당시로 돌아가서 생각해 보면 절벽에 아스라이 길이 있었으니, 참으로 인간의 생각과 능력이 대단하다고 하지 않을 수 없다. 아침이나 날이 안 좋은 날은 분명 구름과 안개 속에 가려 보이지 않았을 터. 옛날 사람들이 잔도를 가리켜 '비각(飛閣)' 또는 '운잔(雲棧)'이라고 불렀던 이유를 이제야 알 것 같다.

명월협은 중국 교통사 박물관이라고도 불린다. 그것은 가릉강 서쪽 연안 절벽을 뚫고 기적 소리 요란히 기차가 지나가기 때문이다. 그리고 반대편 연안으로는 천섬공로가 뚫려 있는데, 그 모습이 마치 호랑이의 입과 같다하여 '노호취(老虎嘴)'라 불리는 고대의 역로(驛路)이기 때문이기도 하다.

오늘도 그곳으로는 자동차가 쉴 새 없이 달리고 있다. 명월협 북쪽에는 주필역(籌筆驛)이 있는데, 이곳은 제갈량이 북벌을 나설 때마다 비밀리에 군대를 집결시켜 놓고 군사 연습과 전략을 구사한 곳이다. 아울러 후출사표(後出師表)도 이곳에서 쓰인 것으로 알려지고 있다.

고잔도는 옛날부터 관중 평야와 한중, 사천 분지를 왕래하기 위하여 험한 곳을 뚫어 만든 길이다. 또한 한나라를 세운 유방이 한신의 계략을 사용하여 항우를 격파시킨 '잔도를 고쳐 몰래 진창으로 건너다'는 고사의 무대가 된 곳이기도 하다. 조조도 유비와 한중을 놓고 다툼을 벌일 때 두 번이나 이 길을 왕복하였다.

　　제갈량은 촉도를 지나 한중의 요충지인 양평관에 북벌 기지를 구축한다. 그리고 이곳을 전진 기지로 삼아 죽는 날까지 북벌을 단행한다. 출사표의 내용을 국궁진췌(鞠躬盡瘁)로 지켜 내기 위한 제갈량의 고독한 정치가 시작된 것이다.

▌ 바위를 깎아 만든 명월협 노호취와 잔도

눈물을 흘리지 않는 자, 충신이 아니로다

"바라옵건대 폐하께서는 제게 역적을 무찌르고 한나라를 다시 부흥시키게 하시어 성과가 없으면 저의 죄를 다스려 선제의 영현에 고하시고, 폐하 또한 스스로 모색하시어 정도(定道)를 자문하시고 순리에 맞는 말만 들이시되, 선제의 유조(遺詔)를 기억하소서. 저는 은혜를 받듦에 복받치는 감격을 이기지 못하겠습니다. 이제 원정에 오르게 되어 표를 올리나니, 눈물이 앞을 가려 무슨 말을 드릴지도 알지 못하겠나이다."

'출사표(出師表)'는 제갈량이 위나라를 공격하기에 앞서 후주 유선에게 올린 글로서, 충신의 진실한 마음이 넘쳐 흐르는 고금의 걸작이다. 이 표는 227년과 228년에 각각 작성했는데, 이를 구분하여 전후(前後) 출사표라고 부른다. 흔히 말하는 출사표는 전출사표를 말한다. 출사표는 진수의 『삼국지』의 촉서 '제갈량전'과 양나라 소명태자가 편찬한 『문선』 등에 실려 있다.

제갈량은 유선에게 나아가 무릎을 꿇고 눈물을 흘리며 출사표를 올렸다. 제갈량의 출사표에는 군주에 대한 변함없는 단심(丹心)이 표현되어 있다. 그것은 유비의 삼고초려에 대한 보은이자 신의였고, 제갈량 스스로가 사심을 버리고 후주 유선을 보좌하겠다는 맹세였다.

소동파는 출사표에 대해 말하길, "말이 썩 간결하면서 또한 그 뜻이 곡진하고,

곧으면서도 방사한 데로 흐르지 아니하니 크도다! 그 말씀이여!『서경』의 '이훈(伊訓)', '열명(說命)' 두 편과 안팎이 따로 없다. 진한 이래로 임금을 섬기며 아당하던 무리들이 미칠 수 있는 것이 아니다."고 하였다.

송대 학자 조여시(趙與時)는 "제갈량의 출사표를 읽고 나서 눈물을 흘리지 않는 자는 충신이 아니다."라고 하였다. 심중에서 솟구치는 절절한 진심이 읽는 이의 가슴을 울리는 천하의 명문장인 까닭이다. 제갈량의 출사표에 눈물을 흘리며 몸을 아끼지 않았던 대표적인 사람이 남송의 명장인 악비다. 그가 남송의 현실 속에서 비분강개하며 일필휘지한 제갈량의 출사표는 오늘날 중국 전역의 제갈량 유적지에서 볼 수 있다.

제갈량의 '출사표'는 임금이 해야 할 일과 나라를 다스리는 길에 대해 논한 만고(萬古)의 명문이다. 제갈량이 오늘날 탁월한 정치가로 존경받는 것도 이에서 비롯된다. 하지만 출사표는 너무도 충정 어린 신하의 진언으로 인해 군주는 오히려 섭섭할 수 있다. '자신이 덕이 낮다고 아무 때나 스스로 낮추거나 이치에 맞지 않는 이유를 붙여 변명하면 안 된다. 선악에 대한 상벌을 정확히 하여야 한다. 사사로움에 치우쳐 그때그때 처벌이 다르면 안 된다.'라는 말들은 마치 아버지가 아이를 훈계하는 것과 같아 듣기 좋은 말은 아니다. 그리고 매번 '선제' 유비를 거론하면서 그 유지를 이어받아서 충성을 다하는 것이라는 제갈량의 말도 후주 유선의 입장에서는 별로 달갑지 않은 말이다.

제갈량은 유비의 탁고에 충실하여 위기에 봉착한 국가 대사를 꼼꼼히 챙긴 것이었지만, 이때 유선은 이미 20세를 넘긴 청년 황제였다. 그러하기에 역적을 토벌하러 가는 제갈량의 의리는 이해할지언정, 제갈량이 유선을 어린 임금으로 생각하며 이것저것 아비같이 챙기며 보위하려는 충정은 귀찮은 잔소리로 들리는 것이다.

일찍이 두보는 「남목위풍우소발탄(枏木爲風雨所拔歎)」이란 시에서 '줄기는 우레를 물리쳐 오히려 힘써 싸웠거늘, 뿌리가 샘의 근원에서 끊겼으니 어찌 하늘의 뜻이랴.(幹排雷雨猶力爭, 根斷泉源豈天意)'고 하였는데, 출사표를 올리매 눈물이 앞을 가린 것은 승상 제갈량의 마음이 이러하였기 때문인가.

제갈량의 생각이 어떠하였든지 간에, 유선은 제갈량이 죽자 승상 제도를 폐지하였다. 유선으로서는 출사표에 눌렸던 승상 대행 체제를 없애고 본격적인 친정 체제(親政體制)를 구축한 것이다. 그러나 유선의 친정 체제는 아무런 발전 없이 위에 항복하는 것으로 끝났다. 유선은 친정을 원하였지만, 결과적으로 외가인 위나라에서 삶을 마쳤다. 그럼에도 유선은 촉나라 생각이 나지 않을 정도로 친정(親庭)보다 외가(外家) 생활이 더 즐거웠다.

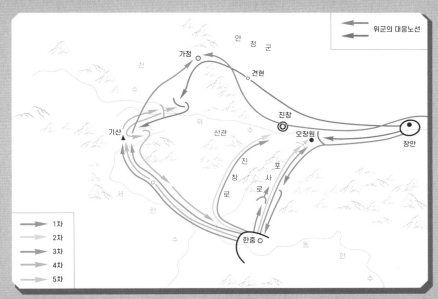

위군의 대응노선

가정
견현
안 정 군
천 수
위 수
기산
산관
진창
오장원
장안
진창로
포사로
서 한 수
한중
동 한 수

1차
2차
3차
4차
5차

▌ 제갈량 북벌 진행도

43. 눈물을 뿌리며 마속을 베다

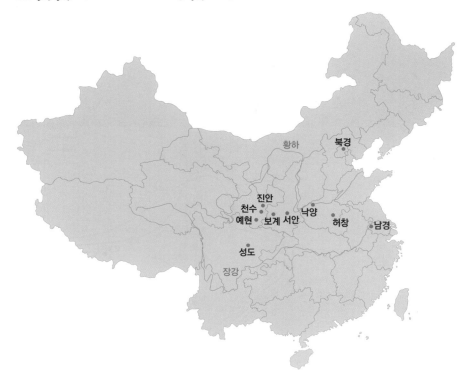

"제갈량은 반드시 우리 군영 뒤편에 군사를 숨겨 놓았다가, 우리가 꾐에 빠져 군사를 이끌고 나가면 그 틈을 노려 기습할 것입니다. 제게 정예병 3천 명을 붙여 주시면 중요한 길목에 숨어 있겠습니다.

태수께서는 군사를 이끌고 성을 나오되, 30리쯤만 나아가다 즉시 돌아오십시오. 불이 붙는 것을 신호로 협공을 하면, 반드시 큰 승리를 거둘 것입니다. 만약 제갈량이 직접 나선다면, 반드시 저의 계략에 걸려 잡히고 말 것입니다."

제갈량이 제1차 북벌에 나서 천수군을 공격할 때, 위나라의 장수 강유(姜維)를 만나 전략을 간파당하고 조운마저 대패한다. 이에 제갈량은 강유를 '한 마리의 봉황'으로 평가하며 그를 투항시키기 위하여 반간계를 꾸민다. 즉 천수 태수 마준(馬遵)으로 하여금 강유가 촉한과 내통한다는 의심을 품게 만들어 운신의 폭을 좁혔다. 진퇴양난에 빠진 강유는 어쩔 수 없이 촉으로 귀순한다. 제갈량은 강유의 손을 잡으며 말한다.

"내가 출사한 이후로 천하에 두루 현명한 자를 구하여 일평생 쌓은 학문을 전해주려 했지만 아직도 흡족한 인물을 구하지 못했었는데, 오늘 백약을 만나니 오랜 숙원이 이루어진 것 같소."

강유는 제갈량의 말에 너무 감복하여 크게 기뻐하며 감사의 절을 올린다. 이로부터 제갈량은 강유를 후계자로 신임하고, 그에게 중요한 일들을 맡긴다. 강유는 이후 제갈량의 깊은 신뢰를 바탕으로 촉의 핵심이 되었고, 제갈량의 사후에는 촉의 군사 책임자가 된다.

강유가 촉에 귀순한 것은 사실이지만 그 과정은 전혀 다르다. 강유는 촉군과 교전한 사실이 없다. 자신이 스스로 제갈량에게 몸을 의탁한 것이다. 『삼국지』의 「강유전」을 보자.

"건흥 6년(228년), 승상 제갈량의 군대가 기산으로 갔다. 이때 천수 태수는 강유와 공조 양서(梁緒), 주부 윤상(尹賞), 주기(主記) 양건(梁虔) 등과 함께 외부 순찰중이었다. 태수는 촉의 대군이 도착하자 여러 현들이 이에 호응한다는 소식을 듣고 강유를 비롯한 모두가 역심을 품고 있다고 의심하고, 밤을 틈타 도망쳐 나와서 상규를 지켰다. 강유 등은 태수가 도망친 것을 알고 뒤이어 추격했지만, 성에 도착했을 때는 이미 성문이 굳게 닫혀 있어 들어갈 수 없었다. 이에 기현으로 돌아왔으나, 그곳 또한 강유 등을 받아들이지 않았다. 그러자 강유 등은 제갈량에게로 갔다."

또 『위략(魏略)』에는 강유가 천수 태수의 의심을 받고 기현으로 돌아오자, 백성들이 모두 기뻐하며 제갈량을 만나도록 하였다고 한다. 결국 강유는 스스로 제갈량에게 투항한 것이지, 소설처럼 지략 대결을 한 다음에 투항한 것이 아니다. 촉한 정통론에 입각한 나관중이었기에 소설적 장치를 통하여 강유의 재능을 한껏 높이고, 나아가 이러한 인재를 알아보는 혜안을 가진 제갈량을 함께 부각시키고 있는 것이다.

제갈량이 왕랑(王朗)을 크게 꾸짖어 죽게 한 것도 역시 허구다. 왕랑은 조조의 위나라를 섬긴 이래로 한 번도 종군한 적이 없다. 그는 수도에서 천수(天壽)를 누렸다. 그런데 어째서 나관중은 왕랑을 제갈량의 꾸짖음 한 번에 죽게 하였는가. 왕랑은 원래 회계 태수였는데 손책에 사로잡혔다. 훗날 조조에 귀순하여 지극한 충성을 바쳤다. 이때 제갈량에게 항복을 권유하는 편지를 보냈다. 이에 제갈량은 '정의(正議)'란 제목으로 반박한다.

"그 옛날 항우는 인덕에 의지하여 일어서지 않았던 까닭에 중원을 차지하고 제왕의 위세도 지녔지만, 결국에는 죽음을 당해 후세의 영원한 경계(警戒)가 되었다. 위가 이것을 거울로 삼지 않고 지금 그대로 따라하고 있으니, 자신은 화를 면할지라도 자손에게는 훈계하여야만 할 것이다. 그런데 몇몇 이름 있는 자들은 오륙십의 나이에도 불구하고 적의 뜻을 받들어 내게 편지를 보냈으니, 이는 마치 진숭과 장송이 왕망의 공적을 찬양하고서도 큰 재물이 눈앞에 있자 죄를 피할 요행을 바라는 것과 똑같지 않은가! 지난날 광무제 유수께서 한나라를 다시 부흥시킬 때 수천 명의 낡고 힘없는 병사들을 분발시켜 곤양의 들판에서 왕망의 40만 정예병을 물리쳤다. 정도(正道)에 의지하여 사악한 자를 무찌르는 것은 사람 수의 많고 적음에 달려 있지 않다. … (중략) …

　　또 『군계(軍誠)』에서는 '만 명이 죽을 결심을 한다면 천하를 통일할 수 있다.'라고 했다. 옛날의 헌원씨는 수만 명의 병사를 정비하여 사방을 제압하고 천하를 안정시켰는데, 우리 촉한이 이제 수십만의 군사로써 정도에 의지하여 죄인들을 물리치려 하거늘 이를 어찌 막으려고 생각하는가!"

　　나관중은 제갈량의 이러한 반박 글을 기초로 왕랑과 화흠 등을 꾸짖고 있는 것이다. 모종강도 이 부분에서 평하길, '사람들은 역적을 토벌하는 자는 마땅히 그 괴수를 먼저 죽여야 하는 것을 알 뿐, 그 종(從)을 먼저 죽여야 하는 것은 모르고 있다.'라고 하였다. 그러면서 '화흠과 왕랑 등이 없었다면 조조 부자가 제멋대로 흉포한 짓을 할 수 없었을 것이니, 조조를 험담하고 화흠을 험담하지 않는 것은 조조의 혼을 없앤 것이 아니고, 조비와 조예를 험담하면서 왕랑을 험담하지 않는 것은 조비와 조예의 혼을 완전히 없앤 것이 아니다.'라고 언급하고 있다.

　　제갈량이 순식간에 천수, 남안, 안정을 차지하자 위나라의 조비가 긴장하였다. 유비 사후 힘을 잃고 조용히 웅크리고 있던 촉이었기에 위의 조비는 걱정하지 않았다. 그런데 그때까지 전선에 두각을 나타내지 않았던 제갈량이 대군을 이끌고 감히 생각할 수도 없는 북벌을 단행하여 중요 지역을 점령한 것이다. 조비는 조진으로 하여금 제갈량에 맞서게 하였지만, 결과는 위나라의 연패였다. 급기야 제갈량의 '반간계'로 실각했던 사마의가 다시 등용된다. 뛰어난 전략가인 사마의의 등용은 제갈량의 북벌을 힘들게 만들었다.

위나라에 항복하였던 촉나라 장수 맹달이 제갈량과 은밀히 연락하여 앞뒤에서 위를 공격하기로 하였다. 제갈량은 사마의가 있기 때문에 매사 신중에 신중을 기할 것을 당부하였으나 맹달은 방심하였고, 정보를 입수한 사마의는 밤낮을 달려 맹달을 급습하였다. 형주를 잃고 외로이 고군분투하던 제갈량에게 천우신조와 같은 좋은 기회가 다시 오는 듯 하였으나, 결국은 수포로 끝난다.

맹달을 무찌르고 명제에게 신임을 받은 사마의는 부장 장합을 동반하고 제갈량과의 결전을 위해 기산으로 왔다. 제갈량은 기산의 군사적 거점인 가정을 지키는 임무를 마속(馬謖)에게 맡겼다. 그러나 마속은 병법 이론에만 밝을 뿐 실전 경험이 없었다. 마속은 제갈량의 지시와 부장 왕평(王平)의 충언도 무시하고 식수 확보가 어려운 산 위에 진영을 구축하였다. 이를 본 사마의는 쾌재를 부르고, 마속의 진영도를 본 제갈량은 통탄하였다. 결과는 마속의 대패로 끝났다.

제갈량은 그토록 중시하던 가정을 잃고 군대마저도 치명적인 타격을 입자, 즉시 철군을 명령하였다. 사마의는 촉군이 철군하는 것을 알고 15만의 대군을 이끌고 공격해 왔다. 제갈량은 2,500명의 병력과 문관들밖에 없는 서성(西城)에서 사마의를 맞이해야만 하였다.

"깃발을 감춘 채 모든 군사는 자신의 방어망을 잘 지켜라. 만약 멋대로 다니거나 큰소리로 떠드는 자는 즉결처분하라. 모든 문을 활짝 열고 각 문 앞에는 스무 명의 군사를 평민으로 변장시켜 물을 뿌리며 길바닥을 쓸게 하라. 위군이 와도 경거망동하면 안 된다. 내가 생각해 둔 계책이 있느니라."

제갈량은 태연한 모습으로 망루에 앉아 향을 피우고 거문고를 탔다. 사마의는 복병이 있는 것을 의심하여 즉시 퇴각한다. 이것이 바로 신묘한 제갈량의 일화로 꼽히는 '공성계(空城計)'이다.

세 자 거문고가 대군보다 세구나	瑤琴三尺勝雄師
제갈량이 서성에서 적을 물리칠 때로다	諸葛西城退敵時
십오만 군사가 말을 돌리던 곳을	十五萬人回馬處
그곳 사람들 지금도 가리키며 갸우뚱거리네	土人指點到今疑

제갈량의 공성계에 대하여는 의견이 엇갈린다. 우선 정사에서는 그 기록을 찾을 수 없다. 하지만 「제갈량전」의 '배송지주'에서 인용한 곽충(郭衝)의 삼사(三事)에 그 기록이 있다. 배송지는 이 기록을 인용한 후, 이 당시 사마의는 형주도주(荊州都州)로 완성에 주둔하였기에 사실이 아니라고 하였다. 사마의가 제갈량과 싸운 것은 조진이 죽은 후인 231년 이후이기 때문이다. 하지만 공성계가 없었던 것은 아니다. 조운이 황충을 구하고 조조군이 추격해 오자 사용한 적이 있으며, 위의 장수 문빙이 손권과 싸울 때도 사용하였다. 나관중은 이러한 역사적 사실을 한데 모아 지혜와 책략이 뛰어난 제갈량을 만드는 데 쏟아 부은 것이다.

"신이 미약한 재능임에도 과분한 자리를 맡아 전군을 지휘하였는바, 법령과 규정을 엄히 하지 못하고 대사에 임해서도 신중하게 처리하지 못하여 마속이 가정에서 명령을 위반하고 조운이 기곡의 방비를 못하는 과실을 초래하였으니, 이 책임은 모두 신이 사람을 배치함에 있어 법도를 모르는 데 있습니다. 신은 용인술이 부족하고 직무를 처리함에 있어서도 어리석습니다. 『춘추』를 보면 싸움에 패하면 통수(統帥)를 처벌한다고 하였으니, 신의 직무가 곧 통수이오니 삼 등급을 강등시켜 신의 죄를 벌해주시옵소서."

마속의 자만은 가정에서의 패배란 뼈아픈 결과를 가져왔다. 이는 제갈량에게도 충격이었다. 제갈량이 그토록 신임했던 마속이기도 하였지만, 계획대로 진행되던 북벌에 엄청난 차질을 빚게 되었기에 슬픔은 더하였다. 위나라가 무방비 상태에서 결행된 제갈량의 1차 북벌은 촉의 부흥을 가져올 최고의 기막힌 전략이었다. 하지만 그토록 믿었던 마속의 패배로 제갈량의 북벌은 치명타를 입게 되고, 이후 5번에 걸친 북벌도 효과를 거두지 못하였다. 법과 규율을 엄격히 집행했던 제갈량은 마속에게 죄를 물어 참수형에 처하였다. 아울러 자신에게도 책임을 물어 3등급 강등을 자청한 것이다.

제갈량은 흐르는 눈물을 주체하지 못하며 마속을 처형하였다. 자신의 오른팔을 자르는 아픔에 울었고, '마속은 허풍이 심하니 크게 써서는 아니 된다'는 유비의 예지에 울었고, 이를 되새기지 못한 자신의 회한에 울었다. 무엇보다 슬픈 이유는 다시 오기 어려운 좋은 기회를 잃었다는 안타까움과 원통함에 있었다.

가정을 못 지킨 죄 가벼울 수 없으니	失守街亭罪不輕
마속이여! 어리석은 병법만 논했구나	堪嗟馬謖枉談兵
원문에서 목 베어 엄한 군법 보이나니	轅門斬首嚴軍法
눈물을 흩뿌리며 선제 혜안 생각하네	拭淚猶思先帝明

사천성 보계(寶鷄)시에서 자동차로 약 한 시간 거리에 조어대(釣魚臺)가 있다. 이곳은 강태공이 낚싯대를 드리우고 천하를 도모할 때를 기다리던 곳이다. 이제는 공원으로 변해 있는데 맑은 계곡물을 벗 삼아 많은 사람들이 더위를 식히고 있다. 유원지에는 항상 볼거리와 놀거리가 풍성한 법이다. 이곳도 다를 바 없다. 낚시하는 강태공의 모습으로 분장한 사람과 사진도 찍게 하고, 오색

▌강태공이 때를 기다리며 낚시를 한 조어대 입구와 풍정들

페인트를 칠한 자갈에 소망을 적어 계곡 한가운데의 바위 위로 던져 올리는 놀이도 있다. 계곡의 시원한 바람과 물살에 모두가 편안하고 즐거운 표정들이다.

　　사람들이 조어대로만 알고 있는 이곳에도 삼국 시대의 흔적이 있다. 제갈량이 1차 북벌 때 조운과 등지(鄧芝)로 하여금 포사도 입구인 기곡(箕谷)에 웅거하게 하였는데, 조어대 입구의 너른 평지가 바로 조운과 등지의 부대가 있었던 곳이다. 조운과 등지는 이곳에서 조

▌1차 북벌 때 조운과 등지의 군대가 있었던 강태공 조어대

진의 군대를 막아 내며 한 명의 병사, 하나의 군수품과 무기도 잃지 않고 후퇴한다. 제갈량이 조운의 빈틈없는 솜씨에 감탄하여 상을 내리려 하자 조운은 전쟁 중 수훈이 없는 때임을 들어 단호히 거부한다.

'천수(天水)'라는 지명은 하늘의 강이 물을 따른다는 전설에서 유래하였다. 그래서인지 천수는 간쑤성(甘肅省)의 '소강남(小江南)'으로 불린다. 보계에서 천수까지는 자동차로 두 시간 거리다. 가정 전투가 벌어진 곳을 찾아 천수로 향하였다. 길은 좁고 차들은 폭주한다. 태반은 비포장도로인데 대형 화물트럭들이 꼬리를 이어 달린다. 질서 또한 엉망이니 지키는 자가 오히려 바보가 된다. 천수에서의 답사일정은 정해졌는데 난감하기만 하다.

하지만 기사와 안내자는 천하태평이다. 오히려 기차가 훨씬 빠르겠다 싶어 이야기하였더니 콧방귀만 뀐다. 어차피 자신들은 날짜만 채우면 된다는 생각이다. 그동안 중국을 여기저기 꽤 많이 다녀보았지만, 이처럼 고약한 장사치들은 처음 본다. 오전에 출발한 길이 천수에 도착하니 한밤중이 되었다. 족히 서너 시간이면 될 길을 무려 10시간 넘게 온 것이니 참으로 중국의 융통성 없는 도로 사정과 안내자의 마인드는 '만만디'의 극치를 보여주고도 남는다.

다음 날 아침 일찍 가정 전투 현장으로 향하였다. 가정 전투가 벌어진 곳은 천수시 진안현의 롱성진(隴城鎭) 일대였다고 한다. 역시나 오늘도 기사와 안내자는 만고강산이다. 길도 모르고 운전도 서툴다. 이런 사람들의 안내를 받아야 하다니 참으로 어처구니가 없다. 롱성진 가는 길이 있으련만 동네 주민들에게 묻지도 않고 헤매기 일쑤다. 그야말로 구불구불 산을 넘고 벽지의 개울을 건너 어렵게 롱청진에 도착하니 시간은 오후 3시가 훌쩍 지났다.

롱성진은 진안 현성에서 북동쪽으로 55km 떨어진 청수하(淸水河)가 만든 폭넓은 계곡에 있다. 옛날의 롱성은 장안에서 천수로 통하는 요충지인 까닭에, 촉과 위가 이곳을 놓고 싸울 수밖에 없는 곳이었다. 지금의 롱성진에서 옛 모습을 찾아볼 수는 없지만, 성벽의 흔적은 남아 있고 그 부근에는 커다란 우물

가정전투가 벌어졌던 들판

가정시내 중심에 있는 우물

도 있다. '가정' 또는 '가천정(街泉亭)'이라는 이름도 이 우물에서 유래되었다고 한다. 하필 내가 찾아간 날이 장날인지 '용천(龍泉)'이라는 우물 주변에는 물건을 거래하는 사람들로 가득하다. 마속은 '높은 곳에 있어서 아래를 내려다보면 파죽지세와 같다'는 병법서의 말만 믿고, 우물을 고려하지 않은 채로 산 위에 진을 쳤다. 그러고는 싸워보지도 못하고 식수 부족으로 참패하고 말았다. 당시의 전투를 떠올리며 용천을 살펴본다. 그런데 사람들이 우물 주위에 몰려 있는 것이 궁금하였다.

"이렇게 많은 사람들 속에서 만나는 장소로 제일 좋아요."

여기서부터 남동쪽으로 4km 되는 곳에 성벽과도 같은 높다란 평원인 '백경원(百頃塬)'이 자리하고 있다. 바로 마속이 진지를 구축한 장소이다. 1960년대 후반, 이곳에서 농지 정리를 하던 중에 두개골을 비롯한 사람의 뼈들이 대

▌마속이 진을 쳤던 백경원

▌마을로 변한 마속의 진지

량으로 나왔는데, 화살촉과 삼지창, 석궁 등 여러 가지 무기도 함께 발견되었다고 한다. 지금은 마을로 변하여 집들만 빼곡하다.

한 장수의 무모한 전략이 얼마나 많은 병사의 생명을 앗아 가고, 나아가 국가의 명운까지 위태롭게 하는지 알고도 남음이 있다. 아무리 이론에 박식하고 뛰어나다고 해도 현실에 적용하지 못하면 한낱 탁상공론에 불과하다. 이러한 교훈을 가정 전투에서 마속이 저지른 실수를 통해 절절하게 배울 수 있다.

어제에 이어 오늘도 길에서 시간이 지체되니 일정이 화급해졌다. 가정 전투지를 빠른 걸음으로 돌아보고 차에 오르는데, 왔던 길을 되돌아가려니 눈앞이 캄캄해진다.

조금이라도 시간을 아끼려고 몇 사람에게 수소문해보니 멀지 않은 곳에 고속도로가 있다고 한다. 이 말을 들은 기사와 안내자는 머쓱한 지 머리만 긁는다. 안내자와 여행자가 뒤바뀐 셈이니, 이번 일정은 참으로 고단한 기행이 아닐 수 없다. 고속도로를 진입하니 자동차는 일사천리로 달려간다. 한 시간 만에 천수에 돌아왔다.

제갈량이 북벌을 지휘했던 기산(祁山)을 둘러보기 위하여 예현(禮縣)으로 향하였다. 기산은 천수에서 남서쪽으로 71km 떨어진 예현의 옛 지명이다. 여기에는 제갈량이 군영을 세웠던 기산보(祁山堡)가 남아 있다. 기산보는 들판 한가운데를 흐르는 서한수(西漢水)를 따라 이어지는 길목인데, 좌우로는 산들이 줄지어 서 있다.

이곳은 난주(蘭州), 보계(寶鷄), 한중(漢中)을 연결하는 삼국 시대 교통의 요충지였다. 제갈량이 주변의 여러 곳보다 먼저 이곳을 점령했던 것도 이런 이유 때문이다.

기산보를 찾아간다. 구불구불한 길을 올라가니 초승달 모양의 널따란 곳에 토대(土臺)가 있다. 제갈량이 부하장수들에게 지령을 내리던 점장대가 있었다고 하나 지금은 찾아볼 수 없다. 기산보 정상에는 제갈량의 사령부가 있었겠지만 지금은 후세인들이 그를 기념하여 무후사를 세워놓았다. 정전 중앙에는

| 서한수를 따라 길게 늘어서 있는 기산 평야

| 제갈량이 북벌을 지휘한 기산 무후사 원경

▍ 기산 무후사 입구와 내부 모습

제갈량의 소상이 있고 뒤쪽 건물에는 관우의 소상이 있다. 벽에는 양쪽으로 삼국고사를 그린 12폭의 그림을 걸어 놓았다.

기산보의 북쪽 산기슭에는 구량퇴(九糧堆)가 있다. 이곳은 촉군의 군량이 부족한 것을 알아챈 위군이 공세로 나서자 제갈량이 흙을 쌓아 산을 만들고 표면에 곡물과 하얀 회를 뿌려서 멀리서 보면 식량인 것처럼 보이게 하였다. 이를 본 위군이 서둘러 물러났다고 하는데 이 또한 제갈량의 뛰어난 지모를 좋아하는 후세 사람들이 지어낸 것이리라.

천수 일대에 와서 볼 것이 많았는데 나머지는 다음으로 미루어야만 하였다. 촉박한 일정에 어느덧 날은 저물고 서안까지 가야 하였기 때문이다. 그나마도 중요한 두 곳을 본 것에 감사해야 할 뿐이다. 서안으로 돌아가는 길은 올 때만큼이나 시간이 걸릴 터이니 영락없이 차 안에서 밤을 새워야 한다. 내 마음은 착잡하기 그지없건만 기사와 안내자는 신바람이 났다. 제갈량이 마속으로 인해 애끊는 마음을 누르며 어쩔 수 없이 되돌아와야만 했던 그때 그 마음을 충분히 알고도 남을 듯하다.

제갈량이 군량으로 위장하였던 구량퇴

제갈량이 마속을 처형할 수밖에 없었던 까닭

"승상은 저를 자식처럼 대해 주셨고, 저는 승상을 아버지처럼 모셨습니다. 이제 저는 씻을 수 없는 잘못을 저질러 죽을 각오를 하고 있습니다. 다만 바라옵건대 승상께서는 순임금이 곤(鯀)을 죽이고 우(禹)를 대신 등용한 때를 생각하소서. 그리 하면 죽어서 구천에 있더라도 아무런 여한이 없을 것입니다."

제갈량이 철저히 준비하고 시작한 북벌은 마속이 가정을 잃음으로 엄청난 타격을 가져왔다. 모종강도 마속의 실가정(失街亭)에 대해 다음과 같이 평하였다.

'가정 전투의 패배로 공명은 물러날 곳도 없게 되었다. 그리하여 애써 차지한 남안, 안정, 천수는 포기하게 된다. 이에 기곡의 군사들도 모두 철수하여야만 했고, 서성의 군량 또한 거두어들일 수밖에 없었다. 그리하여 하후무를 사로잡고, 최량과 양릉의 목을 베고, 상규와 기현을 점령하고, 왕랑을 꾸짖고 조진 역시 격파한 공이 모두 쓸데없는 일이 되었다. 참으로 애석한 일이 아닐 수 없구나!'

마속의 실수는 제갈량이 북벌에서 거둔 혁혁한 전과를 하루아침에 무너뜨렸다. 법치주의 원칙을 내세운 제갈량은 마속을 어떤 식으로든 처벌하지 않을 수 없었다. 장완(蔣琬)이 마속의 처벌을 반대하였다. 전쟁 중에 장군을 처형하는 것은 적에게 이로움만 주는 것이기 때문이었다.

동진의 역사학자 습착치는 약소국이자 인재 또한 부족한 촉나라에서 마속과 같은 인걸을 처단한 것이 위나라를 이길 수 없었던 원인이라고 하였다. 장완은 제갈량의 심복이다. 습착치 또한 촉한 정통론자이다. 이러한 두 사람이 마속의 처형을 반대함에도 불구하고, 마속을 처형할 수밖에 없었던 제갈량의 생각은 무엇이었을까.

가정을 수비함에 있어 마속보다 뛰어난 장수들이 있었다. 그러나 제갈량은 여러 반대를 무릅쓰고 마속을 기용하였다. 그리고 마속의 어리석음으로 인해 가정을 잃었다. 이는 유비 사후, 촉나라의 실질적인 책임자인 제갈량에게 정치적 타격을 주었다. 또한 이때까지 제갈량에 밀려 기회를 엿보던 반대파들에게 빌미를 제공하는 것이기도 하였다.

"옛날 손무가 천하무적이 된 까닭은 그가 법을 엄격하고 분명하게 집행하였기 때문이오. 현재 천하는 사분오열되어 있고 전쟁은 언제 끝날지 모르오. 만약 기율과 법을 준수하지 못하고 명령과 금지 사항마저 지켜지지 않는다면, 우리는 무엇에 의지해 역적을 이기겠소?"

제갈량 역시 마속을 죽이고 싶지 않았다. 하지만 공평무사한 법 집행을 중시한 제갈량이 마속의 죄를 가볍게 묻는다면 촉나라를 세우는 데 참가한 익주 그룹이나 인재 배치에 반대했던 자들로부터 비판을 면치 못할 것이다. 군주를 대행하는 승상 제갈량이 선택할 수 있는 길은 오직 하나뿐이었다. 오로지 '법치(法治)'의 실행이었다. 공평무사(公平無私), 공명정대(公明正大)만이 정치 세력 간의 알력을 잠재울 수 있고, 민심을 수습하며 나아가 정권을 안정시킬 수 있는 방법이었다. 그리하여 제갈량은 눈물을 뿌리며 마속을 처형하여 촉나라의 정치적 안정을 꾀하였다. 그러나 이러한 안정도 제갈량 생전에만 유지되었으니, 제갈량의 고뇌가 얼마나 심하였을지는 미루어 짐작하기에 어렵지 않으리라.

44. 뜻을 이루지 못하였건만 몸이 먼저 눕도다

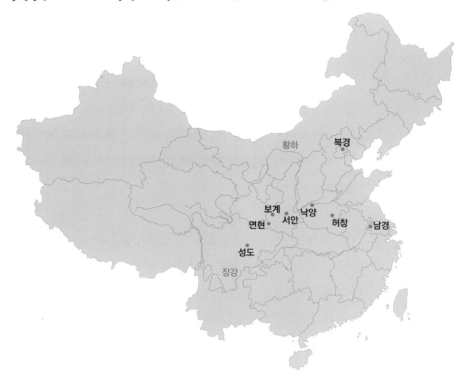

검문관 가파른 길에선 유마를 몰고	劍關險峻驅流馬
포야도 험한 길에선 목우를 부리네	斜谷崎嶇駕木牛
후세에 만약 이 방법을 썼더라면	後世若能行此法
물건 수송 어찌 근심거리가 되겠소	輸將安得使人愁

　　231년, 제갈량은 목우와 유마를 이용하여 군수 물자를 수송하며 기산으로 재출병한다. 그리고 조진의 후임이 된 사마의를 공략한다. 위나라는 사마의의 작전 실패로 최고 원로 장군인 장합(張閤)이 전사하는 타격을 입는다. 전세

는 촉의 제갈량이 위의 사마의를 제압하고 있었다. 이처럼 유리한 전황에도 불구하고 제갈량은 다시 철수할 수밖에 없었다. 군수 물자의 수송을 책임지고 있던 이엄이 태만으로 이를 맞출 수 없게 되자, 유선의 명령을 빙자해 돌아오도록 했기 때문이다. 제갈량은 가슴이 아팠다. 그의 생각처럼 국가 대사에 온 힘을 다하는 신하가 그리웠다. 제갈량은 이엄의 죄를 물어 그를 실각시킨다. 그리고 다시 3년 동안 국력 강화에 힘쓴다.

234년, 만반의 준비를 끝낸 제갈량은 생애 최후의 북벌을 단행한다. 10만 대군을 이끌고 포사도를 지나 오장원(五丈原)에 본진을 친 것이다. 사마의는 수비에 치중하며 지구전을 편다. 원정군인 촉군의 군량이 떨어지고 지치기를 기다렸다가 공격하려는 속셈이었다. 사마의는 제갈량이 용감하면 무공(武功)으로 갈 것이고, 그렇지 않으면 오장원으로 갈 것이라고 하였다. 제갈량이 오장원에 주둔하자 사마의는 여유롭게 수비에 치중한다. 촉군이 군량이 떨어져 철수할 때를 노리는 것이었다.

하지만 제갈량은 생각이 달랐다. 그는 이곳에서 둔전을 하며 사마의의 지구전에 대응하였다. 오장원은 평야를 끼고 있어 둔전이 가능하기에 이를 통해 군량을 자체 보급하려는 것이다. 또한 오장원은 장안 북쪽의 위수에서 농서로 가는 교통의 요충지에 위치한다. 그러므로 이곳을 차지하고 있으면 농서의 이민족과 위나라와의 연결 고리를 차단할 수 있다. 뿐만 아니라 때에 따라 이들을 촉에 유리하게 활용할 수 있다. 제갈량은 이러한 계획을 가지고 오장원에 주둔하였던 것이다. 이러한 제갈량의 생각을 간파한 장군이 있었으니 그가 곧 곽회다. 곽회는 제갈량이 오장원에 주둔한 이유를 정확히 간파하고 사마의에게 충고하였다. 그럼에도 사마의는 수비에 치중하며 나서지 않았다.

사마의의 전략을 눈치 챈 제갈량은 여러 가지 방법으로 사마의를 전쟁터로 나오도록 하였다. 한번은 사마의에게 여자용 머릿수건과 옷을 보냈다. 겁쟁이라고 놀린 것이다. 그때까지 잘 참고 있던 사마의도 흥분하지 않을 수 없었다. 군감인 신비(辛毗)의 저지로 사마의는 겨우 평정심을 되찾는다. 전선은 다시 지구전으로 펼쳐진다. 제갈량은 사마의를 끌어내기 위한 최후의 작전을 편다. 목우유마로 위군의 군량을 빼앗아 호로곡에 쌓아 놓고 사마의를 유인하는 것이다. 제갈량의 치밀한 전략은 한 치의 착오도 없이 진행되었다. 드디어 사마의가 이끄는 위군이 군량을 되찾기 위해 호로곡으로 들어왔다. 이에 촉군은 제갈량의 지시에 따라 호로곡 입구를 막고 일제히 불화살로 공격하였다. 제갈량의 전략에 말려든 사마의 부자는 호로곡에서 꼼짝 없이 죽게 될 지경이었고, 제갈량은 선주 유비와의 약속을 지킬 수 있게 되어 기뻐하였다. 하지만 둘의 상황은 갑자기 쏟아지는 소낙비에 바뀌고 말았으니, 제갈량의 탄식은 촉의 눈물이 되고 말았다.

호로곡 전투에서 죽을 고비를 넘긴 사마의는 성문을 걸어 잠근 채 일체 공격하지 않았다. 오직 수비로만 맞설 뿐이다. 제갈량도 하늘을 한탄하며 군사를 추슬렀다. 촉군은 대승을 놓쳐서 섭섭하였지만 ,이를 지휘한 제갈량은 타격이 심하였다. 완벽한 승기를 놓친 것에 대한 아쉬움이 그의 가슴을 짓눌렀을 것이다. 특히 하나부터 열까지 챙겨야만 하는 성격도 그의 건강을 급속히 악화시켰다. 그렇게 대치하기를 100여일, 제갈량은 격무에 지쳐 군중에서 병이 들었다. 제갈량은 수레를 타고 영채를 순시하였다. 충성심 넘치는 병사들이 늠름한 모습으로 도열하였다. 가을바람이 제갈량의 얼굴을 휘감았다. 이제껏 느껴 보지 못했던 써늘함이 뼛속 깊이 파고들었다.

'아! 다시는 싸움터로 나가 역적을 토벌할 수 없겠구나. 아득하고 아득한 하늘이시여, 어찌 이렇게도 가혹하시옵니까?'

제갈량은 가슴이 아렸다. 사랑하는 병사들을 다시 볼 수 없다는 안타까움 때문이었다.

'태어나고 죽는 것은 변할 수 없는 이치고 정해진 운명 또한 피할 수 없다고 합니다. 죽음을 앞두고도 충성을 다할 뿐입니다. 신 제갈량은 천성이 어리석고 옹졸합니다. 어려운 시대에 대명을 받잡고 승상 직에 전념하였습니다. 군사를 일으켜 북벌에 나서 아직 성공하지 못하였건만, 병이 고황에까지 이를 줄을 생각조차 하였겠습니까? 목숨이 경각에 달려 있으매, 끝내 폐하를 섬기지 못함이 한스럽기만 합니다. 엎드려 바라옵건대 깨끗한 마음을 쌓아 사심을 없게 하시고, 항상 검소한 생활로 백성을 사랑하소서. 돌아가신 선황께 효도를 다하고, 손아래 가족들에는 자애로운 은혜를 잊지 마소서. 숨어 있는 인재를 발굴하시고, 뛰어난 이들을 승진시키며, 간사한 것들은 곧바로 물리쳐 풍속을 순조롭게 하소서. 신의 집에는 뽕나무 8백 그루와 밭 50경이 있으니 먹고살기에 충분합니다.'

제갈량은 강유, 마대, 양의를 불러 유언을 하였다. 아울러 후주 유선에게 마지막 표를 올렸다. 군주로서의 부친 유비를 닮지 못한 유선에 대한 충정 어린 당부가 담긴 표문이었다.

유언을 마친 제갈량은 오장원의 군중에서 한 많은 생을 마감하였다. 27세에 초려를 나와 유비를 따라나선 지 꼭 27년이었다. 후세 많은 이들이 제갈량의 죽음을 한탄하였다. 두보 또한 그를 슬퍼하는 시를 지었다.

어젯밤 큰 별이 군영 앞에 떨어지더니　　　　　　長星昨夜墜前營

오늘 공명의 부음 소식 듣는구나　　　　　　　訃報先生此日傾

군막에서는 지휘 소리 들리지 않고	虎帳不聞施號令
오직 기린대에 공훈 이름만 올곧게 있구나	麟臺惟顯著勳名
넋 잃은 문하 삼천 객 남겨 놓고	空餘門下三千客
가슴속 품었던 십만 군사도 저버렸구려	辜負胸中十萬兵
녹음방초 흐드러진 맑은 날 한낮인데	好看綠陰清晝裡
이제금 승전가 소리 다시 들을 길 없네	於今無復雅歌聲

제갈량은 자신이 죽으면 사마의가 쳐들어 올 것을 예견하고, 양의(楊儀) 와 강유(姜維)에게 죽음을 비밀에 부치게 하였다. 자신의 모습과 같은 조각상을 만들게 하여 뒤쫓아 오는 사마의 군대를 무찔렀다. "죽은 제갈량이 살아있는 사마의를 무찔렀다."라는 속담이 여기에서 나왔다.

제갈량의 죽음은 촉으로서는 엄청난 충격이었다. 일개 방랑의 유협 집 단이 체제를 정비하여 나라를 세우게 된 것은 제갈량이라는 위대한 참모가 있었 기에 가능하였다. 또한 유비 사후, 국가 기강과 안정을 위하여 모든 국사를 진두 지휘했던 제갈량이었기에 촉에 있어서 그의 공백은 그만큼 클 수밖에 없었다.

제갈량은 오장원에서 죽음을 맞이하며 후임자로 장완과 비의(費禕)를 지명하였다. 장완은 제갈량이 한중에서 북벌에 매진할 때 식량과 병사를 공급 하는 역할을 차질 없이 수행하였다. 장완의 면면을 본 제갈량은 그의 뜻이 충성 과 고아함에 있으니 함께 제왕의 대업을 도울 사람이라 평하고, 유선에게 표를 올려 자신의 사후 촉한의 운영은 장완에게 맡기도록 당부하였다.

장완은 근심걱정과 두려움에 떨고 있는 조정을 안정시킨다. 제갈량을 잃 은 슬픔도 나타내지 않는다. 장완은 제갈량처럼 스케일이 크지는 않았지만 냉정 하였다. 이러한 성격으로 매사를 건실하게 추진하고 그로 인하여 인망을 얻는다.

"신이 한중에 주둔한 지 벌써 6년이 되었습니다. 신은 슬기롭지 못하고 능력이 없는 데다 열병이 겹쳐 계획한 일을 뜻대로 이행할 수 없어, 하루에도 몇 번씩 마음이 아픕니다. 위는 현재 아홉 주를 차지하고 세력을 뻗쳐 제거하기가 쉽지 않습니다. 만약 동쪽과 서쪽이 힘을 모아 앞뒤로 호응한다면, 우리의 바람대로 신속하게 차지할 수는 없더라도 영토를 잠식하여 그들의 전력을 지연시킬 수는 있습니다. 하지만 오와 함께하더라도 위나라에 연이어 승리할 수 없습니다. 그러기에 나아가는 것도 물러나는 것도 어려워 절로 침식을 잊게 합니다. 무엇보다 양주 점령이 우선이므로 당연히 강유를 양주 자사로 임명해야 합니다. 강유가 출정하여 하우(河右)를 제압하면, 신 역시 군대를 이끌고 강유의 뒤를 계속 따를 것입니다. 지금 부현은 강과 육지가 모두 통해 있으니, 긴급사태가 발생하면 호응할 수 있습니다. 만약 동북쪽에 어떤 변고가 생긴다면 앞으로 나가는 것은 쉬울 것입니다."

238년, 요동에 근거지를 둔 공손연이 반란을 일으켜 위나라가 요동으로 군사력을 집중시키자 장완은 한중으로 출병한다. 그리고 한수(漢水)와 면수(沔水)를 타고 형주 북부의 요충지인 상용(上庸)과 위흥(魏興)을 습격할 계획을 세운다. 이는 제갈량의 북벌이 험한 길 때문에 성공하지 못한 것이라 분석하였기 때문이다. 장완의 계획은 선박 건조가 우선되어야만 진행할 수 있는 것이다. 그러나 촉의 수뇌부는 이에 동의하지 않았다. 그러던 차에 장완은 열병에 걸려 뜻을 펴지 못하고 죽고 말았다.

제갈량이 최후를 마친 오장원(五丈原)은 보계(寶鷄)시에서 서북쪽으로 20km 떨어져 있다. 제갈량은 자신이 사망하기 전까지 12년 동안 기산과 가정 그리고 오장원에서 촉나라의 발판을 마련하기 위해서 북벌을 감행하였다. 오장원은 '팔백리 진천(秦天)'이라고 불리는 관중 분지의 서쪽 끝에 있다. 비파 모양을 하고 있는 구릉지인데, 뒤로는 진령산맥의 주봉인 태백산이 있고, 앞으로는 위수가 동서로 길게 흐른다. 오장원은 높이가 약 150여 m인데, 위로 올라가 보면 남북으로 3.5km, 동서로는 1km정도의 커다란 평지가 펼쳐져 있다. 폭이 제일 좁은 곳이 5장(五丈-15미터)이어서 오장원이라고 부른다.

제갈량의 죽음을 안타깝게 여기는 마음을 알아서인가. 오장원을 찾아가는 길에 비가 내린다. 차에서 내려 제갈량묘를 향한다. 통로는 돌계단으로 만들어져 있는데, 제갈량의 나이 수대로 54계단이다. 이 길은 제갈량이 사령부를 세운 기반산(基盤山)의 이름을 따서 '기반도'라고 불렀다. 이 길을 통해 산길 아래에 있는 제갈천(諸葛泉)의 샘물을 운반하여 식수로 사용하였다.

계단을 오르니 제일 먼저 오장원이라고 쓴 커다란 석비가 반긴다. '오장원 제갈량묘'라는 쓴 입구를 들어가니 고색창연한 건물들이 오밀조밀하게 줄지어 있다. 원나라 초기에 건립된 제갈량 묘당은 명·청대를 거치면서 모두 아홉 번

┃ 오장원의 가장 좁은 길

┃ 오장원 제갈량묘 입구

이나 중건되었다고 한다. 제갈량을 무척이나 존경하는 중국인의 마음이 반영된 것이리라. 제갈량의 유적지마다 빠지지 않는 남송의 장군 악비(岳飛)가 쓴 출사표가 어김없이 새겨져 있다. 그 옆에는 명나라를 세운 주원장(朱元璋)의 글씨가 보인다.

'글은 그 사람의 됨됨이와 같으니 백대(百代)에 걸쳐 모범이 되리로다.'

안뜰 중앙에는 고아한 모습의 팔괘정(八卦亭)이 있는데, 천장에는 팔괘도가 그려져 있다. 병법을 연구하던 제갈량이 팔진도를 개발을 기념하여 세운 것이다. 팔괘정 옆의 낙성석은 제갈량이 임종에 들 때 하늘에서 떨어진 운석(隕石)이라고 한다. 자세히 보니 특이한 돌은 맞지만, 당시의 운석은 아닌 듯하다. 뜰의 북쪽에는 제갈량을 모신 정전이 있다. 기다란 검은 수염에 푸른 팔괘 옷을 입고 거위 깃털의 부채를 든 채 앉아 있는 제갈량의 모습이 엄숙하다. 좌우에는 양의와 강유가 보좌를 하고서 서 있다. '장상사표(將相師表)'라고 쓴 편액 좌우로

▌ 고아한 모습의 팔괘정

▌ 제갈량의 죽음을 알렸다는 낙성석

▌ 제갈량을 모신 사당

| 월영전 안의 황월영 소상 | 제갈량 부인을 모신 월영전 |

'단병오장원, 장면일와룡(短兵五丈原 將眠一臥龍)'이라고 쓴 대련이 걸려있다. 그 외에도 제갈량을 흠모하는 후세 사람들이 쓴 시문(詩文)이 묘당에 넘쳐 난다. 제갈량이야말로 중국 제일의 영웅이기 때문이리라.

정전 뒤쪽에는 월영전(月英殿)이라는 조그만 사당이 한 채 있는데, 이는 제갈량의 부인인 황월영(黃月英)을 모시는 곳이다. 황승언의 딸인 황월영은 대단히 총명하여 내조를 잘하였다고 한다.

제갈량이 목우(木牛)와 유마(流馬)를 만들어 군량을 수송한 것도 부인에게서 얻은 아이디어라고 전해진다. 역사서가 모두 그렇듯이 제갈량의 부인에 대해서도 아무런 기록이 없다. 그러나 『양양기(襄陽記)』에 의하면 황월영은 천문지리에 통달하였고 각종 병법에도 능통했다고 한다. 그리하여 제갈량이 아내가 가르쳐 준 방법을 부채에 적어 가지고 와서 지시하였다는 우스갯소리도 있다.

중국에는 전국 각지에 제갈량을 모시는 무후사가 많지만, 부인을 모시는 사당은 이곳밖에 없다. 왜일까. 제갈량이 죽은 후 얼마 지나지 않아, 부인도 아들인 제갈첨(諸葛瞻)에게 충효에 힘쓰도록 타이르고 임종하였다. 이런 연유로 이곳에 함께 묘당을 만들어 부인의 영혼도 참배할 수 있도록 한 것이다. 제갈량은 오장원에서 죽었지만 그의 묘는 이곳에 없다. 하지만 제갈량을 흠모하는 후세의 사람들이 그가 평상시에 입었던 옷을 묻고 의관총을 만들어 놓았다.

제갈량의 눈물이런가. 굵은 빗줄기가 쏟아진다. 오늘 일정이 남아 있는데 난감하다. 그렇다고 무작정 기다리고 있을 수만도 없는 노릇이다. 일정대로 호로곡(葫蘆谷)으로 향하였다. 호로곡은 오장원에서 동남쪽으로 10여 km 떨어진 곳이다. 굵던 빗줄기는 잦아들었지만, 들판은 온통 안개로 가득하다. 호로곡 길로 접어들자 비가 온 뒤라선지 온통 진창이다. 또한 지척을 분간할 수 없을 정도로 안개가 몰아친다. 그래도 호로곡을 보고 싶었다. 거의 세 시간을 걸어서

▌ 사당 뒤에 모신 제갈량 의관총

▌오장원까지 뒤덮은 호로곡의 안개

당도한 호로곡은 안개로 뒤덮여 있었다. 호로곡은 그 지형이 표주박 모양과 같다고 해서 부르는 이름인데, 이처럼 안개가 자욱하니 호로곡을 살펴볼 수가 없게 되었다. 아쉬운 마음에 안개 사이로 호로곡의 모양을 대략 그려 보는 것으로 만족해야만 하였다.

호로곡은 사마의 삼부자가 제갈량의 화공으로 인해 목숨을 잃을 뻔하였다가 갑자기 내린 소나기에 목숨을 건진 곳이기도 하다. 이에 세상 사람들이 다음과 같은 시를 지어 이때의 일을 안타까워하였다.

골짜기엔 광풍이 불고 불길은 활활 솟구치는데   谷口風狂烈焰飄

어인 변고인가, 맑은 하늘에 소나기 쏟아지네   何期驟雨降淸宵

제갈량의 기묘한 계책이 능히 이루어졌다면   武侯妙計如能就

천하가 어찌 진나라 것이 되었으리오   安得山河屬晉朝

몇 년이 지나 다시 오장원과 호로곡을 찾아갔다. 안개 때문에 보지 못하였던 호로곡을 제대로 살펴보고 싶었기 때문이다. 다시 찾은 오장원은 옛 모습 그대로다. 오장원에서 호로곡을 내려다보니 제갈량의 한숨이 절로 이해된다. 하늘이 도와주지 않으면 도저히 빠져나올 수 없는 곳인데 그날따라 소나기가 내렸으니 말이다.

호로곡은 지난밤에도 비가 왔는지 입구가 질펀하다. 하지만 안개가 없으니 오장원과 호로곡을 제대로 살펴볼 수 있다. 호로곡 입구에 도착하니 무너진 집터에는 제갈량을 기리는 사당이 있다. 사당 앞에는 이곳이 옛 호로곡 유지임을 알리는 허름한 표지석이 서

▌오장원서 바라본 호로곡

있다. 표지석 위에는 화공에 쫓기는 사마의의 모습이 새겨져 있다. 내리막길인 입구를 따라 들어가니 좁은 입구는 어느새 넓은 평원이 된다. 저만치 높은 언덕에 오장원이 보인다. 호로곡에 와서 보니 입구를 봉쇄당하면 살아나갈 방법이 없을 듯 보인다. 오장원에서 호로곡 입구를 봉쇄하고 에워싸서 공격하면 그야말로 독 안에 든 생쥐 꼴 모양새다.

▌호로곡 유지임을 알리는 표지석과 호로곡 전투를 묘사한 화상석

▮ 호로곡 입구와 그 옆에 있는 제갈량 사당

　　역사의 현장에 서서 시대를 거슬러 올라가노라니, 오장원에서 회심의
미소를 짓던 제갈량이 아린 가슴 가누며 땅을 치는 모습이 보인다. 호로곡에서
는 목숨을 포기하고 눈을 감던 사마의 부자가 쏟아지는 빗줄기에 환호하며 달
아나는 모습이 보인다. 오장원과 호로곡을 적시는 빗줄기가 차갑고도 뜨겁다.
오장원을 적시는 빗줄기는 제갈량의 한이 서린 눈물인 까닭이요, 호로곡을 적
시는 빗줄기는 사마의 부자가 흘린 감격의 눈물인 까닭이다.

　　사마의 부자를 죽이지 못한 제갈량은 "일을 꾸미는 것은 사람이지만, 일
을 이루게 하는 것은 하늘의 뜻이다(謨事在人成事在天)."라며 탄식하였다. 인간
사는 인간의 뜻대로 이루어지지 않는 경우가 많다. 그래서 '진인사대천명(盡人
事待天命)'이라는 말로 위안을 삼는지도 모를 일이다. 하지만 세상은 원래부터
공평하지 않았다. 그러하매 천명인들 어찌 공평할 수 있겠는가. 결국 제갈량의
'진인사'에 대한 '대천명'은 "사마의는 아직 죽을 때가 아니다."라는 것이었다. 제

갈량의 탄식은 부메랑이 되어 스스로를 더욱 옥죄는 압박감으로 작용하였고, 급기야 건강에도 치명적인 악영향을 끼치게 된다.

임종을 앞둔 제갈량은 자신을 정군산에 장사지내고 일체의 부장품을 넣지 말라고 하였다. 후주 유선은 직접 영구를 정군산으로 호송하여 장사지냈다. 그리고 시호를 충무후(忠武侯)라 하고, 면현(勉縣)에 사당을 지어 계절마다 제사를 지내도록 하였다.

▌ 정군산의 원경

▌ 제갈량의 군영 모습

▌ 면현 무후사 입구

▌ 제갈량의 위패를 모신 숭성사

▌ 제갈량을 참배하는 배전과 그를 칭송하는 편액

      면현 무후사는 섬서성 면현성 서쪽 3km 거리에 있다. 후주 유선이 조서를 내려 만든 사당인 까닭에 '천하제일 무후사'라고 부른다. 현재의 사당 자리는 당시 제갈량의 대본영이 있던 곳이라고 한다. 제갈량의 위패를 모신 숭성사(崇聖祠) 뒤로 제갈량에게 참배하는 배전(拜殿)이 있다. 입구에는 만고의 위인들로 제갈량을 칭송하는 편액이 가득하다. 제갈량은 북벌을 완수하지 못하고 죽었지만 두 군주를 변함없는 충심으로 보필한 신하였기에, 봉건 왕조 대대로 신하의

▌제갈량의 시신이 잠든 면현 무후묘

전범(典範)으로 내세울 수 있었던 것이리라.

　　무후묘 입구에 들어서자 낙루(樂樓)라는 공연장이 있다. 무후사는 방대한 규모임에도 패루(牌樓), 금루(琴樓), 고루(鼓樓), 종루(鐘樓), 침궁(寢宮) 등 배치가 정연하다. 패루에는 예서체의 글씨로 '한승상제갈무향후사'라고 쓰였다. 건물은 고아하고 비각과 원림은 예술적이다. 게다가 각종 서법과 회화들이 있으니 제갈량의 품격을 보는 듯하다.

　　무후묘에는 오늘도 제갈량을 잊지 못하는 사람들의 참배가 이어진다. 나도 잠시 기다렸다가 무후묘를 참배하였다. 묘비에는 '한승상제갈충무후지진

무후묘 입구와 제갈량 고사 공연장

면현 무후묘에 피어난 한련

묘(漢丞相諸葛忠武侯之眞墓)'라고 쓰여 있다. 제갈량의 진짜 시신이 묻힌 곳이다. 중국인들이 극진히 향을 사르는 이유가 있었다. 무후묘 안에는 모양과 색깔이 연꽃을 닮아 '한련(旱蓮)'이라고 부르는 나무가 있는데, 그 꽃의 향기가 멀리까지 퍼진다고 한다. 다른 묘에서는 보지 못한 한련이 이곳에 피는 것도 제갈량의 충심 때문인가. 어쨌거나 꽃만 바라보아도 제갈량의 체취와 풍모가 느껴지는 듯하다. 다시 빗방울이 떨어진다. 오늘처럼 비 오는 날, 두보도 이곳을 찾아 그의 마음을 남겼다.

제갈공명 사당 앞에 늙은 잣나무 孔明廟前有老柏

청동 같고 가시에 뿌리는 바위 같아라 柯如靑銅根如石

빗물 젖은 흰 껍질 둘레는 마흔 아름드리   霜皮溜雨四十圍

푸르름이 하늘에 닿았나 이천 자나 솟았구나   黛色參天二千尺

임금과 신하 때가 되면 만나게 해주는   君臣已與時際會

이 나무를 사람들은 아직도 아낀다네   樹木猶爲人愛惜

구름은 몰려들어 무협으로 이어지고   雲來氣楼巫峽長

달은 높이 떠 차가운 설산 비춘다네   月出寒通雪山白

지난일을 회상하며 동쪽 금정을 향하니   億昨路繞錦亭東

유비와 무후 한 사당에 모셔져 있다네   先主武侯同閟宮

크고 높은 줄기 들판에서 늙어 가고   崔嵬枝幹郊原古

단청은 그윽하나 사당은 비어 있구나   窈窕丹靑戶牖空

오래된 반석 위에 걸터앉아 있을지라도   落落盤踞雖得地

암흑 속에 외로이 솟아 바람만 거세게 몰아치네   冥冥孤高多烈風

스스로를 부지한 것은 곧 신명의 힘이요   扶持自是神明力

바르고 곧게 자란 것은 조물주의 공덕이라   正直元因造化功

큰 집이 기울면 대들보나 기둥감이 필요하지만   大廈如傾要梁棟

산 같은 나무는 만 마리 소들도 고개 돌리리라   萬牛回首丘山重

아름다운 문장 드러나지 않아도 사람들 이미 놀라고   不露文章世已驚

베어 낸다 해도 누가 능히 실어 가랴   未辭剪伐誰能送

땅강아지와 개미에게 괴로움 면하지 못하고   苦心未免容螻蟻

향기로운 잎새에는 봉황이 깃들이리라   香葉終經宿鸞鳳

지사와 은사들은 원망도 한탄도 말아라   志士幽人莫怨嗟

예로부터 큰 재목은 쓰이기 어려웠노라   古來材大難爲用

제갈량 북벌, '공격이 최선의 수비다'

"제가 듣건대 조조의 사위 하후무는 젊었으되, 겁이 많고 지략도 없다고 합니다. 지금 제게 정예병 5천명과 군량 5천 석을 준다면, 곧장 포중으로 나가 진령 산맥의 동쪽을 돌고 자오곡으로 직행하여 북쪽으로 나가겠습니다. 그러면 열흘도 안 되어 장안에 도달할 것입니다. 하후무가 이를 안다면 반드시 배를 타고 도망갈 것입니다. 장안성에는 어사와 경조 태수만 있을 터이니 횡문에 있는 군량 비축창고와 도망치는 백성들이 버린 곡물로도 군량은 충분할 것입니다. 위가 병력을 모으려면 20일은 족히 걸릴 것이므로, 공께서 사곡을 뚫고 나오면 반드시 그전에 도착할 수 있습니다. 이렇게만 되면 함양의 서쪽 지역을 단숨에 모두 평정할 수 있을 것입니다."

제갈량이 유선에게 출사표를 올리고 첫 번째 북벌을 단행할 때, 위연은 이런 전략을 제안하였다. 그러나 제갈량은 "모든 것을 골고루 살펴서 준비한 계책이 아니다."라고 하며 받아들이지 않았다.

이 부분에 대하여 제갈량이 일출기산(一出祈山)의 정벌에서 벌인 용병술에 적잖은 문제점이 있다고 한다. 지모가 넘치고 경륜과 도략에 통달은 했지만, 너무나 신중한 성격으로 인해서 매우 소극적인 전술로 일관하였다는 것이다. 진수도 제갈량을 평가하길, '군대를 지휘하는 데는 능숙했지만 기묘한 전략은 짧았고, 백성을 다스리는 능력이 오히려 장수가 계략을 구사하는 것보다 나았다.'라고 하였다.

제갈량의 신격화에 앞장섰던 나관중도 사마의의 입을 빌려 "제갈량은 항상 신중한 사람이니 억지로 일을 만들려고 하지 않는구나. 만약 내가 계략을 짰다면 자오곡을 통해 북진하여 속히 장안을 점령하였을 것이다. 그가 이를 선택하지 않은 것은 지략이 모자라서가 아니라 굳이 위험을 무릅쓸 필요가 없었던 것이겠지만."이라며 위연의 계략에 손을 들어 주었다.

제갈량은 위나라에 대한 북벌을 모두 5번 단행하였다. 이중 2번이 지금의 보계시인 진천으로 진격하였고, 나머지는 감숙성 동남부 방면이었다. 이러한 제갈량의 북벌정책에 강하게 불만을 표시한 것은 위연이었다. 위연은 장안 공략의 가장 빠른 길인 자오곡을 통해 진격할 것을 권하였기 때문이다. 제갈량이 이를 모를 리 없었을 텐데 어째서 우회 전략을 썼던 것일까. 이는 그가 국가 장기 전략으로서 '용무지지(用武之地)'의 중요성을 누구보다도 고심하였기 때문이다. 장수들이 기산만을 강조하는 제갈량에게 그 까닭을 묻자, 그의 심오한 전략의 한 부분을 알려 주었다.

"기산은 바로 장안의 머리이다. 농서(隴西)의 여러 군에서 병력을 이동할 경우에도 반드시 이곳을 거쳐야 한다. 더더욱 중요한 것은 앞으로는 위수를 굽어보고 뒤로는 사곡(斜谷)에 접해 있어, 왼편 오른편으로 드나들며 마음대로 군사를 매복시킬 수 있으니 바로 이곳이 용무지지다."

청나라의 대학자 왕부지는 『독통감론』에서 제갈량의 이러한 전략에 대해 '공격으로 전환함으로써 수비의 열세를 막아 낸다.'라고 하였다. 즉 천수, 남안, 안정을 제압하고 있으면 위나라가 북쪽으로부터 촉을 공격하는 일은 불가하기 때문에 국가 방어에 매우 유용하다는 것이다.

촉은 삼국 중 가장 열악한 환경에 있었다. 경제력은 물론 병사 부족도 심각하였다. 제갈량은 경제력을 해결하기 위해 남정을 완료하였다. 이제 강대한 위나라에 대항하기 위해서는 국방력 증강이 필수였다. 이를 위해 제갈량은 진한 이래 가장 중요한 병사공급지인 감숙성 동남부 지역의 양주를 공략하였다. 촉한 건국 시 최고의 수훈 자리를 차지한 마초와 마대도 양주 지역의 세력을 가진 가문이었기 때문이었다. 또한 제갈량이 발탁한 강유도 천수 출신인 그가 양주인사들과의 교분이 있던 점이 반영된 것이었다. 제갈량이 이처럼 양주를 중시한 것은 국가백년지계를 책임진 자로서의 고뇌가 반영된 것이기도 하다. 즉, 양주를 점령하여 이곳의 인력을 편입시켜 병사로 확보하고, 아울러 뛰어난 군마(軍馬)를 공급받기 위함이었던 것이다. 나아가 양주 동남부의 곡창 지대를 통해 만성적인 식량 부족도 해결할 수 있었기 때문이다.

모택동은 "전쟁은 정치의 계속이다."라고 하였다. 제갈량의 북벌은 단순히 영토 확장을 위한 전쟁이 아니라 이러한 촉한 내부의 문제를 해결하고 이를 통해 방비를 튼튼히 한 후, 때를 보아 중원을 탈환하는 장기적인 국가 전략이었다. 제갈량이 말한 '모든 걸 두루 살펴 갖춘 계책'이었던 것이다. 바로 이러한 점에서 제갈량은 탁월한 정치가이자 지략가라 할 수 있다.

45. 촉군의 울음소리만 검각을 넘어가네

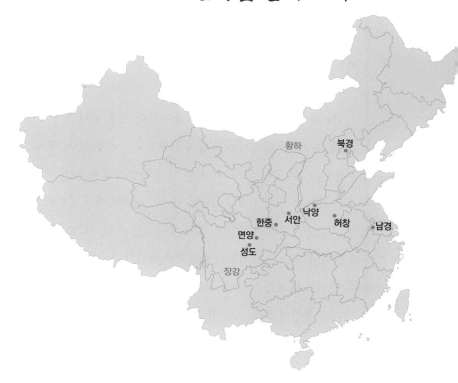

제갈량은 임종을 앞두고 비밀리에 군사들을 철수시키는 방안을 마련하였다. 대사를 양의에게 맡기고 군사 기밀은 강유에게 전수하였다. 위연에게는 뒤에서 추격해 오는 사마의를 막도록 하였다.

결국 양의와 사이가 안 좋은 위연이 반기를 든다. 제갈량의 우려가 적중한 것이다. 제갈량은 죽기 전에 은밀히 마대를 불러 위연의 반란에 대응하는 계획을 일러주었다. 마대는 제갈량의 계략대로 위연을 죽였다.

제갈량은 누구보다 먼저 위연을 꿰뚫어 보고	諸葛先機識魏延
훗날 서천을 배반하리라 간파하고 있었네	已知日後反西川
비단 주머니에 계책 남길 줄 그 누가 알았는가	錦囊遺計人難料
바로 눈앞에서 마대가 성공하는 것 보게 될 줄을	却見成功在馬前

위연과 양의의 관계는 물과 기름이었다. 둘은 만나면 항상 말다툼을 벌였고, 도가 지나치면 위연이 칼을 뽑아 양의를 겨누곤 하였다. 양의는 너무 분해 눈물을 흘렸다. 위연과 양의가 이처럼 사이가 좋지 않았지만, 그렇다고 위연이 반란을 한 것은 아니다. 선봉장이었던 위연이 퇴군할 때에 반란을 도모하였다면 그것은 쉬운 일이었기 때문이다. 역사적 사실은 다른 데 있다. 즉 양의의 관리 감독을 받아야 하는 것에 위연이 반발하고 자신의 아들들을 데리고 한중으로 달아나자, 양의가 마대를 시켜 추격하여 죽인 것이다. 오히려 앙숙인 위연을 제거하자 양의의 흑심이 드러났다. 바로 제갈량의 뒤를 이은 장완에 대한 불만이었다. 자신보다 공이 낮은 장완이 국정을 총괄하는 대임을 맡았기 때문이다.

"지난날 승상께서 돌아가셨을 때 내가 대군을 이끌고 위에 투항했어도 진정 이렇게 쓸쓸하겠소?"

이 말로 양의는 파면되어 평민이 된다. 그리고 위연이 죽은 지 1년 반 만에 양의도 자살한다. 이쯤 되고 보면 누가 더 모반의 마음을 품었는지 여실히 알 수 있지 않은가. 그런데 나관중은 양의는 긍정적으로 그리고, 위연은 부정적으로 묘사하였다. 양의를 이용하여 위연을 제거한 신묘한 제갈량의 이미지 형상화에만 온 정신이 집중되었기 때문이다. 촉한은 인재가 궁핍하였다. 그런 와

중에 내부 갈등으로 인한 위연의 피살은 개인의 비극을 넘어 촉의 정권을 몰락시키는 비극이 되었다.

장완이 죽자 제갈량의 유언대로 비의가 뒤를 이었다. 비의는 기억력이 뛰어나고 머리가 비상하였다. 성격도 매력적이었다. 그런데 술과 도박을 좋아하였다. 비의도 장완처럼 한중에 주둔하였지만, 명석한 판단력을 바탕으로 결코 무모한 싸움은 걸지 않았다. 힘의 한계를 잘 알고 있었기 때문이다. 강유가 대군을 이끌고 농서(隴西)방면으로 나가 그 땅을 빼앗겠다고 하자, "우리보다 훨씬 뛰어난 능력을 가졌던 승상조차도 중원 땅을 평정하지 못했거늘, 하물며 우리가 어찌 그 일을 해낼 수 있겠소?"하며 타이른다. 또한 비의는 사사건건 충돌하던 위연과 양의(楊儀) 사이에서 내부가 분열되지 않도록 잘 조정하였다. 입이 거친 손권조차도 기울어 가는 촉나라를 떠받칠 중신은 비의라고 칭찬하였다. 비의는 어떻게 손권에게서까지 칭찬을 받은 것일까.

제갈량이 남만 정벌을 완수하고 성도로 돌아오자 곧바로 촉오 동맹을 회복시키고자 하였다. 이때 제갈량이 비의를 소신교위(昭信校尉)로 삼아 오(吳)에 사신으로 파견하였다. 손권은 비의가 사신으로 오자 연회를 베풀었다. 그런데 비의가 연회장을 들어서며 살펴보니, 오나라의 참모들은 손권이 미리 지시한 대로 모두 연회에 차려진 음식을 먹느라고 비의를 거들떠보지도 않았다. 이를 본 비의가 사언시(四言詩)를 지었다.

봉황이 멀리서 날아오느니	鳳凰來翔
기린은 음식을 뱉고 맞이하는데	麒麟吐哺
노새들은 아무것도 아는 게 없어	驢騾無知
엎드린 채 게걸스레 먹기만 하는구나	伏食如故

손권의 참모들이 체면이 구겨지자 제각각이 한 수 응대를 하였다.

오동나무 심어 잘 가꾸어 놓고	愛植梧桐
봉황이 오기만을 기다렸는데	以待鳳凰
감히 제비와 참새 따위가 와서	有何燕雀
자칭 봉황이 왔다고 하는가	自稱來翔
어찌 화살을 쏘아서	何不彈射
고향으로 돌려보내지 않을 수 있겠는가	使還故鄉

손권은 비의의 품격을 확인한 후 본격적인 연회를 베풀었다. 오나라의 참모들이 조롱과 힐난의 말들을 쏟아 내도 비의는 돈독하고 이치에 의거하여 답변을 하였다. 그러자 동오의 참모들도 더 이상 힐난할 수 없었다. 이를 지켜본 손권은 비의에게 자신이 지니고 있던 보검을 선물로 주면서, "그대는 천하의 아

▌ 검각현에 있는 비의의 묘

름다운 덕을 지닌 사람이오. 반드시 촉의 중신(重臣)이 될 것이라 생각되오. 그리하여 우리 오나라에 여러 번 오지 못할 것이 걱정되는구려." 하며 칭찬하였다.

253년, 이러한 비의도 결국 술을 좋아한 것이 화근이 되어 연회에서 만취하였을 때 위나라에서 귀순해 온 곽순(郭循)의 칼에 찔려 죽는 운명이 되었다. 제갈량의 유언에 따라 근근이 나라를 지탱해 오던 촉한도 서서히 그 종말을 고하고 있었다.

유비가 세운 촉한 정권은 복잡한 구조로 이루어져 있다. 유비의 수족과도 같은 핵심 세력인 '형주파', 촉 땅 본토에서 세력을 키운 '익주파', 그리고 유장이 다스리는 익주에 몸을 의탁한 세력인 '동주파'가 있다. 이들은 서로를 견제하며 세력 쌓기에 분주하였다. 하지만 정권의 주체는 어디까지나 형주파였다. 이에 익주파와 동주파의 불만이 심하였다. 제갈량은 이러한 점을 인식하였기에 이들 세력 간의 균형을 꾀하고 협조를 이끌어 내기 위해 애썼다. 이를 위해서는 객관적인 원칙이 필요하였다. 그것은 법을 엄격히 하고 이에 따라 나라를 다스리는 것이었다.

제갈량이 유비 탁고를 같이했던 이엄을 파직한 것이나 가정 전투의 패배를 이유로 마속을 죽인 것도 이러한 신구 갈등을 해결하고 국가의 안정을 도모하고자 하였던 의지의 표명이었다. 촉나라는 제갈량이 솔선수범하며 공평무사하게 다스린 까닭에 잠시 평온했던 것일 뿐이다. 제갈량이 죽자 그의 장례가 끝나기도 전에 권력 투쟁이 시작되는데, 그 주인공이 바로 위연과 양의였다.

"촉군이 비록 물러가기는 했지만 결국 그들에게는 이긴 기세가 있고 우리에게는 허약한 실체가 있으니, 반드시 그들이 쳐들어올 첫째 이유이고, 촉군은 모두 제갈량이 훈련시킨 정예병이라 지휘하기가 쉽지만, 우리는 장수가 때도 없이 바뀌고 군사 또한 훈련이 미숙하니 반드시 쳐들어올 둘째 이유이고, 촉군은 대부분 배를 타고 이동하여 편하지만 우리 군사는 모두 걸어야 하기 때문에 지치게 되니 그들이 반드시 쳐들어올 셋째 이유다. 적도, 농서, 남안, 기산 네 곳은 모두 싸워서 지켜야 할 곳이기 때문에 촉군들은 동쪽을 치는 체하다가 서쪽을 치고, 남쪽을 치는 체하다가 북쪽을 쳐 우리는 군사를 나누어 지킬 수밖에 없는데, 촉군은 한 덩어리가 되어 쳐들어오니 이것은 그들이 우리 군사의 4분의 1만 대적하는 꼴이 되므로 반드시 쳐들어올 넷째 이유이고, 촉군이 만약 남안이나 농서로 쳐들어오면 강인들의 곡식을 먹을 수 있고 만약 기산으로 쳐들어오면 보리가 있어 먹을 수 있으니 그들이 반드시 쳐들어올 다섯째 이유이다.”

어이없게 암살당한 비의의 뒤를 이어, 강유가 최고 군사 책임자가 되었다. 비의의 제재에 북벌을 감행하지 못하고 있던 강유는 제갈량의 뜻을 잇기 위해 대군을 이끌고 위나라 군과 대결한다. 강유는 장수였기에 군사적 재능이 뛰어났다. 하지만 장완과 비의처럼 정치적 감각은 탁월하지 못하였다. 오직 제갈량이 이루지 못한 북벌에의 꿈을 이루기 위해 동분서주하였다. 위나라의 상대는 등애(鄧艾)였다. 등애는 강유가 북벌을 계속할 수밖에 없는 다섯 가지 이유를 정확히 꿰고 있는 뛰어난 장수였다.

강유는 서방 풍속에 익숙하였다. 그래서 강족을 꾀어 우군으로 삼고 농서 지역을 위나라에서 분리하여 지배하려는 전략을 폈지만 결실을 이루지 못하였다. 강유의 출병은 계속되었지만 이렇다 할 전과는 없었다. 전쟁은 계속되고 국력은 피폐해졌다. 높아진 원성만큼 북벌은 어려워졌다. 몇 번의 북벌이 실패로 끝나자, 강유는 답중(沓中)에서 둔전을 치며 다시 기회를 노릴 수밖에 없었다.

한편 위나라는 조씨를 물리치고 사마씨들이 득세하였다. 249년, 사마의는 쿠데타를 일으켜 조상 일파를 숙청하고 권력을 거머쥔다. 계속해서 사마사, 사마소로 세력이 강화되자 254년, 조방의 측근인 하후현, 이풍, 장집이 사마씨를 타도하기 위해 다시 쿠데타를 계획하지만, 사전에 발각되어 모두 처형을 당한다. 이를 계기로 조방도 퇴위되고, 고귀향공(高貴鄕公) 조모를 즉위시킨다. 이제 조조가 그리하였던 것처럼 사마씨의 천하가 된 것이다.

257년에는 양주 방면의 총사령관인 제갈탄이 반란을 일으켰다. 그는 오나라의 협력을 구하면서 수춘을 거점으로 저항하지만, 조모와 함께 대군을 이끌고 공격하는 사마소에게 결국 목숨을 잃는다. 산발적인 쿠데타는 모두 실패하고, 이를 모두 진압한 사마소는 찬탈을 위한 권력을 확고하게 쌓아 간다. 260년에는 종이황제 조모가 사마소의 전횡에 빈약한 세력을 이끌고 거병하지만 곧 진압되었다. 사마소는 꼭두각시 황제로 상도향공(常道鄕公) 조환을 즉위시켰다.

263년, 사마소는 강유가 이끄는 촉의 동쪽 방어선이 약화되어 한중이 비어 있음을 알고, 종회로 하여금 강유를 답중에 묶어 두고 한중을 습격하도록 하고자 10만 대군을 출동시켰다. 농서에 있던 등애도 합류하자, 강유는 후주에게 급히 표를 올렸다.

'좌거기장군 장익(張翼)에게 군사를 주어 양평관(陽平關)을 사수하게 하고, 우거기장군 요화(廖化)에게 군사를 주어 음평교두(陰平橋頭)를 사수하도록 명령을 내리소서. 무엇보다도 이 두 곳이 가장 긴급합니다. 만약 이 곳을 모두 빼앗긴다면 한중을 차지할 수 없습니다. 신은 직접 답중에서 군사를 이끌고 막아내겠습니다. 또한 급히 사자를 오로 보내어 구원을 요청하소서.'

전선은 위급한데 후주는 움직이지 않았다. 환관 황호의 농간으로 주색에만 빠져 있었기 때문이다. 등애의 군대가 강유의 주력군을 견제하는 사이, 옹주(雍州) 자사 제갈서가 중로군을 이끌고 음평교두로 진격하여 촉군의 동서 연결로를 차단하면 그 사이에 종회의 군대가 한중을 급습, 검각을 빼앗은 후 성도로 쳐들어갈 계획이었다. 검각이 뚫리면 성도는 바람 앞의 등불과도 같다. 한중이 손쓸 틈도 없이 위나라의 수중에 들어가자 강유는 위기를 인식하고, 서둘러 검각을 구하고자 하였다. 하지만 쉬운 일이 아니었다. 먼저 등애의 추격에서 벗어나야 하였고, 그 다음으로는 제갈서가 지키는 음평교두를 지나가야만 했기 때문이다. 강유가 고민하고 있을 때, 부장 영수(寧隨)가 묘책을 내놓았다.

"위나라 군사가 지금 교두곡을 막고 있다면 옹주는 반드시 군사가 적을 것입니다. 장군! 공함곡(孔函谷)을 따라 옹주를 치는 척하면, 제갈서는 분명 음평의 군사를 옹주로 급히 철수시킬 것입니다. 그때 장군은 다시 군사를 이끌고, 교두곡을 거쳐 검각을 지키소서. 그렇게 되면 한중을 되찾을 수 있을 것입니다."

부장 영수의 계책은 적중하여 강유는 종회보다 먼저 검각에 도착하여 종회의 공격을 막아 내고 최후 방어선인 검문관을 사수하였다. 강유가 교묘하게 위군의 추격을 따돌리고 신속하게 검각을 구함으로써, 하마터면 촉의 존망 여부가 달릴 뻔한 긴박한 위기를 모면한 것이다. 이제 전세는 수비를 하는 촉에게 유리해졌다. 강유와 그의 군사들은 죽기를 각오하고 위나라 군대를 막았다. 때때로 관문을 나와 위나라 군사들에게 통렬한 타격도 입혔다. 그렇게 하기를 3개월. 종회는 관문을 통과하기에는 손해가 크고 군량도 바닥을 보이고 있어서 철수를 생각하였다. 종회가 검문관에서 전진하지 못하고 있을 때, 등애는 2천명의 결사대를 이끌고 음평소로를 따라 험준한 마천령을 넘었다. 제갈량이 오래전에 우려하였던 일이 벌어진 것이다.

음평의 험한 고개는 하늘처럼 높아서	陰平峻嶺與天齊
검은 학도 배회하며 날기를 주저하는데	玄鶴徘徊尚怯飛
등애가 담요로 몸을 감고 이곳으로 굴러 내리네	鄧艾裹氈從此下
그 누가 알았을까, 제갈량이 이미 예견하였던 것을	誰知諸葛有先幾

▌ 면양 서산의 장완묘 입구

▌ 제갈량의 뒤를 이어 촉한을 이끈 장완의 묘

마천령을 넘은 등애의 군사는 두려울 것이 없었다. 공격은 파죽지세고, 점령은 식은 죽 먹기였다. 풍전등화. 촉한의 운명도 끝나 가고 있었다.

장완의 묘는 사천성 면양(綿陽)시 서산(西山)의 산등성이에 있다. 풀 속 산길의 계단을 올라가니 팔각형으로 쌓아놓은 아담한 묘가 보인다. 더위를 식힐 겸 잠시 그의 묘 앞에 머물렀다. 흔들림조차 없는 풀잎이 다소곳한 장완의 묘를 내려다보고 있다. 장완은 도량이 넓고 솔직하며 조용한 인품이었다. 이러한 그의 성품은 공명이 북벌에 전념할 수 있도록 말없이 홀로 견마지로를 다하였다. 제갈량은 이러한 장완에게 끝없는 신뢰를 보냈다.

하지만 장완은 부드러울 뿐 카리스마가 없었다. 부드러운 리더십은 비상시 정국을 이끌기에는 부족함이 많다. 장완이 내놓은 상용 기습 계책이 수뇌부의 동의를 얻지 못한 것도 그의 성격을 간파한 목소리 큰 익주 출신 신하들의 반대 때문이었다. 아니 이미 국가를 위해 싸울 의향이 없는 촉에서 장완은 끝없이 작아지는 자신을 반추해야만 하였다. 제갈량의 유지를 받들지 못함과 제갈량을 그리는 마음이 온 가슴을 파헤쳤으리라. 그의 묘는 무더위 속에서도 여전히 품위를 잃지 않고 냉정하다. 제갈량보다 못하다는 평가에도 의연하다. 당연함을 인정하는 그의 바른 자세가 새삼 더위를 잊게 한다.

산은 하늘과 맞닿은 듯 험준하고 자동차는 구불구불 산길을 비켜 돈다. 숨이 차 헐떡이는 차창 밖으로 끝 모를 절벽이 아찔하기만 하다. 봉우리를 삼킨 운무가 좌우를 휘감고 내려와 그날의 아픔을 기억하려는 듯 포효의 빗줄기를 뿜어 낸다. 깎아지른 절벽이 72개의 봉우리 마다 예리한 검이 되어 하늘을 찌르고 있는 곳. 일찍이 이백이 '검각의 성문은 높이가 5천 장이요, 검각의 바위는 누각이 되어 하늘을 연다.'라고 노래한 검문관(劍門關)이 험준한 산맥 사이 길목 한가운데 우뚝하다.

관소의 문을 닫으면 날개가 있어도 날지 못하고, 한 명이 관을 지키면 만 명을 무찌를 수 있다는 말이 그야말로 제격인 요새다. 천하요새인 검문관은 광원시 검각현에 있다. 이곳에서 성도(成都)까지는 남쪽으로 약 300km. 이곳을 떨어뜨리면 사천을 얻는 것과 같고, 이곳을 지키면 사천은 안전하다는 말이 있듯, 이곳은 촉의 북쪽 중요 방어선이다. 그리하여 병가필쟁의 땅이기도 하다. 제갈량은 북벌을 위하여 이곳 관도(關道) 30리를 보수하고 촉의 방어선을 강화하였다.

검문관 입구 바위에는 시인 묵객들이 남긴 글귀들이 즐비하다. 검문관에 오르니 멀리 험준한 산맥이 길게 늘어서 있다. 고산준령 속에 검문관이 있으니, 어찌 천험의 요새가 아니리오. 이러한 요새에서 강유와 그의 군사들은 촉을 지키기 위하여 몸을 던졌다. 칼을 쳐들어 바위를 내리치고 큰소리로 외치며 비분강개를 드러냈다. 촉군의 기상은 골짜기를 타고 메아리치면서 수십 리 산천을 울렸으리라.

강유가 지휘를 하였다는 영반취를 둘러보고 검각산을 올랐다. 절벽을 깎아 만든 계단 길은 뒤조차 돌아볼 수 없을 지경이고, 한 사람이 겨우 지나갈 정도의 바윗길은 맨 몸으로 오르기도 벅차다. 숨가쁨에 쉬기를 몇 번이나 했던가. 땀범벅이 된 윗도리는 소금이 버석거린다. 정상에서 사방을 둘러보니, 과연 검각(劍角)이란 이름에 걸맞게 기세의 장대함이 비할 곳이 없다. 아래를 내려다보는 순간, 다리의 힘이 풀린다. 어떻게 올라왔는지 감탄사가 절로 나온다.

검각산의 남쪽으로 내려가니 논두렁길 옆으로 나무가 우거진 조그만 봉분에 커다란 비석이 있다. 제갈량의 유지를 받들지 못하고 비통하게 죽음을 맞이한 강유의 묘다. 강유는 성도에서 죽었다. 후주 유선이 항복하자 강유는 조국

72봉이 둘러친 험준한 검각산의 원경

▌한 명이 만 명을 무찌를 수 있다는 검문관의 위용

▌검각산에서 본 천하제일의 요새 검문관

▌검각산 아래에 있는 강유의관묘

인 촉을 다시 구하기 위하여 위나라 장수로 촉을 점령한 야심가 종회와 은밀히 결탁하였다. 그리고 위나라에 반기를 든다. 하지만 일은 성사되지 못하고, 강유와 그의 처자들은 죽임을 당하였다. 그렇기에 강유의 시신은 보호되기 어려웠다. 그런데 어떻게 머나먼 이곳에 묘가 있을까. 후세 사람들이 강유를 기려 만든 것임을 알 수 있다. 강유는 주어진 환경에서 최선을 다하였다. 그것이 정의로움이라고 믿었기에 어려움도 마다하지 않았다. 오늘도 그의 이름이 회자되는 이유는 바로 정의로움에 있다. 10여 년 만에 다시 찾은 검문관은 변함없이 당당

▌ 강유상

▌ 검문관을 죽음으로 지킨 강유와 병사들

▌ 유비상

▌ 강유와 대치하며 설치한 종회군의 고루

▌ 강유군이 사용했다는 우물

하다. 이곳에도 세계적인 경제 대국의 부를 자랑하듯 문화 관광사업의 흔적들이 보인다. 유비, 제갈량 및 강유의 석상들이 들어서 있고, 삼국지는 물론 이곳과 관련된 위인들이 있으면 그것이 전설이라도 상관없이 곳곳에 배치하고 설명해 놓았다. 여러 건물 중에 특이한 것이 눈에 들어온다. 삼국 시대 당시 적군의 동태를 살피던 보루(堡壘)를 만들어 놓았는데, 살펴보니 '종회고루(鐘會鼓樓)'라고 쓰여 있다. 종회가 검각에서 강유군과 대치할 때 북을 치며 전략을 펼치던 것을 표현한 것이다.

마대가 위연을 죽인 유적은 한중(漢中)에 있다. 한중시 북문 밖 광장 구석에는 옛날 호두교임을 알리는 비석이 있다. '고호두교(古虎頭橋)'라 쓰여 있는 상단에 작은 글씨로 '한나라의 마대가 위연을 참수한 곳'이라고 적혀있다. 그 옛날 마대에 쫓기던 위연이 여기에서 죽었음을 알게 해 준다.

▌ 마대가 위연을 참수한 호두교

강유의 북벌이 남긴 것

"강유는 당대의 직무를 충성스럽고 부지런히 힘쓰며 생각 또한 정밀하니, 그의 재능을 살펴보면 이소, 마량 등도 따라오지 못합니다. 그는 양주에서 제일 가는 인물입니다."

제갈량이 자신의 후임으로 인정하며 굳게 믿은 강유는 제갈량의 북벌 정신을 이어받아 아홉 번의 북벌에 나선다. 이를 일컬어 '구벌중원(九伐中原)'이라 한다. 제갈량을 신묘한 인물로 묘사한 나관중은 강유 또한 제갈량의 이미지에 맞추기 위해 심혈을 기울였다. 그리하여 이기지 못하고 돌아온 2차 북벌과 4차 북벌은 묘사하지 않았다. 그리고 승리를 거둔 것으로 묘사된 6차와 7차 북벌은 사서에 기록되지 않은 허구다. 『삼국지연의』가 전반적으로 그러하듯이, 나관중은 취사선택과 허구를 적절히 가미하여 제갈량 후계자로서의 강유의 이미지를 부각시켰다.

제갈량 사후에도 계속된 강유의 승산 없는 북벌은 익주파에게 전쟁을 반대하는 빌미를 제공하였다. 그중에서도 최고의 반대론자는 초주(譙周)였다.

"지금은 결코 진나라의 말년이 아니다. 오히려 전국 시대 꼴이다. 그렇기에 우리는 한 고조가 될 수 없으며, 잘해야 주 문왕 정도가 가능하다. 만약 세상 돌아가는 형편과 정세 판단 없이 오로지 무력만 일삼아 전쟁을 일으킨다면, 우리는 틀림없이 괴멸한다. 그때가 되면 신선도 우리를 구하지 못한다.”

백성들 또한 전쟁에 필요한 막대한 비용의 지출과 전쟁에 동원되는 것을 좋아할 이유가 없었다. 당시 촉나라의 가구 수는 28만 호, 인구는 약 94만 명이었다. 군대는 10만 2천 명에 관리가 4만 명이었다. 두 집에 한 명꼴로 종군하였고, 7가구가 1명의 관리를 책임져야 하였다. 그야말로 백성들의 고통은 말이 아니었다. 이러한 피폐한 삶의 연속은 아무리 국가 보존을 위한 전쟁이라고 하여도 백성들의 호응을 얻을 수 없다. 오히려 원망만 높아질 뿐이다. 이러한 촉의 정황은 오나라의 사신으로 촉나라를 다녀간 설후(薛珝)의 말에서도 잘 나타나 있다.

“제가 가서 보니 촉은 이제 끝난 것 같습니다. 조당에는 올바른 목소리를 내는 자가 없고, 논밭에는 피폐한 백성만 보이기 때문입니다. 어찌 이런 나라치고 망하지 않은 나라가 있습니까? 제갈량이 다시 살아온다고 해도 예전으로 되돌릴 수는 없을 것입니다.”

백성들이 중시하는 것은 배불리 먹고 즐겁게 지낼 수 있는지 여부다. 백성들의 국가는 이를 전제로 존재한다. 정치가는 권력을 중시하고 이를 누리기 위해 애쓴다. 이를 위해 국가가 필요하다. 백성은 권력에 약하지만 국가를 바꿀 수 있다. 국가와 권력은 백성의 희망이 아니기 때문이다. 하늘의 뜻과도 같은 백성의 뜻을 읽지 못하면 백성은 새로운 국가와 새로운 권력을 찾는다. 국가와 권력을 소유하지 않되, 이를 바꾸는 힘, 이것이 곧 백성이고 이것이 또한 만고불변의 법칙이다.

46. 촉한을 버리는 것만이 살 길입니다

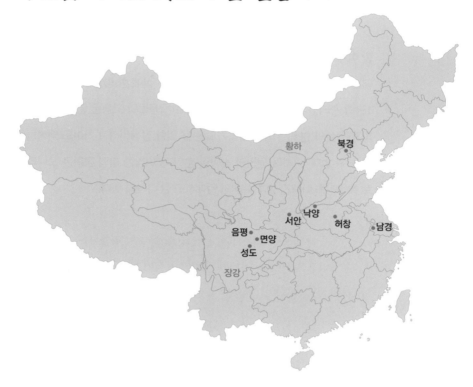

　　"정서 장군 등애는 행도호위장군 제갈첨과 그 사졸들에게 고하오. 살펴보건대 근자에 훌륭한 인물로 공의 부친만 한 분은 없소. 지난날 초려에서 출사하실 때부터 천하가 셋으로 나뉠 것을 예견하셨고, 마침내 형주와 익주를 차지하여 패업을 건설했으니 고금을 다 뒤져보아도 쫓아올 사람이 없소. 여섯 번이나 기산으로 출동한 것은 지략과 전력이 모자라서가 아니라 어쩔 수 없는 운명이었소. 지금 후주는 우둔하고 무능하여 왕기가 이미 다하였소. 이 등애는 황제의 명을 받들어 대군을 이끌고 촉을 정벌 중이며, 이미 많은 곳을 빼앗았으니 성도가 무너지는 것은 내 손에

달렸소. 그런데 공은 어째서 하늘의 뜻과 사람들의 마음에 순응하지 않으시오? 도리를 따라 귀순하면 등애는 공을 낭야왕에 임명토록 표주하여 조종을 빛낼 수 있도록 하겠소. 결코 헛된 말을 하는 것이 아니니 깊이 유념하시기 바라오.”

　　등애와 종회가 이끄는 위군의 대공세가 시작되자 강유는 검각을 사수한다. 강유는 위군에 대항하고 싶었지만 유선은 원군을 보내 주지 않았다. 아니, 유선은 황호(黃皓)의 품에서 헤어나지 못하였고, 황호는 무속에만 몰입하며 정사를 망쳤다.

　　종회가 검각을 에워싸고 있는 사이, 등애군은 샛길을 지나 마침내 험준한 산맥을 넘어 음평을 빠져나왔다. 그리고 강유성(江油城)을 공격하였다. 강유성은 마막(馬邈)이 지키고 있었다. 하지만 그는 나약한 장수여서 위나라 군사가 쳐들어오자 곧장 항복하고 말았다. 마막의 아내는 남편이 불충불의(不忠不義)한 사람이라는 것을 알고는 스스로 자결하였다. 등애와 그의 군사들은 마막 부인의 행동에 감동하여 그녀를 후하게 장사지내고 제사를 올렸다.

　　환관 황호의 손아귀에서 놀아나던 후주가 위급함을 알았을 때, 등애군은 이미 성도 부근의 면죽(綿竹)까지 들이닥쳤다. 전의(戰意)를 잃은 신하들은 어찌할 바를 몰랐다. 제갈량의 아들 첨과 손자 상이 나섰다. 제갈첨이 이끄는 7만 명의 결사대에 촉한의 운명이 달려 있었다. 그러나 뛰어난 전략가인 아버지 제갈량만큼 병법을 터득하지 못했음인가. 전황(戰況)은 제갈첨에게 불리하였다. 투항을 권유하는 등애의 편지가 최후의 시간이 왔음을 알려주는 듯하였다. 제갈첨은 죽음으로 아버지의 뜻을 이었다. 그의 아들 상 또한 죽음으로 아버지를 따랐다.

충신의 지략이 모자라서가 아니라	不是忠臣獨少謀
하늘이 뜻이 있어 촉한을 망하게 하네	蒼天有意絶炎劉
그 당시 제갈량은 훌륭한 자손 두었으니	當年諸葛留嘉胤
굳센 절의 참으로 무후를 이을 만하도다	節義眞堪繼武侯

성도의 후주는 좌불안석이었다. 군신들은 자신의 안위만 걱정하고 있었다. 남쪽으로 도피하거나 오나라에 의탁하자는 논의가 있었으나 결론이 나질 않았다. 광록대부 초주(譙周)가 나섰다. 오나라로 가는 것은 신하를 자청해야 하는데, 작은 나라를 선택해서 그렇게 하는 것은 나중에 두 번 굴욕을 당할 수 있고, 남쪽은 복종할 줄 모르는 민족이기에 우리 촉나라가 막다른 골목에 처하면 그들은 우리를 배신할 것이라며 반대하였다. 그는 후주에게 조용히 권유하였다.

"오는 아직 위에 항복하지 않았습니다. 이 같은 상황에서 등애는 우리가 항복하면 반드시 받아들일 것입니다. 그런 후에 분명 우리 쪽을 잘 예우해 줄 것입니다. 만약 위가 말씀드린 바대로 폐하께 토지와 작위를 주지 않으면 초주가 친히 위로 건너가서 고대의 도리를 따져가며 끝까지 싸울 것입니다."

길은 한 가지, 위나라에 항복하는 것뿐이라고 설득하였다. 후주 유선은 초주의 말에 따라 등애군에게 투항하였다. 위나라 종회와 등애가 출병한지 고작 2개월 만에 촉한은 멸망하고 말았다.

심산유곡에도 길은 있다. 산새도 날지 않는 S자 길인 음평도를 달린다. 오직 부강(涪江)만이 인적 없는 길을 따라오며 역사의 현장으로 나를 안내한다. 제갈량은 북벌을 하기 전에 전략상 이 길의 중요성을 알고, 요소요소에 관문을 설치하고 방비를 튼튼히 하였다. 하지만 강유가 이곳의 방위력을 삭감하였기에 등애의 공략에 속수무책으로 당해야만 하였다.

▌ 물안개가 피어 오르는 부강 풍경

▌ 부강을 건너는 다리

▐ 등애군이 넘어간 마천령

▐ 검각을 넘어 성도로 가는 음평고도

▐ 등애군이 마천령을 넘어간 길

　　사천성 강유(江油)시 평무(平武)현 남패진(南霸鎭)에 도착하여 마막(馬邈)

이 지켰다는 강유관(江油關)을 찾았다. 강유관은 음평도 남부의 매우 중요한 관

문이었다. 그런데 이곳을 지키고 있던 마막은 겁쟁이여서, 북쪽에서 등애군이 쳐

들어온다는 소리에 교전 한 번 해보지 않고 투항해 버렸다. 덕분에 등애는 피 한

방울 흘리지 않고 강유관을 차지하고, 계속해서 성도를 향해 남하할 수 있었다.

▌ 등애가 무혈입성했던 강유관 터의 옛 모습　▌ 남편의 치욕에 자살한 마막의 처를 기리는 비　▌ 예전의 용주였음을 알려 주는 비

　　지금은 당시의 관문이나 성벽은 찾아볼 수 없고, 이곳에 관소가 있었음을 알리는 '촉한 강유관(蜀漢江油關)'이라는 표지석만 길옆에 쓸쓸하게 서 있다. 조금 떨어진 마을 산중턱에 애처로운 모습으로 서 있는 비석이 눈에 들어온다.

　　"당신은 대장부가 되었음에도 불충불의(不忠不義)한 마음부터 가지면서 여태껏 뻔뻔하게 나라의 작록(爵祿)을 받았단 말이오? 내가 무슨 낯이 있어 당신을 다시 보겠소!"

　　겁쟁이 남편 마막의 항복에 반대하여 자결한 그의 처를 기리는 비석이다. 그 비석에는 다음과 같이 쓰여 있다.

　　'한수장마막□의처이씨고리(漢守將馬邈□義妻李氏古里)'

명나라 때 세워진 이 비석은 중간에 글씨가 한 자 지워져 있다. 이는 '충(忠)'자인데, '마막의 충의의 처'를 '마막충'으로 잘못 읽은 장사꾼들이 파낸 것이라고 한다. 후세 사람들이 그녀의 충의로운 뜻을 기려 시 한 수를 지었다.

유선이 혼미하여 촉 사직 무너뜨리려고	後主昏迷漢祚顚
하늘은 등애가 서천을 취하게 하였네	天差鄧艾取西川
가련하도다, 파촉에 명장들 많다 하지만	可憐巴蜀多名將
강유성의 이씨 부인에 미칠 자 없네	不及江油李氏賢

2008년 5월, 서안에서 한중과 면양을 거쳐 성도까지 다시 한 번 살펴보고 오려는 계획을 세웠다가 비행기 표를 구하지 못해서 호남성으로 변경한 적이 있다. 그런데 귀국하는 날에 장사(長沙) 공항을 이륙한 비행기에서 대지진의 여파를 감지하였는데, 제주 공항에 임시 착륙하고서야 그 사실을 알았다. 순간 모골이 송연해졌다. 뒤이어 나도 모르게 삼국지 영웅들의 혼령에 감사 기도를 드렸던 기억이 떠오른다. 강유관은 당시에 제일 큰 피해를 입은 지역 중 한 곳이다. 10여 년이 지나 찾아가는 길이 사뭇 처음 가는 때보다 더 긴장된다. 얼마나, 어떻게 변모하였을까.

강유관 옛 터는 어느 곳인지 찾을 수 없었다. 대신 비 그친 산등성이를 오르는 운무를 배경으로 웅장한 관소가 우뚝하다. 새롭게 지은 '강유관'이다. 옛 모습을 재현한 관문 뒤로 새롭게 건설한 마을이 들어서 있다. 관문 좌우로는 '촉한 시대의 강유관이었고 기주와 사천이 새롭게 만든 남패(蜀漢江油關, 冀川新南壩)'라는 문구가 보인다. 대지진 이후 중국 전역에서 도움의 손길이 답지하였는데, 특히 하북성 당산(唐山)에서 적극적으로 재건에 힘써 준 일을 기념한 것이다.

대지진 이후 새롭게 건설된 남패진 강유관

비랑으로 옮겨진 옛 비석들

입구를 들어가니 대지진에서 건져낸 유물들을 모아 전시한 비랑(碑廊)이 있다. 비랑에도 당시의 참사와 지원을 기억하는 대련이 걸려 있다. 옛날의 기억을 더듬으며 비랑을 둘러본다. 강유관 석비도, 마막처 충의비도, 고용주 비석도 가지런히 진열되어 있다. 본래의 자리에 있으면 더 빛날 것이련만, 이렇게 잃어버리지 않은 것만도 다행으로 여겨야 하는가.

마막이 강유관에서 죽기를 각오하고 등애군에 항전했다면, 강유군의 협공으로 촉은 쉽게 멸망하지 않았을 것이다. 하지만 어쩌랴. 군주와 신하 그리고 장수에 이르기까지 싸울 뜻이 없었으니 나라 또한 멸망할 수밖에. 부강을 흐르는 강물의 아우성이 길손의 애잔한 마음을 더욱 거세게 흔들어 놓는다.

▮ 제갈쌍충사 입구

면죽(綿竹)현의 서쪽 교외에는 제갈쌍충사(諸葛雙忠祠)가 있다. 제갈쌍충사는 송나라 말기 영웅으로 추앙받는 문천상(文天祥)이 쓴 것이라는 '충효(忠孝)' 두 글자가 청색의 사금파리 조각에 맞춰 대문에 커다랗게 새겨져 있는데, 서체의 힘이 사뭇 우렁차다. 그런 까닭에 멀리서 보아도 충효의 사당임을 금방 알 수 있다. 참배전 양쪽 문설주에는 서른일곱에 세상을 떠난 아버지와 열여덟 꽃다운 나이로 삶을 마감한 아들을 기리는 대련이 걸려 있다.

'위란에 처한 국가를 근심하여 신하는 싸우고 임금은 항복하니 다만 진췌(盡悴)하여 인(仁)을 얻었네. 이름난 선비 가문의 풍습을 믿으니 욕됨 없이 아비는 충에 죽고, 아들은 효에 죽었네. 이 몸을 내던져 재난을 구하러 달려왔건만, 푸르게 빛남은 누구인지 아는가.'

공사 중인 참배전은 볼 수가 없어 뒤편의 무덤을 보았다. 제갈 부자를 합장한 무덤이다. 무덤 앞 커다란 비석에는 '후한행도호위장군평상서사제갈첨자상지묘(後漢行都護衛將軍平尙書事諸葛瞻子尙之墓)'라고 새겨져 있다. 글씨는 청나라 때 현령이었던 육기영(陸箕永)이 쓴 것이다. 무덤 양쪽엔 소나무가 한 그루씩 있는데, 무성한 초록과 곧게 뻗은 줄기가 부자의 자태를 닮은 듯하다. 수령이 300여 년 되었다고 하니, 후세 사람들이 두 부자의 충효를 기념하여 심은 것이리라.

제갈 부자가 전사한 싸움터는 현재의 면죽이 아니고 덕양(德陽)시의 황허진(黃許鎭)이라고 한다. 하지만 그곳에는 어떠한 유적도 남아 있는 것이 없다. 오직 이곳의 쌍충사만이 제갈 부자를 추모하는 유일한 유적으로 남았다.

▌ 제갈첨과 제갈상 합장묘

▌ 촉의 세 간신인 부사인, 미방, 학보의 석상

▌ 제갈씨를 모신 계성전

▌ 사당 안의 제갈량과 황월영, 제갈첨(오른쪽)과 제갈상(왼쪽)

　　다시 찾은 쌍충사는 대지진도 피해 간 듯 건재하다. 제갈 부자의 충효
를 하늘도 알고 보호한 듯하다. 예전에는 공사 중이어서 구석에 처박혀 있던 촉
의 세 간신인 부사인, 미방, 학보(郝普)의 석상이 무릎을 꿇은 채 나란히 진열되
어 있다. 이들은 모두 관우가 형주를 잃고 죽게 된 데 일조한 자들이다. 오늘날

까지 이들을 심판하자는 의도인 것 같은데, 이를 본 사람들이 침을 뱉거나 훼손시키는 것을 방지하기 위하여 방탄 유리로 덮어 놓았다. 안으로 들어가면 정전인 계성전(啟聖殿)이 있다. 이곳에는 제갈량과 황월영을 중심으로 좌우로 제갈첨과 제갈상을 모셔놓았다.

제갈첨 부자를 죽이고 성도를 함락한 등애 부자도 이듬해인 264년, 종회의 음모로 이곳에서 죽었다. 그러나 그들의 죽음은 격이 다르다. 한쪽은 국가와 조상의 은혜에 보답하다가 죽었고, 한쪽은 동료와 권력 다툼을 하다가 죽었다. 따라서 사람들은 후자에 냉랭하다. 역사는 진충보국(盡忠報國)과 충효양전(忠孝兩全)의 편임을 여실히 알 수 있다. 후세의 사람들이 제갈 부자를 가리켜, '부자의 충정 어린 혼은 합장한 손에 모이고, 그 가문의 절의는 청사(靑史)에 드리운다.'라고 한 말도 바로 이러한 의미인 것이다.

"지난날 선제께서 다스리실 때, 초주가 국정에 참가나 했습니까? 이제 자신의 주제도 모른 채 국가 대사를 논하는 자리에서 입을 벌려 허튼소리만 뱉어 내니, 진정 가당치 않습니다. 성도에는 아직도 수만 명의 군사가 있고, 강유의 대군 또한 검각에 있으니 만약 위군이 궁궐로 침입하더라도 그가 반드시 구원하러 올 것이니, 안팎에서 싸우면 이길 수 있습니다. 어찌 저토록 썩어빠진 선비의 말만 듣고, 이토록 쉽게 선제께서 일궈 놓으신 기업을 버리려고 하십니까?"

유비가 성도에 입성한 지 50년이 지난 263년, 촉한은 위나라의 공격에 항복하였다. 후주가 초주(譙周)의 의견을 받아들이자, 그의 다섯째 아들인 북지왕(北地王) 유심(劉諶)이 반대하였다. 후주는 듣지 않았다. 유심은 할아버지인 유비의 사당에서 통곡한 후, 부인과 세 아들을 죽이고 자결하였다.

임금과 신하가 모두 항복하려 하는데	君臣甘屈膝
왕자 한 사람 홀로 비통함에 젖었네	一子獨悲傷
촉한의 역사는 이제 끝장났는데	去矣西川事
장하고 당당하구나, 북지왕이여	雄哉北地王
한 몸 바쳐 조부에게 보답하려고	捐身酬烈祖
머리 자르고 하늘에 통곡하였네	搔首泣穹蒼
늠름한 인품은 아직도 살아 있는데	凜凜人如在
그 누가 한나라를 망했다고 하는가	誰云漢已亡

    성도의 무후사는 유비와 제갈량을 함께 모신 군신합묘(君臣合廟)다. 이곳의 유비전(劉備殿)에는 3m가량의 금색 유비 좌상이 잔잔한 미소를 머금고 있다. 관대하고 후덕한 유비의 인상을 그대로 표현한 듯하다. 유비상의 왼쪽에는 죽음으로써 나라를 지킨 손자 유심의 동상이 있다. 하지만 오른쪽은 비어 있다. 이곳은 원래 아들 유선의 동상이 있었다고 한다. 그런데 자꾸 부서져서 '거들어 일으켜 세워도 안 되는 아두'라는 말처럼 다시 만들지 않았다고 한다. 유심의 동상에는 그를 칭찬하는 대련이 걸려 있다.

살아서는 강적의 서쪽 내침 보지 못함이여	生不視强寇西來
하늘의 뜻 몰라 상심하던 산하는 눈물을 뿌렸네	天意茫茫 傷心慟洒河山淚
죽은 뒤에 당당히 유비 황제 만났으니	死好見先皇地下
천하 영웅의 늠름한 자태 모두 덧없구나	英姿凜凜 放眼早空南北人

    유비가 일평생 한 황실의 부흥을 기치로 각고의 노력 끝에 차지한 익주

는 유비 사후에도 제갈량이 다스린 덕에 유지되었다. 이는 제갈량이 정치나 법률 등 국가를 다스리는 제도를 탄탄하게 정비하였기 때문이다. 촉은 지형적으로도 국가 보존을 위한 수비에 유리하였다.

하지만 촉이 삼국 중 제일 먼저 멸망하였다. 그 원인은 어디에 있는가. 각기 모순된 세력들의 정쟁이 치열하였기 때문이다. 게다가 부친의 유지를 받들지 못한 아들 유선이 목적 달성은 차치하고 제대로 지켜내지도 못하였으니 당대에 멸망하는 비운을 맞이하고 만 것이다.

당나라 때 시인인 이상은(李商隱)은 「주필역(籌筆驛)」이라는 시에서 멸망한 한나라를 되돌아보며 제갈량의 국궁진췌(鞠躬盡瘁)를 애달파하였다.

물고기와 나는 새도 군령이 무서워 주저하고	魚鳥猶疑畏簡書
바람과 구름도 오래도록 영채를 감싸 주는데	風雲長爲護儲胥
제갈량이여, 그대 휘두른 신필도 헛되이	徒令上將揮神筆
항복한 후주가 탄 가마 끝내 보고 마는구나	終見降王走傳車
가진 재주는 관중 악의도 부끄럽지 않았는데	管樂有才眞不忝
어쩌겠는가, 관우와 장비의 명이 짧음을	關張無命欲何如
훗날 금리의 무후 사당을 지나게 되면	他年錦里經祠廟
읊조리는 양보음 한으로 메아리치리	梁父吟成恨有餘

익주파의 선택, '촉한의 멸망'

이미 살폈듯이 촉한의 권력은 형주파와 동주파에 집중되었다. 토박이와 다름없는 익주파는 전쟁에 필요한 물자를 마련하고 경제를 회복시키는 궂은 일만 주어질 뿐, 권력에서는 찬밥 신세였다. 그들에게는 국가가 있기는 하되, 이익보다는 손해가 많았다. 익주파의 불만은 고조되고, 결국 그들은 촉한의 멸망을 원하였다. 천하통일이 곧 자신들의 불만족스러운 삶을 개선시킬 수 있는 길임을 알고 있었기 때문이다. 그렇다면 누가 천하를 통일할 것인가.

한나라 말년에 한나라를 대신 이을 사람은 '당도고(當途高)'라는 참언이 돌았다. '우뚝 커니 서 있는 키 큰 사람'이 한을 이을 사람이라는 말인데, 그 속에 숨은 뜻은 이해하기가 어려웠다. 한때 원술일 것이라는 이야기도 있었다. 그의 자가 공로(公路)였기 때문이다. 하지만 그가 죽자 다시 의문이 되었다. 익주파의 대표격인 초주가 스승으로 모시던 대학자 두경(杜瓊)에게 이 말의 뜻을 물었다. 두경은 거침없이 '위(魏)'라고 하였다. 어째서 위인가?

고대 천자와 제후의 궁문 밖과 양쪽 도로에는 한 쌍의 높고 큰 건축물이 있었다. 이를 일러 '궐(闕)'이라 하는데, 위(魏) 또는 위궐(魏闕)이라고도 하였다. 그리고 관부나 관원을 조(曹)라고도 하였다. 이러한 까닭에 '당도고'는 조조의 위나라가 되는 것이다. 이를 이해한 초주는 촉한의 멸망과 위나라에의 투항을 기정 사실화하기 위한 방법을 찾는 데 골몰하였다. 그리하여 다음과 같은 말을 지어 냈다.

"선주는 휘를 비(備)라고 했는데, '완결하다'는 뜻이다. 후주의 이름은 선(禪)이라고 하는데, 그 글자를 풀이하면 '주다'는 뜻이다."

촉나라 멸망 1년 전인 262년. 궁궐에서 커다란 나무가 부러졌다. 초주는 부러진 나무에다 다음과 같이 썼다.

'많게 되고 커지니 이제 약속한 날이 되었다. 다른 이에게 넘겨 줄 때가 되었으니 어찌 또다시 오르겠는가?'

진수는 이를 다음과 같이 해석하였다.

'조(曹)는 백성이 많다는 뜻이다. 위(魏)는 크다는 뜻이다. 많고 크면 세상 사람들이 모두 이곳으로 모여들게 된다. 완전하게 준비하여 다른 이에게 건넨다면 다시 제위에 오를 수가 있겠는가?'

진수의 해석은 초주의 말과 일치한다. 진수가 위에 이어 탄생한 진(晉)나라의 신하였기에 이렇게 말한 것일까. 그것만은 아니다. 진수는 초주의 행동에 대해 기록하길, '후주의 일가족이 무사태평하고 촉한의 백성들이 전쟁을 피할 수 있었던 것은 모두 초주의 계책 때문이었다.'라고 하였다. 매국노로 낙인찍힌 초주를 이렇게까지 평가하는 이유는 무엇인가. 진수에게 초주는 지울 수 없는 스승이었기 때문이다.

47. 어찌 저런 자가 황제가 되었는가

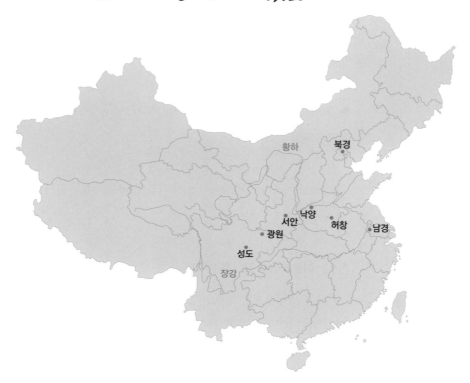

　263년, 후주 유선의 항복으로 촉한은 멸망하였다. 유비가 나라를 세운 지 43년이 되는 해였다. 유선은 성도에서 낙양으로 이송되었다. 위나라 정권의 최고 실력자인 사마사(司馬師)는 유선을 안락공(安樂公)에 봉하고, 저택과 생활비를 지급하며 정중하게 예우하였다. 유선은 기분이 좋았다. 그도 그럴 것이 환관 황호(黃皓)의 아첨에 눈귀가 멀어 주색에만 빠져 있었던 터라, 유선에게 국가는 중요하지 않았다. 어디든 편안한 주흥(酒興)만 있으면 만족하였으리라.

　사마소가 주최한 연회에서 촉나라의 음악이 연주되었다. 유선을 따라온 신하들이 망국의 슬픔에 잠겨 눈물을 흘리고 있을 때, 그는 태연하고 즐거운 모습으로 미소만 지었다.

"지금쯤이면 서촉 생각이 나지 않소?"
"이곳에서 지내는 것이 너무 즐겁기에 서촉 생각은 나지 않습니다."

사마소가 촉 생각이 나지 않느냐고 물었지만, 유선은 오히려 즐겁기만 하다고 대답하였다. 사마소도 어이가 없었다.

"사람이 무정하기가 저 모양에까지 다다랐으니, 제갈량이 살아있어도 오래도록 보좌하기 힘들었을 터, 하물며 강유는 말해 무엇 하겠느냐?"

이때부터 사마소는 유선에 대한 경계심을 풀었다.

환락 쫓아 손뼉 치며 만면에는 웃음꽃 피니	追歡作樂笑顔開
망국의 슬픔은 이미 지워졌도다	不念危亡半點哀
타국에서의 즐거움에 고국을 이미 잊으니	快樂異鄕忘故國
이제야 후주가 못난 사람임을 알겠네	方知後主是庸才

유비는 물론 조운과 제갈량이 유선의 이러한 모습을 보면 어떠하였을 것인가. 사마소조차도 멸시했는데, 한평생 국궁진췌로 국가 건설에 매진한 이들은 아마 그 자리에서 졸도하였을 것이다. 한마디로 유선은 황제 자격을 갖추지 못한, 평범하기 그지없는 인물이었다.

한편으로 생각해 보면 유선의 마음이 편안한 이유도 있다. 후주 유선의 황후는 장비의 딸이다. 장비의 처는 하후패(夏候覇)의 사촌 여동생이다. 하후패는 조조가 신임한 하후연의 차남이다. 조조의 부친인 조숭은 하후씨의 아들이었는데, 입양되어 조조를 낳았다. 그러므로 조조는 하후씨의 후손인 셈이다. 하후연 또한 조조의 동생 뻘이 된다. 조조가 하후씨와 겹사돈을 맺으며 특별히 대우한 것도 이러한 이유 때문이다.

219년, 유비가 한중을 차지할 때, 황충이 정군산을 지키고 있던 하후연을 살해했는데, 이때 장비의 처가 즉시 그를 장사지내 줄 것을 청하였다. 하후씨 집안이 장비의 처가였기에 이러한 맥락에서 장비처가 당숙에 대한 도리를 다하고자 한 것이었다.

249년, 위나라의 사마의가 정변을 일으켜 대권을 차지하자, 하후패는 반역죄에 연루될 것을 두려워하여 촉나라로 투항하였다. 하후패는 촉으로 오는 길인 음평도에서 길을 잃었지만, 이 소식을 들은 촉한의 유선은 급히 사람을 보내어 그를 성도까지 안내하게 하고 자신이 직접 영접하였다. 그리고 하후패에게 말하였다.

"경의 아버님께서는 행군하는 와중에 해를 당하였던 것이지, 우리 선친이 죽인 것이 아니요."

아무리 전란 시대라고 하지만, 하후연의 자손들과 유비 및 장비 자손들 간의 인척 관계가 서로의 위급함을 모면시켜 주는 수단이 되었던 것이다. 유선은 또한 자신의 아들을 가리키면서도 "이 아이의 외손도 하후씨 집안이오."라고 자랑하였다. 또한 하후패의 작위를 높여 거기 장군에 임명하였다. 이후 하후패는 강유와 함께 촉나라 말기를 대표하는 장군이 된다.

따라서 위나라는 유선에게 처가와도 같은 것이다. 등애군이 쳐들어와서 의논이 분분할 때, 초주가 모든 의견을 물리치고 위나라에 투항할 것을 권유하자 이를 선뜻 따랐던 것도 유선의 이 같은 마음에서다. 또한 위나라의 낙양에서 음주가무를 즐기며 편안하게 생활한 것도 마찬가지 이유에서다. 오나라의 손호가 망국의 군주로서 비애를 삼켜야 했다면, 유선은 처가에 간 것으로 생각했던 것이다. 하지만 사마씨의 권력 앞에 무너지는 위나라도 더 이상 유선에게 편안한 곳이 아니었다. 그래도 유선은 안락공이란 이름처럼 낙양에서의 생활을 안락하게 보내다가 죽었다. 군주로서는 우매하고 용렬한 유선이었지만, 개인적 처세술은 뛰어난 셈이었다.

촉이 멸망한 지 13년이 지나서 오나라의 손호도 진나라에 투항하였다. 손호가 낙양에 도착하여 사마염을 알현하였다.

> "짐이 여기서 이 자리를 준비하고, 그대가 오기를 기다린 지 오래됐소이다".
> "신도 남쪽에 같은 자리를 준비하고 폐하를 기다렸습니다."

사마염의 말에 손호도 응답하였다. 손호의 이 말은 망국의 군주로서 생명보존에 급급하여 몸을 낮춘 겁약한 유선과는 극명한 대조를 이룬다. 유선은 월왕 구천처럼 복벽(復辟)의 마음이 없음을 나타내어 사마소를 안심시킨 다음, 후일을 도모하려고 했을까. 설령 그렇다하더라도 시대는 누구나 통일을 염원하고 있었다. 그러한 시대에 어찌 유선에게 다시 통치권을 주겠는가. 있을 수도 없는 일이고, 생각조차도 극형에 처할 일이다. 따라서 유선의 태도는 손호의 행동에 훨씬 미치지 못하는 것이다. 한 나라를 경영한 군주로서가 아닌, 나약한 인간으로서의 무사태평(無事泰平)한 여생만을 즐긴 것뿐이다. 황제가 이와 같았으니, 어찌 국가가 망하지 않을 수 있겠는가. 당나라의 시인 유우석(劉禹錫)은 유비의 묘 앞에서 유선의 행동을 처량하게 읊었다.

세상천지 영웅들의 기개는	天地英雄氣
천 년이 지나도 늠름함이 같구나	千秋尙凜然
천하가 위, 촉, 오 셋으로 나뉘니	勢分三足鼎
유비가 한 황실을 회복하였네	業復五銖錢
공명을 얻어 촉한을 세웠지만	得相能開國
태어난 아들은 현명하지 못했다네	生兒不象賢
더욱 처량한 것은 촉한의 기생들이	凄凉蜀故妓
위의 궁전 앞에서 춤을 춰야 했다네	來舞魏宮前

검각산을 넘은 몸이 기진맥진이다. 차창 밖의 풍경도 들어오질 않는다. 어느덧 날은 화창해지고 길 양쪽으로는 측백나무가 울창하다. 세계적인 측백나무 군락지인 취운랑(翠雲廊)이 신선한 향기로 에너지를 불어넣어 준다. 취운랑은 검각현을 중심으로 사방 총 150km를 잇는 길로 예부터 '삼백장정십만수(三百長程＋萬樹)'로 불렸다.

취운랑은 수령이 오래된 측백나무가 즐비한데, 많은 수만큼이나 모습도 천차만별이다. 두 그루의 나무가 가지를 서로 교차시키고 있는 원앙백(鴛鴦柏), 굵기와 높이가 장수 같다고 하여 대수백(大帥柏) 등, 각양각색의 나무들이 그에 어울리는 이름을 달고 있다. 멀리서 보면 소나무와 같으나, 가까이서 보면 측백나무인 송백장청수(松柏長靑樹), 일명 검각백(劍閣柏)은 수령이 2천3백 년 된 것으로 취운랑에서도 오직 한 그루밖에 없는 매우 희귀한 수종이라고 한다.

▌취운랑 입구

▌장비가 팠다는 우물

▌희귀한 수종인 송백장청수

▌볼품없이 생긴 아두백

숲속 회랑을 돌아보는데 옆으로 뻗은 채 가지가 잘려있고, 밑동도 커다란 구멍이 있는 볼품없는 측백나무가 있다. 이름을 보니 아두백(阿斗柏)이다. 아두는 유선의 어렸을 적 이름이다. 촉이 멸망하고 유선이 낙양으로 이송되어 가던 중, 이 나무 밑에서 비를 피했다고 해서 붙여진 이름이라고 한다. 사실 여부를 떠나서 후세 사람들이 진작 잘라 버렸어야 할 이 나무를 그대로 둔 채 '아두백'이라 부르는 것은 나약하고 우둔한 유선의 행동을 경계하려는 의미일 것이다.

십만 그루가 넘는 취운랑의 나무들은 누가 심었을까. 장비가 길을 표시하기 위해 심었다고 하여 '장비백'이라고도 불렸는데, 이는 사실이 아니다. 전한 시대부터 명나라 때까지 수많은 사람들이 심어 놓은 것이다. 지금은 '취운랑 학회'까지 만들어서 측백나무를 보호하고 연구한다고 하니 새삼 부러울 뿐이다.

■ 취운랑에서 본 검각산 72봉

▮ 검문촉도로 가는 출발점인 칠곡산 대묘

취운랑의 측백나무 숲이 끝나는 재동현에 칠곡산(七曲山)이 있다. 칠곡산은 제갈량이 북벌을 감행한 금우도(金牛道)가 시작되는 곳이다. 험난한 금우도를 빠져나와 칠곡산에 이르면, 이제부터 성도까지는 평탄한 길이 계속된다. 칠곡산 대묘당 앞에는 제갈량이 세웠다는 송험정(送險亭)이라는 정자가 있는데, 기둥에는 다음과 같은 글귀가 있다.

▮ 제갈량의 글귀가 새겨져 있는 송험정

'힘든 곳을 모두 나와 발끝이 편안해졌다. 여기서부터는 평안한 길이지만 한눈을 팔아서는 안 된다(艱險歷盡博得脚跟. 站穩前道坦夷 豈能够掉輕心以).'

| 성도 무후사 입구 | 무후사와 같이 있는 유비의 사당 |

매사에 치밀했던 제갈량이 자칫 실수가 있어서는 안 됨을 다시 한 번 상기시킨 것인데, 이는 오늘날에도 여전히 유효한 글귀가 아닐 수 없다.

중국 전 지역에 걸쳐 제갈량의 무후사는 무수히 많다. 유비와 제갈량을 일컬어 '수어지교'라 한다. 이들의 수어지교는 죽어서도 변함이 없는데 그곳이 바로 성도(成都)에 있는 무후사이다. 성도는 고대부터 그 이름을 그대로 사용해 왔다. 오랫동안 지명의 이름이 바뀌지 않은 유일한 도시다.

성도의 무후사를 찾았다. 제갈량을 기념하는 무후사 정문에는 '한소열묘(漢昭列廟)'라고 쓴 편액이 있다. 어째서 무후사에 유비의 룽이 있는 것일까. 이곳은 원래 유비의 무덤인 혜릉이 있었다. 그런데 제갈량이 죽은 지 70년이 지난 304년, 혜릉에서 가까운 곳에 무후사가 세워졌다. 명나라 때 군신의 사당이 나란히 있어서는 안 된다는 생각에 무후사를 유비 묘당의 동쪽으로 옮겼다. 명나라 말기에 불타서 없어지자, 청 강희 때 무후사와 유비의 묘당을 다시 지어 앞에는 유비를, 뒤에는 제갈량을 모셨다. 중국인들은 일반적으로 유비보다는 제갈량을 더욱 기억한다. 그래서 주군과 신하를 동시에 모신 군신합묘(君臣合廟)이지만, 이름은 '무후사'라고 부르고 있는 것이다.

무후사의 면적은 총 4헥타르로, 모든 건물은 남향이다. 중국 전통 건축 양식인 사합원식으로 지어진 건물들이 회랑과 녹음, 그리고 연못 속에 배치되어 그야말로 자연스럽다. 그래서인가. 성도의 무후사는 여타의 무후사보다 훨씬 자유롭다. 그러면서도 고전적인 단아함을 잃지 않는다. 참배객들도 자유롭고 밝은 표정으로 영웅들의 뜻을 가슴 속에 되새긴다. 이 모든 것이 자연스럽게 일체감을 이룬다. 성도의 무후사만이 갖는 특징일 것이다. 무후사를 참배하면 중국 최고의 문화재가 제일 먼저 반긴다. 바로 당나라 때인 809년에 세워진 '촉승상 제갈량 사당비'이다. 이 비석은 당나라 때 명재상인 배도(裴度)가 짓고, 명필가인 유공작(柳公綽)이 썼다. 그리고 조각은 명장인 노건(魯建)이 완성시켰다. 일명 '삼절비(三絕碑)'라 부르며 중국 최고의 국보급 문화재로 칭송하고 있다. 이를 지나가면 유비전인데 무후사 내에서 가장 크고 높은 건물이다. 후덕한 유비상이 있는 유비전 옆에는 촉한의 영웅들 47명이 문신과 무신으로 구분된 회랑에

┃ 한소열제 유비 묘

┃ 성도 무후사에 있는 삼절비

▐ 무후사 공명전의 제갈량의 소상(왼쪽)과 제갈량의 명성을 알게 하는 편액

진열되어 있다. 회랑을 지나며 그들의 좌상을 대하노라니 1천 8백 년 전 영웅들과 마주 앉은 듯하다.

유비전을 돌아가니 '이름이 천하에 드리운다(名垂宇宙)'고 쓴 편액이 걸린 공명전이다. 전각 안에는 윤건을 쓰고 깃털 부채를 들고 있는 금빛 찬연한 공명상이 보인다. 촉나라의 승상으로서 탁월한 정치력을 보인 제갈량이 단정한 자세로 앉아 있다. 좌우로는 목숨으로 제갈량의 유지를 지킨 제갈첨과 제갈상의 동상이 있다. 3대에 이은 제갈 가문의 촉에 대한 충성은 후세인들에게 귀감이 되기에, 공명전 낭하에는 이들을 칭송하는 글귀가 즐비하다. '비고칙이(匪皐則伊)', '백중이윤(佰中伊尹)', '훈고관악(勳高管樂)', '이주경제(伊周經濟)'. 순나라의 고도(皐陶), 은나라의 이윤(伊尹), 주나라의 주공(周公), 춘추 시대의 관중(管仲), 전국 시대의 악의(樂毅) 등, 중국 역사상 명망 있는 재상들을 예로 들어 공명을 흠모하고 있다. 당나라 시인인 두보도 이곳에 들러 제갈량을 칭송하는 시를 지었다.

승상의 사당을 어디에서 찾을런가	丞相祠堂何處尋
금관성 밖 측백나무 우거진 곳이네	錦官城外柏森森
섬돌에 비낀 풀은 스스로 봄빛이요	映階碧草自春色
잎새의 꾀꼬리도 부질없이 노래하네	隔葉黃鸝空好音
세 번 찾은 번거로움은 천하계책 정함이요	三顧頻煩天下計
두 조정을 열어 감은 늙은 신하의 마음이라	兩朝開濟老臣心
출전하여 이기지 못하고 몸이 먼저 죽으니	出師未捷身先死
오래오래 영웅들 눈물로 옷깃을 적시노라	長使英雄淚滿襟

공명전을 돌아가면 삼의묘(三義廟)가 있는데, 이곳에는 도원결의로 충의를 자킨 세 의형제를 모신 사당이 있다. 유비를 중심으로 관우와 장비의 소상이 모셔져 있는데, 이곳에 있는 소상이 유비전이나 다른 곳에 있는 소상들보다 조금 더 인간적인 풍모가 있어 보인다. 무후사 북쪽에는 유비의 무덤인 '한소열릉(漢昭烈陵)'이 있다. 높이가 12m이고, 둘레는 원형으로 80m다. 이 릉에는 유

▌ 도원결의한 세 의형제를 기리는 삼의묘

▌ 무후사 안의 유비 무덤인 혜릉

비의 두 부인인 감 부인과 오 부인이 합장되어 있다. 유선의 생모인 감 부인은 적벽 대전이 끝난 이듬해 형주에서 죽었는데, 유비가 성도에서 황제로 즉위한 후 유골을 이곳으로 옮긴 것이다. 황제나 제후의 분묘가 거의 도굴을 당한 반면에, 유비의 분묘는 오랜 세월이 지나도 도굴당하지 않았다. 그 이유가 중국인들이 유비를 너무도 존경하기 때문이라고 한다. 하지만 이것은 삼국지의 영향을 받아 만든 듣기 좋은 이야기일 뿐이다. 사실은 금은보화 등 도굴꾼들이 탐낼 만한 것이 없다는 것을 알았기 때문이다.

유비의 분묘 앞 제례전에는 청나라 때 쓴 편액이 있다. 안진경(顔眞卿)체의 힘찬 붓글씨로 '오래토록 여전히 늠름하다(天秋凜然)'라고 쓰여 있다. 이는 유우석의 시 「촉선주묘(蜀先主廟)」에서 따온 것이다. 사람들은 유비의 촉한 건국보다도 공명의 지혜와 국궁진췌의 단심(丹心)을 사랑한다. 그리하여 항상 자강불식(自强不息)의 정신을 잃지 않은 제갈량을 숭배하고 존경하는 흔적이 도처에 널려 있다. 오늘도 무후사에는 그의 정신을 되새기는 발걸음이 넘쳐 난다.

▌성도 무후사 안에 있는 유비 무덤인 혜릉

제갈량, 『삼국지연의』 최고의 주인공

　　『삼국지연의』는 일명 '제갈량전'이라고 할 수 있다. 소설 전편에 묘사된 제갈량의 다재다능함이 사실을 넘어 신기에 가깝게 표현되었기 때문이다. 촉한 정통론의 입장에서 쓰인 연의는 유비와 제갈량을 최고의 인물로 형상화하였다. 특히 유비 참모로서의 제갈량은 등장부터 관심과 기대를 한 몸에 받도록 하였다. 이후 모든 전투와 계략은 신출귀몰한 제갈량에 의해서 진행된다. 제갈량이 오장원에서 병사했을 때 독자들은 소설이 끝났다고 느낀다. 지혜의 화신으로 과장된 제갈량의 마력에 독자들이 푹 빠져 있기 때문이다.

　　제갈량은 현실감각이 뛰어난 재상이었다. 진수도 이를 인정해서 '천하를 다스리는 이치를 깨달은 뛰어난 인재로서 관중, 소하와 비교할 만하다'고 하였다. 그러나 '매년 대군을 움직였으나 성공하지 못했던 것은 임기응변의 계략이 그의 장점은 될 수 없었기 때문인 것 같다'고 평가하였다. 유비가 이를 잘 알았던 것일까. 천하삼분지계의 필수 과제인 익주를 공략할 때도 제갈량 대신 법정과 방통이 참여하였다. 유비가 삼고초려(三顧草廬)하고 '수어지교(水魚之交)'라며 제갈량을 떠받든 것과 비교하면 왠지 어색하다.

　　청나라 왕부지는 '유비의 공명에 대한 믿음은 차라리 관우에도 못 미친다.'고 지적하였다. 유비는 적벽 대전 이후 형주를 차지했을 때나, 익주를 차지하고 나서도 제갈량에게 조세와 군비의 충실에만 전념토록 하였다. 고조 유방의 승상이었던 소하의 일을 맡긴 것이다. 소하는 실무형 경제 관료였다. 유비도 공명을 그렇게 생각하였다. 공명은 유비의 생각을 정확히 읽고 충실히 보필하였다. 송나라 학자 유문표가 이를 정확히 간파하였다.

'제갈량은 그가 시무에 뛰어나다고 말하는 것은 맞지만, 대의에 밝다고 하기에는 미흡하다. 또한 유비에게 충성을 다한다고 말하는 것은 맞지만, 한나라 황실에 충성을 다한다고 하기에는 미흡하다.'

공명은 자신을 관중과 악의에 견주면서 유비를 모셨다. 이는 공명이 유비를 난세의 패자로 만들겠다는 자신의 의지를 표출한 것이지, 한 황실을 부흥시키겠다는 뜻이 아니다. 유비가 내세우는 대의 역시 유비 자신의 정권 창출을 위한 계략임을 알고 있었기 때문이다. 유비 또한 제갈량의 이러한 속마음을 꿰뚫고 있었다.

유비는 제갈량과 16년간을 동고동락하였다. 하지만 이때는 수어지교의 관계가 아니었다. 진정한 수어지교는 유비가 임종을 앞두고 공명에게 유언을 내리면서부터다. 유비는 자신의 사후 촉한의 운영을 공명에게 맡겼고, 공명은 이를 간파하여 익주파와 동주파를 제치고 국정을 이끌었다. 16년간 쌓아 온 눈빛과 손짓으로 둘은 영원한 수어지교가 된 것이다.

48. 앞날을 헤아리지 못하면
걱정거리가 생긴다

"지금은 흉년이 아님에도 백성이 죽어가고, 큰일 또한 없음에도 국고는 고갈되어 신은 몹시 가슴이 아픕니다. 지난날 한 황실이 쇠퇴하여 세 나라가 세워졌으나, 이제 조가와 유가는 그 도를 잃고 모두 진이 차지하였습니다. 이는 작금에 발생한 명약관화한 증좌입니다. 신은 어리석지만, 오직 폐하만을 따르고 국가를 귀중히 여길 따름입니다. 무창(武昌)은 지세가 험난하고 토지가 척박하여 왕이 도읍으로 정할 만한 곳이 아닙니다. 또한 동요(童謠)에도 말하기를, '차라리 건업의 맹물을 마실지라도 무창의 고기(魚)는 먹지 않겠네. 차라리 건업에 돌아가 죽을지라도 무창에 머물러 살지는 않겠네.'라고 말하고 있습니다. 이것으로도 민심(民心)과 천의(天意)를 잘 알 수 있습니다. 지금 나라에는 일 년 먹을 곡식이 없고, 나라꼴은 점차 뿌리가 드러나고 있는데도 관리들은 자신들의 안위만을 위하여 백성을 가혹하게 수탈하며 불쌍하게 여기고 있지 않습니다. 대제(大帝:손권) 때의 궁녀는 백 명도 안 되었는데, 경제(景帝:손휴) 이래로 천 명이 넘었으니, 이는 그야말로 재정의 낭비입니다. 또 좌우의 신하가 모두 소인배들이어서 저희끼리 작당하여 충직한 신하를 해치고 훌륭한 신하를 내쫓으니, 이들은 정치를 망치고 백성을 피폐하게 하는 간신들입니다. 바라옵건대 폐하께서는 각종 부역을 줄이고, 폭정을 일삼는 관리를 내쫓고, 궁녀를 줄이고, 모든 관리를 품성이 곧고 현명한 사람으로 채우면 하늘도 좋아하고 백성도 따르게 될 터이니, 그렇게 되면 나라가 편안해질 것입니다."

촉을 차지한 사마소는 그 위신이 나날이 높아졌다. 265년 촉이 멸망한 지 2년 후, 사마소가 죽고 장남 사마염이 위의 황제인 조환으로부터 선양을 받는다. 헌제가 피눈물을 흘리며 조비에게 했던 것 그대로 조환이 온몸을 떨며 사마염에게 황제 자리를 넘겼다. '뿌린 대로 거두고 베푼 대로 받는다.'라는 격언이 틀린 말이 아님을 알았으리라. 사마의 이후 사마사와 사마소, 사마염 3대에 걸친 찬탈 계획이 드디어 완성된 것이다. 황제에 오른 사마염은 국호를 진(晉)이라고 하였다.

진나라가 한 일은 위왕과 똑같았고	晋國規模如魏王
진류왕이 간 길은 산양공과 다름없네	陳留踪跡似山陽
수선대의 옛일을 되풀이 행하노니	重行受禪臺前事
당시 일을 회고하면 다만 슬플 뿐이네	回首當年止自傷

황제가 된 사마염은 사마의의 시호를 추존하여 선제(宣帝)라 하고, 백부인 사마사를 경제(景帝), 아버지 사마소를 문제(文帝)라 하는 등 칠묘(七廟)를 세워 조상을 모셨다.

　　264년, 오나라는 황제 손휴가 죽고, 손권의 손자인 손호가 즉위하였다. 손호는 손권의 태자였던 손화(孫和)의 아들이다. 손호는 황제에 즉위하자 부친을 문 황제(文皇帝)에, 모친인 하(何)씨를 태후(太后)로 추시(追諡)하였다. 태자였던 손완은 예장왕(豫章王)으로 삼았다. 손호는 즉위 초기에 성군으로서의 역할을 하였다. 사민을 구휼하고 곳간을 열어 가난한 이들을 구원하였다. 또한 궁녀를 궐 밖으로 보내 처가 없는 이들과 혼인시키고, 궁전의 동산에서 기르던 짐승들을 모두 풀어 주기도 하였다. 백성들의 입에서 명군(明君)이라는 칭송이 자자하였다. 하지만 명군이라는 말은 그것으로 끝이었다.

　　손호는 명군 소리를 듣자 본 모습을 드러냈다. 나날이 포악하고 교만해졌다. 꺼리고 싫어하는 것은 많아지고 주색은 점점 좋아하였다. 역사가 환관의 벽에 갇힌 황제는 망국의 군주가 됨을 경계하였건만, 손호는 이를 망각하고 중상시(中常侍) 잠혼(岑昏)만을 총애하였다. 신하들은 모두가 실망하였고, 손호를 옹립한 복양흥과 장포는 더욱 후회하였다. 간사한 자가 이를 손호에게 모함하자, 두 충신은 손호에게 가차 없이 죽임을 당하였다. 망국의 기운이 서서히 건업의 하늘을 뒤덮어 왔다.

　　손호의 기고만장함은 하늘을 찔렀다. 바른 말하는 신하는 찾아보기 어려웠다. 공포 정치는 이에서 멈추지 않았다. 그는 대대적인 토목 공사를 일으켜 소명궁(昭明宮)을 짓도록 하였는데, 백성들은 물론 모든 문무 관료들도 산에서 직접 나무를 가져오도록 명령하였다. 좌승상 육개(陸凱)가 상소하였지만 손호는 무관심하였다. 그래도 오나라는 육손의 아들인 육항(陸抗)이 형주를 지키고 있어서 전선은 평화로웠다. 서진의 형주를 지키는 장수는 양호(羊祜)였다. 두 장수는 서로가 비범한 전략가임을 알고 상호 신뢰 관계를 구축하였다. 부하들이 항상 의심할 것을 주장했지만, 육항이 술을 보내면 양호가 의심하지 않고 마시고, 양호가 약을 보내면 육항이 의심하지 않고 먹었다.

"저들이 우리를 덕으로 대하는데 우리가 폭력으로 대하면, 이는 곧 저들이 우리와 싸우지 않고서도 우리를 굴복시키는 것이다. 지금은 조용히 각자의 국경을 지키면 되는 것이니, 사소한 이익을 얻으려고 수고할 필요가 없다."

신뢰로 구축된 국경 지대가 평화로워지자 손호는 육항을 의심한다. 그리고 육항을 교체시킨다. 유항은 273년 임지에서 병으로 죽는다. 육항이 실각하자 양호는 오나라를 공략할 좋은 기회가 왔음을 알고 상소를 올리나, 편안한 생활에 익숙해진 중신들의 반대로 이루어지지 않는다. 양호 역시 은퇴하고 병으로 세상을 뜬다. 무제 사마염은 죽음을 앞둔 양호를 문병 와서 지난날의 잘못된 판단을 사과하고, 오나라를 공략할 적임자를 추천받는다. 양호는 두예(杜預)를 천거한다.

두예는 뛰어난 군사 전략가였다. 또한 '좌전벽(左傳癖)'이 있었던 그는 시간이 날 때면 항상 『춘추좌씨전』 연구에 몰두하여 『춘추경전집해(春秋經傳集解)』를 저술할 정도로 걸출한 역사가이기도 하였다. 279년, 진남대장군(鎭南大將軍) 두예는 표를 올려 오나라를 공격해야 할 때가 왔음을 알린다.

"지난날 양호는 여러 신하들과 의논함이 없이 은밀히 폐하고만 논의했기에 반대가 많았던 것입니다. 모든 일은 득실을 비교해 보아야 합니다. 이번에 논의하는 거사는 득실을 따져 보면 열 중 아홉은 이롭고 한두 가지가 해롭지만, 그 해로움도 헛수고에 불과한 것뿐입니다. 지난해 가을부터 적을 정벌하려고 하는 움직임이 많이 노출되었습니다. 그러므로 이제 중지한다면 손호는 겁을 먹고 무창으로 도읍을 옮길 것이고, 강남의 성들은 완벽하게 수비 태세를 갖출 것이며, 백성들은 다른 곳으로 옮겨서 살게 할 것입니다. 그러면 성도 점령할 수 없고, 들판에는 빼앗을 곡식마저도 없을 터이니 내년 계획도 허사가 될 것입니다."

두예는 여러 방면으로 군사를 나누어 총공세를 편다. 양양에 있던 두예는 눈 깜짝할 사이에 강릉을 함락하고, 그 기세를 몰아 무창까지 점령하며 형주 지역을 평정한다. '파죽지세(破竹之勢)'라는 고사성어는 이때 생겨난 것이다. 두예의 군대는 촉에서 진격해 온 왕준(王濬)의 군대와 합류하여 장강을 타고 내려가 건업을 공략하였다. 손호는 진나라의 군대가 쳐들어오자 걱정이 태산이었다. 중상시 잠혼이 손호에게 계책을 아뢰었다.

"강남에는 철이 많습니다. 강을 따라 요충지마다 철주(鐵柱)를 만들고, 그곳에 쇠사슬을 연결해서 물속에 설치해 두소서. 또한 쇠꼬챙이를 만들어 물속에 설치하면 진나라 전선이 바람을 타고 오다 모두 부서질 것입니다. 어떻게 강을 건너올 수 있겠습니까?"

손호는 잠혼의 계책에 반색을 하며 준비를 시켰다. 하지만 이를 간파한 왕준은 커다란 뗏목을 수십 개 만들어 먼저 띄워 보냈다. 그러자 쇠꼬챙이가 뗏목에 박혀 함께 떠내려갔다. 뗏목에 기름을 부어 태우자 걸리는 쇠사슬 또한 모두 끊어졌다. 잠혼의 계략은 여지없이 실패하고 왕준은 장강을 따라 내려오며 모두 점령하였다. 결국 오나라 황제 손호는 왕준에게 항복하였다.

손책 이후 90여 년에 걸쳐 강동 지역을 지배해 온 오나라도 멸망하였다. 서기 280년 3월의 일이다. 사마염은 유선을 안락공에 봉한 것과 같이, 손호도 귀명후(歸命侯)로 봉하고 여생을 평안하게 살게 해 주었다.

서진의 누선이 익주에서 출정할 때	西晉樓船下益州
금릉 땅 제왕 기운 어둠에 스러지네	金陵王氣黯然收
천 길 쇠사슬은 강바닥에 가라앉고	千尋鐵鎖沈江底
한 조각 백기만 석두성에 걸렸어라	一片降旗出石頭
인생사 몇 번이나 지난일 슬퍼하는가	人世幾回傷往事
산 그림자는 오늘도 찬 강물 베고 누웠네	山形依舊枕寒流
이제는 온 천하가 한 집으로 합쳤는데	今逢四海爲家日
소슬바람은 옛 보루의 갈대만 울리네	古壘蕭蕭蘆荻秋

촉나라는 삼국 가운데 가장 영토가 적고 군대도 약하였다. 천험의 요새가 국토를 에워싸고 있었지만 제일 먼저 멸망하였다. 무능한 유선이 날마다 주색에만 빠졌기 때문이다. 게다가 환관인 황호가 권력을 농단하고 정사를 어지럽히자 조정은 썩고 백성들은 도탄에 빠졌다. 충언하는 신하가 없고 굶어죽는 백성들이 넘쳐 나는데, 누가 있어 국가를 위해 용감히 싸울 것인가.

위는 가장 넓은 영토와 가장 많은 인구를 보유한 천하제일의 국가였다. 누가 보아도 삼국을 통일할 수 있는 유일한 국가처럼 보였다. 그러나 내부 통치 집단 간의 격렬한 권력 투쟁을 거치는 과정에서 사마씨가 권력을 빼앗았다. 권력을 장악한 사마씨는 촉을 멸망시키고, 그 기세를 몰아 위나라로부터 선양을 받았다.

오는 영토도 넓고 국력도 약하지 않았다. 하지만 촉이 멸망한 후, 홀로 세력을 지탱하기가 어려웠다. 게다가 교만하고 극악하며 음탕하고 무도한 손호가 황제로 즉위하였다. 나아가 대신을 함부로 죽이고, 대대적인 토목 공사를 벌였다. 그의 16년 재위 기간 동안 오나라는 급속하게 쇠퇴하였다. 군사는 충성심을 잃었고, 백성들은 원성만 자자하였다. 어찌 나라가 멸망하지 않을 수 있으랴.

삼국의 멸망 원인을 살펴보면, 모두가 내부 모순과 쟁투, 그리고 백성을 생각지 않는 사욕에 있었다. '천하 대세는 갈라진 지 오래면 반드시 합쳐지고,

▌ 서새산 입구

▌ 서새산 원경

▌ 서새산을 노래한 각종 시비

▌ 산 정상에 있는 북망정

합쳐진 지 오래면 반드시 갈라진다(天下大勢 分久必合 合久必分)'는 정의 역시 자신의 사욕을 채우려는 인간이 역사적 대의를 빙자하여 만들어 낸 명제는 아닐까.

오나라의 마지막 격전지였던 서새산(西塞山)을 찾아간다. 서새산은 호북성 황석(黃石) 시에 있는 그리 높지 않은 산이다. 하지만 이 산은 장강 쪽으로 돌출해 있어서 정상에 올라서서 보면, 굽이 돌아 흐르는 드넓은 장강의 모습이 한눈에 들어온다. 그야말로 오의 수도를 지키는 최고의 요새가 아닐 수 없다. 장강이 굽어 보이는 산 정상에 북망정(北望亭)이라는 정자가 있다. 여기서 손책, 손권, 주유가 수군의 열병식을 지켜보았다고 한다. 드넓은 장강을 가득 메운 채 일사분란하게 포진하였을 전함들을 지켜보며 매우 흡족해하였으리라.

| 북망정에서 내려다본 장강의 풍경

▌강가의 서새산　　　　　　　　　　　　▌서새산 포구

　　서새산은 바위산이다. 강변에는 철조망을 설치했던 철주가 10cm 정도 남아 있다고 하여 찾아볼 요량으로 산을 내려가다 보니, 송원(宋元)대의 유적들이 한두 개 보인다. 철주는 강변에 있다고 하는데, 위험하다는 이유로 출입금지 팻말과 함께 철조망으로 막아놓았다. 안타까운 마음으로 발길을 돌려 나오는데, 강가의 부두를 쇠사슬로 묶어놓았다. 손호 시절에도 이곳에 저처럼 쇠사슬을 설치하였으리라는 생각을 하며 오나라의 마지막 도성인 석두성(石頭城)으로 향하였다.

　　석두성은 지금의 남경(南京)시 서쪽의 청량산에 있다. 남경은 삼국 시대 이전에는 야성(冶城), 금릉, 말릉 등으로 불렸고, 삼국 시대에는 석두성 또는 건업이라고 불렀다. 남경이 전략상 요충지인 것은 역대 군사 전략가들도 인정해 왔다. 특히, 진시황제는 이곳에 왕기(王氣)가 서려 있는 것을 싫어하여 '말릉'이라고 고쳤는데, 말(秣)은 말(馬)을 키우는 데 사용하는 사료를 뜻한다. 건초를 잘게 썰어 놓은 것처럼 왕기가 서린 구릉 지역을 쳐부수어 버린다는 의미였다. 그렇다면 석두성은 언제 만들었을까.

"말릉(林陵)은 초무왕(楚武王)이 만들고 금릉(金陵)이라고 일렀습니다. 산등성이의 지세가 돌마루로 이어져 예부터 산 노인을 찾아가 물어보았더니 '옛날 진시황이 회계로 행차할 때 이 현을 지났는데 지관들이 이곳 금릉의 지형에 왕의 기운이 있다고 말하자 산줄기를 끊고 말릉으로 고쳤다'고 하였습니다. 아직도 그곳이 남아 있고 땅에서는 그 기운이 식지 않았으니 하늘이 지정한 곳입니다. 당연히 도읍으로 삼아야만 합니다."

　212년, 손권은 신하인 장굉이 천도론을 건의하자, 말릉을 건업(建業)이라고 고치고 석두성(石頭城)을 쌓았다. 석두성은 건업을 지키는 수비성이었다. 그래서인가. 산세를 이용하여 만든 성벽은 붉은색을 띤 암석이 기반이 되었다. 붉은 암석은 끊어질 듯 이어져 있는데, 어떤 부분은 5m 정도 되는 곳도 있다. 이런 암석을 멀리서 언뜻 보면 귀신의 가면이 걸려 있는 것처럼 보이는 까닭에 이곳 토박이들은 귀면성(鬼面城)이라고 부르기도 한다. 지금은 귀면성 아래에 커다랗게 석두성(石頭城)이라고 새긴 표지석이 있다. 현재 성벽 주위는 약

▎석두석 유적

▎귀면성이라 불리는 성두성벽

▎석두성 남문인 청량문

3.5km 정도이다. 성벽은 돌과 흙을 섞어서 만들었는데, 오나라 시대의 것은 암석 기반뿐이다. 지금 남아 있는 성벽은 명나라 시대에 다시 만든 것이다.

삼국 시대에는 석두산 기슭으로 장강이 흘러가고 있어서 석두성은 그야말로 견고한 요새 그 자체였다. 이러한 까닭에 손권은 '석두성에는 백여 리나 되는 곳까지 작은 강이 있어서 수군을 편성하여 훈련하는 데에는 이보다 더 좋은 곳은 없다'며 이곳의 지세에 매우 만족해 하였다.

이른 봄, 석두성은 아직 쌀쌀한 바람 탓인지 인적이 뜸하다. 석두성 성벽을 둘러보고 있노라니, 성 앞으로 흐르는 진회하(秦淮河)가 보인다. 손권이 천혜의 수군훈련지로 흡족해했던 곳이다.

석두성의 동쪽에는 나무가 우거진 언덕이 있는데, '주마파(走馬坡)'라고 부른다. 이곳은 공명이 말을 매어 놓고 말릉의 지세를 관찰한 곳으로, "종산은 마치 용이 서리어 있는 것 같고, 석두는 마치 호랑이가 엎드려 있는 것 같으니,

┃ 석두성 앞을 흐르는 진회하

┃ 석두성 동쪽에 있는 주마파

반드시 제왕이 나오는 곳이다."라고 평했던 곳이다. 그날 석두성의 역사는 촉박하였건만, 오늘의 석두성은 바람만 쓸쓸하다. 그 옛날 이곳을 찾은 당나라 시인 유우석도 오늘처럼 쓸쓸함을 맛보았던가.

산은 옛 도성을 에돌아 감싸고	山圍故國周遭在
조수는 텅 빈 성을 쓸쓸하게 치고 간다	潮打空城寂寞回
진회하 동쪽에는 그 옛날 달 떠올라	淮水東邊舊時月
깊은 밤 또다시 성가퀴를 넘는구나	夜深還過女牆來

　　석두성에서 10km정도 떨어진 곳에 종산이 있는데, 이곳 남쪽 산등성이에 손권의 묘가 있다. 후세 사람들은 이곳을 손릉강(孫陵崗)이라 부르다가, 1928년 쑨원(孫文)의 묘인 중산릉(中山陵)을 만들면서 6천여 그루의 매화를 심어 그때부터 매화산이라고 불렀다.

　　매화산 관매헌에 도착하였다. 매화꽃이 온 산을 뒤덮고 있는 것이 황홀함 그 자체다. 손권의 묘 뒤쪽으로는 명나라를 세운 주원장의 묘인 효릉(孝陵)이 있다. 주원장은 자신의 무덤을 이곳 산등성이에 만들기로 정하였는데, 능묘 입구에 손권의 묘가 있었다. 신하들이 능묘 입구 도로 건설에 방해가 되니 다른 곳으로 옮기자고 하였다. 그러나 주원장은 반대하였다. 손권도 예사롭지 않은 뛰어난 인물이었으니, 그대로 두고 나의 묘를 지키게

| 손권상

하라고 하였다. 그리하여 손권의 묘를 우회하여 길을 만들었고, 그 덕분에 손권의 묘는 오늘날까지도 잘 보존되어 있다.

손권은 252년에 건업에서 병에 걸려 죽었다. 그의 나이 71세였다. 유체는 먼저 떠난 아내인 보(步)씨 부인과 합장되었고, 무덤은 항간에서 오왕분(吳王墳)이라고 불렸다. 손권은 나이가 들면서 총명함이 사라졌다. 특히 황제로 즉위하고부터는 문무대신을 믿지 않고 자신의 아집만으로 정치를 하였다. 의심도 많아져 충신들을 죽이고 태자를 폐하며 백성들을 고통스럽게 하였다. 오나라의 국력이 쇠하였으니 손견과 손책이 쌓아 놓고 자신이 기반을 공고히 한 오나라가 당대를 넘기지 못하고 기울기 시작한 것이다. 게다가 손권 사후, 내부 집단의 권력 암투로 인해 국력은 더욱 피폐해졌다. 손권의 손자인 손호가 황제가 되었으나, 유능할 것이라는 평판과는 달리 폭군의 면모만 드러내었다. 손권의 말년부터 흔들거리던 오나라는 후계자논쟁으로 국가 기강이 무너지기 시작하여, 결국 손호라는 폭군을 황제로 내세움으로써 망국의 길로 치달렸고, 그와 함께 삼국 시대도 끝났다. 국가의 백년대계는 훌륭한 인재에 있음을 매화산 정상에서 절실하게 되새겨 본다.

호북성 의창의 갈주패(葛洲壩)에는 오나라 보천(步闡)이 이곳을 지키기 위해 쌓아 놓은 보루(步壘)가 있었다. 후일 보천이 진에 항복하자 육항이 빼앗아 별도로 성을 쌓고 육성(陸城)이라고 하였다. 그러나 지금은 갈주댐 공사로 인해 모두 없어졌다. 갈주댐 공사는 장강 연안의 무수한 유적과 자연 경관을 파괴하였다. 인간이 보다 나은 삶을 위해 자연을 개발하지만, 그것은 자연과의 상호 공존의 범위를 넘지 않아야 한다. 도가 지나친 개발은 도리어 인간생활의 파괴를 불러올 것이기 때문이다.

하남성 초작(焦作)은 사마의의 고향이다. 정주에서 낙양으로 가는 길에 빠듯한 일정을 쪼개어 사마의의 고향을 찾았다. 그런데 유적은 하나도 없고 빈 공터에는 사마의의 동상만이 홀로 서 있다. 이곳이 사마의의 집터였다고 한다. 중국 전역에 흩어진 유적지에는 나름대로 유적과 유물을 복원해 놓았는데, 어째서 이곳은 복원조차 하지 않았을까. 그것은 곧 위나라가 그랬던 것처럼 '선양'이란 못된 것만 배워 위를 멸망시키는 단초를 제공했기 때문일 것이다. '어떻게 살 것인가'는 항상 올바른 삶을 살아가기 위한 화두다. 해답은 후세인들에게 추앙받는 삶, 바로 그것인 것이다.

▌사마의의 집터에 세워진 그의 동상

손씨 정권의 탄생, 발전 그리고 필망(必亡)의 과정

오나라를 세운 손권은 손견의 둘째 아들이다. 손견은 17세 때 부친과 같이 지금의 항주(杭州)에 갔다가 해적을 무찌르며 이름을 날렸다. 특히 동탁을 토벌하는 과정에서 더욱 유명해졌다. 그는 자신의 앞길을 막고 발목을 잡으면 상대가 누구든 엄벌하였다. 하지만 저돌적인 용맹함이 화근이 되어 37세의 나이에 피살되었다.

맏아들인 손책이 손견의 사업을 이어받았다. 손책의 나이 18세였다. 손책은 부친과 마찬가지로 용맹하고 영민하였다. 서초패왕인 항우에 비견되어 소패왕이라고 불렸다. 그래서 주위에 인재가 넘쳤다. 오나라의 충신인 주유와 장소, 태사자도 손책의 신하였다. 진수는 손책을 이렇게 평하였다.

'기상과 절개가 호방하고 실천력이 뛰어났으며, 용맹과 날카로움은 천하에 으뜸이었다. 걸출한 인물들을 취하였으며, 포부는 언제나 천하의 통일에 두었다. 강동 땅을 다스리게 된 기반은 모두 손책이 만들었다.'

하지만 손책 또한 26세로 요절하였다. 용맹함이 넘쳐 교만했기 때문이다. 손책은 후임자로 동생인 손권을 지명하였다. 이때 손권은 19세였다. 손책이 손권을 지명한 것은 '수성(守成)'의 목적이었다. 무력에 의한 영토 확장은 손책 자신에 의해 이루어졌고 이제는 국익을 위한 정치적 재능이 필요했기 때문이다. 손권이 제왕의 자리에 오를 수 있었던 것은 장소의 결단 때문이었다. 그는 죽을 때까지 충심으로 손권을 보좌하였는데 이는 손책의 유언 때문이었다.

손권은 젊은 시절 정치를 잘하였다. 인내심이 강하고 충언에 귀를 기울이며 견실하게 기반을 굳혔다. 그러나 말년은 그렇지 못하였다. 71세까지 장수하며 장악한 권력은 유아독존적 성격으로 굳어져, 교만하고 시기하며 인재를 함부로 해치기까지 하였다. 또한 후계자 문제로 국정을 어지럽히는 등 실정(失政)으로 일관하였다.

손권에게는 7명의 아들이 있었다. 초기에는 맏아들인 손등을 후계자로 삼아 순탄한 듯하였으나, 그가 병으로 일찍 죽었다. 둘째 아들도 이미 없는지라, 셋째 아들 손화(孫和)를 태자로 세웠다. 손권은 넷째 아들인 손패(孫霸)도 총애하였는데, 그 총애함이 손화와 다름이 없었다. 적자와 서자의 구별이 엄격한 시대에 태자와 왕자의 서열이 애매하니 태자는 항상 불안하고, 손패는 총애의 힘을 믿고 욕심을 부렸다. 신하들도 양분되어 권력 쟁탈을 위한 암투가 심해지니, 나라의 기강이 해이해지는 것은 명약관화한 일이었다.

이러한 때, 손권은 시비를 판단할 능력이 떨어져 우유부단한 태도를 취하였다. 이 틈을 타고 간신배들이 득세하였다. 감언이설과 참언, 유언비어 등을 날조하여 상대방을 무너뜨림으로써 자신의 입지를 공고히 하였지만, 이는 국가의 기강을 뿌리째 흔드는 일이 되었다.

결국 손권은 태자인 손화를 유폐하고 이에 반대하던 신하들을 주살하였다. 그와 함께 손패와 그를 따르던 간신배들도 처형하였다. 그리고 8살의 어린 막내아들인 손량(孫亮)을 태자로 세웠다. 8년간의 후계자 문제로 당사자는 물론 유능한 신하들도 낙엽처럼 사라졌으니 이제 국가의 존망 자체가 근심덩어리가 되었다. 손량도 얼마 못 가 퇴위하고 여섯째 아들인 손휴(孫休)가 즉위하였으나, 정치에 관심이 없었다. 264년 손휴가 병사하고, 폐세자 손화의 아들인 손호가 즉위하였다. 신하들이 총명하리라고 믿었던 손호는 지독한 폭군으로 변하였다. 너무 총명한 나머지 어찌할 수 없는 멸망의 기운을 느꼈는지도 모른다.

후계자 문제가 발단이 된 오나라 필망(必亡)의 과정은 비단 오나라만의 이야기가 아니다. 봉건 사회의 보편적인 역사다. 또한 후계자 책봉은 시대가 변함에 따라 일부 귀족층의 전유물에서 국민 모두에게로 옮겨져, 오늘날도 변함없이 중요한 문제로 작용한다. 역사는 인간이 잘한 것뿐만이 아니라 인간이 잘못한 것에 대해 새롭게 명심할 것을 깨우쳐 주려고 애쓴다. 그러나 깨우침의 주체가 되어야 할 인간은 이를 잘 받아들이질 않는다. 역사는 단지 옛날이야기일 뿐이라는 생각이 팽배하기 때문이다. 그러므로 역사가 아무리 목 놓아 외쳐도 들리지 않고, 들리지 않으니 보이지도 않는 것이다. 하찮은 것일지언정 역사를 제대로 살펴보는 정신이 오늘과 내일의 새로운 역사를 써 나가는 진정한 척도가 되는 것이다.

절절한 이야기 서린 장강 삼협을 보다

장강은 넘실넘실 동쪽으로 흐르는데	滾滾長江東逝水
영웅은 물거품처럼 다 사라졌구나	浪花淘盡英雄
시비 성패도 한갓 순간이로다	是非成敗轉頭空
청산은 옛날 그 자리인데	靑山依舊在
노을은 몇 번이나 붉음을 반복했는가	幾度夕陽紅
강가의 어부는 백발이 되었어라	白髮漁樵江渚上
가을 달 봄바람은 어느 때나 보는 것	慣看秋月春風
한 병 탁주로 반갑게 마주 앉아	一壺濁酒喜相逢
고금의 숱한 일들을	古今多少事
모두 다 우스개로 붙여나 보자	都付笑談中

장강(長江)은 중국을 대표하는 명승 풍광지이다. 그중에서도 첩첩준봉
에 거센 물결 용솟음치는 삼협(三峽)은 그에 걸맞게 역사와 문화가 찬란한 곳이

다. 영웅호걸들의 무대가 이곳이었고, 시인 묵객들의 발자취가 그 뒤를 이었다. 삼국 시대의 역사 또한 이곳이 주요 무대였다.

　　장강 삼협은 구당협(瞿塘峽), 무협(巫峽), 서릉협(西陵峽)를 말하는데, 사천성 봉절현(奉節縣) 백제성의 기문(夔門)에서부터 호북성의 의창(宜昌)시 남진관(南津關)까지 약 300km를 일컫는다. 그러나 장강이 절벽을 따라 흐르는 것은 사천성 중경(重慶)을 지나 풍도(豐都)에 들어서면서 시작되기에 풍도, 충현(忠縣), 만현(萬縣), 운양(雲陽)까지도 삼협에 포함시킨다.

　　장강의 동쪽 지역에서 서쪽 사천성의 지역으로 가기 위해서는 1,500m의 고산준봉을 지나야 하는데, 첩첩이 돌아드는 산맥은 육로를 허용하지 않는다. 설령 육로가 있다고 하더라도 시일이 오래 걸린다. 유일한 방법이자 최선의 길은 장강 삼협을 통과하는 것이다. 그러므로 삼협은 사천성과 장강 중하류 지대를 오가는 길목이 된다. 삼국 시대 영웅들도 이러한 삼협의 지형적 이점을 최대한 살렸다. 나아가 천군만마의 효과를 얻었다.

❘ 중경의 장강 삼협 유람선 선착장

장강의 수호묘인 만현의 석보채

충현은 엄안(嚴顔)의 고사가 있는 곳이다. 장비에게 붙잡힌 엄안이 비굴하지 않고 의연한 태도를 보이자 장비가 감격하여 크게 칭찬하였는데, 충현(忠縣)이란 지명도 엄안의 이러한 충신(忠信)의 마음을 기리는 것이라고 한다. 장강의 수호묘인 석보채(石寶寨)로 유명한 만현은 삼협을 관리하는 곳이다. 석보채는 절벽을 따라 12층의 건물이 경이로운 모양으로 서 있지만, 9층까지는 절벽에 붙어 있고 3층이 절벽 위에 있다. 하늘을 향해 날아가려는 형상의 이 건물은 지금도 '세계 8대 건축 기법'으로 지은 건물임을 자랑한다. 이러한 건축물이기에 많은 시인과 명사들이 이곳을 찾아 수많은 명문(名文)을 남겼다. 현재는 수위의 증가로 석보채가 하나의 섬이 되었다.

새벽의 장강 삼협

장강 삼협이 시작되는
백제성 앞의 기문

백제성과 구당협

　　백제성으로 이름 높은 봉절은 촉한의 유적이 많은 곳이다. 특히 이곳의
삼협은 '오보일장탄(五步一長歎)'이란 말이 알려주듯이, 급경사와 단애로 되어
있어 탄식밖에 나오지 않는 험한 곳이다. 그래서 제갈량은 이곳에 팔진도를 펼
쳐 오나라 육손의 부대를 물리치기도 하였다. 봉절현에서 동쪽으로 1km 지점
에 팔진도 유적이 있다.

　　팔진도는 천문지리와 병법에 능한 제갈량이 교묘하게 축조한 것으로 장
강의 작은 지류인 매계하(梅溪河)의 합류점에 있는데, 길이는 1km이고 폭은 수
백 m에 이르는 보루이다. 팔진도의 진지와 보루는 청나라 때에도 있었으나, 현
재는 강물의 원활한 흐름을 위해 제거되고 잔해만 남았다. 강물이 불어나 볼 수
없는 것이 매양 안타까웠다. 북위 때 지리학자인 역도원(酈道元)도 장강 삼협을
여행하고 글을 남겼다.

　　'삼협에서 장장 칠백 리. 양쪽 언덕에는 준봉이 연이어져 끊긴 곳이 없고, 첩
첩 바위산이 하늘과 해를 가려, 한낮이나 한밤중이 아니면 해도 달도 볼 수 없도다.'

역도원이 삼협을 본지 천 오백여 년. 삼협댐의 완공으로 수면이 높아졌어도 구당협의 봉우리들은 한 치의 변함도 없이 하늘을 가릴 듯 솟아있다. 기암괴석과 암벽이 그야말로 변화무쌍하다. 강폭이 좁아 강물은 우렛소리 울리며 소용돌이치니 일만의 기마병이 내달리는 것 같다. 최고의 실력자가 조정하지 않으면 배는 좌초와 전복되기 일쑤라니, 가히 위험천만한 길이 아니고 무엇이랴.

그래도 유람선은 물살 팡팡한 구당협을 무사히 헤쳐 나간다. 협곡 사이로 흐르는 커피색 강물은 흡사 유람선이 길 위를 지나는 것 같다. 몸과 마음도 자연경관이 빚어낸 풍광에 녹아든다. 순간 거대한 황갈색의 절벽이 앞을 막는다. 일명 풍상협(風箱峽) 석문이다. 수직으로 우뚝 선 절벽은 감히 인간의 손끝을 허락하지 않을 듯싶다. 이곳은 우왕이 삼협을 열어 물을 통과시킬 때 바람을 가두었다는 전설이 있는 곳이다. 풍상협 암벽 이곳저곳에는 고대 파국인(巴國人)들이 그들의 신앙을 따라 절벽에 죽은 자의 시체를 보관하는 현관(顯棺)을 올렸던 흔적들이 있다. 절벽이 기후적으로 부패하지 않고 사람들의 손때도 타지 않아 시신을 오랫동안 보존할 수 있었기 때문에 이러한 장례법이 생겨난 것이다.

구당협을 지나면 무협에 이른다. 무협은 무산십이봉(巫山十二峰)으로 이름이 높다. 2천 m 이상의 준봉들이 기기묘묘한 형상으로 하늘을 가리고 서 있는 것이 일품이다. 봉우리가 높고 계곡이 많아 안개가 자욱하니 이 또한 한 폭의 동양화를 보는 듯하고, 그 속을 헤집고 지나가노라니 동양화 속의 주인공이 된 듯하다. 광풍과 빗줄기가 쏟아진다 싶더니 금방 날이 갠다. 이곳 사람들은 무협의 이러한 기후 변화에 대해 '비 개인 후 무산 절벽은 어여쁘게 단장한 여인과 같고, 돌풍과 취우(驟雨)를 동반한 산협의 빗줄기는 장군의 노호(怒號)와 같다'고 말한다. 무산십이봉 중 집선봉(集仙峰) 기슭에는 제갈공명비가 있다. 이곳에는 공명이 썼다는 '중애첩장무협(重崖疊嶂巫峽)' 글씨가 지금도 절벽에 커다

랗게 새겨져 있다. 무협에는 또한 중국에서 보기 드물게 맑은 강물이 흐르는 소
삼협이 있다. 그리하여 이곳의 풍광이 삼협을 능가한다고도 말한다.

▌ 무산십이봉의 험준한 모습들

▌소삼협의 잔도 풍정

　　소삼협은 장강 삼협에서 볼 수 없는 아기자기함이 맑은 물과 함께 선경 (仙境)을 보는 듯하다. 높다란 바위에는 석순이 늘어졌고, 그 옆으로는 작은 폭 포가 흰 포말을 일으키면서 강으로 곤두박질친다. 바위 색들 또한 형형색색 아름다움을 뽐낸다. 장강 삼협에는 원숭이가 많은데, 특히 소삼협에 많다. 하지만 예전 같지 않아 눈에 띄지 않는다. 두보는 원숭이의 울음소리가 한없이 처절하여 눈물이 흐른다고 노래했는데, 그때의 원숭이들은 다 어디로 갔을까. '단장(斷腸)의 아픔'도 과거의 고사로만 남아있는 듯싶다.

현관(顯棺)의 흔적이 있는 절벽을 지나노라니 구멍 뚫린 바위산이 즐비하다. 바로 장강의 고잔도(古棧道)다. 굽이치는 장강의 절벽 옆을 깎거나 바위에 구멍을 뚫어 나무판을 깔아 만든 잔도는 그 폭도 동시에 서너 명은 다닐 수 있다. 그 옛날 이러한 길을 만들었다는 것은 상상만 해도 엄청난 일이다. '촉과 한이 통하는 길은 천리 잔도뿐'이라는 말이 있지만 인간의 상상력은 가공할 위력을 함께 가지고 있는 것임을 새삼스레 깨닫는다. 예전에는 바위 절벽의 잔도를 바라만 보았는데, 이제는 장강의 수위가 높아져서 잔도를 거닐 수도 있게 되었다.

▌ 삼협댐 완공 이전의 병서보검협

▌ 삼협댐 완공 이전과 이후의 장강변의 마을

　　삼협 중 가장 긴 서릉협은 굴원과 왕소군의 유적이 있어 시인 묵객들의 많은 노래가 전해져 온다. 삼국 시대의 유적으로는 촉의 제갈량이 병법서와 보검을 숨겨 두었다는 '병서보검협(兵書寶劍峽)'이 있다. 바위의 모양이 책을 쌓아 놓은 듯, 검을 세워 놓은 듯한 모습이다. 지금은 삼협댐의 완공으로 병서보검협의 멋진 모습도 장강이 숨겨 버렸다. 삼협댐 건설로 수몰되어야만 하였던 마을들도 새롭게 생긴 것이었다. 새로 건설된 도시들마다 공통된 특징이 있는데, 장강을 오갈 수 있는 대교가 건설된 것이다. 옛 고향은 물에 잠겼지만 보다 편리한 생활을 할 수 있으니 삶의 만족도는 높아진 것인가.

　　삼협의 마지막 코스는 의창의 남진관이다. 이곳에 이르면 험준하였던 산맥은 언덕으로 변하고 평지로 스러진다. 우레 같던 물보라도 소리를 죽이고, 망망대해의 장강이 된다. 남진관은 삼협 동쪽에 위치한 천혜의 요새다. 유비가 이곳에서 세력을 펼쳤고, 북으로 위나라와 동으로 오나라를 견제한 곳이다. 촉

▌삼협댐 갑문

나라는 삼협의 입구인 이곳만 막으면 국토를 보전할 수 있었다. 제갈량이 심혈을 기울인 것도 이러한 까닭이었다. 삼국 시대뿐 아니라 수많은 역사와 문화 유적을 간직한 장강 삼협도 삼협댐의 건설로 많은 유적이 물에 잠겼다. 경제 발전을 위해 수많은 문화유산이 수몰된다는 것은 매우 안타까운 일이다. 개발과 보존은 동전의 양면과도 같아서 함께하기 힘든 것인가. 거대한 삼협댐을 빠져나오며 지나온 장강을 되돌아본다.

▌ 무한의 장강삼협 출발점인 서릉협의 시작점

▌ 삼협댐 조감도

"밤낮없이 흘러가는 장강이여, 물어보자. 그대 품에 오르내리며 나라를 걱정하고 세상 돌아감을 한탄한 영웅과 선비들이 그 몇몇인가? 그들은 지금 어디에 있는가? 저 강기슭 바위 사이 피어 있는 산꽃은 몇천 번을 피고 지었으며, 그 결실들은 다 어디로 흘러갔는가? 가는 것은 세월이고 흐르는 것은 강물이라면, 멈춘 것은 발걸음이요 애틋한 것은 마음뿐인가!"

▌ 서릉협 풍경

천하는 공물(公物)이다

맹자는 천하 만물과 오래된 것은 한 번 다스려지고 한 번 혼란하다고 하였다. 이러한 중국인의 사고방식은 『삼국지연의』의 바람을 타고 번져 갔다. 그리하여 '무릇 천하의 대세는 나누어진 지 오래면 반드시 합쳐지고, 합쳐진 지 오래면 반드시 나누어지는 법이다.'라는 개념을 정립한다. 『삼국지연의』의 시작과 끝은 바로 이러한 순환론적 역사관으로 이어진다. "『삼국지연의』를 세 번 읽지 않은 사람과는 이야기도 하지 말라."라는 말이 있듯이 천팔배 년이 지난 오늘도 그 인기는 시들지 않는다. 경영학에서부터 처세술, 리더십, 외교학에 이르기까지 다양한 방면에서 파생 상품을 만들어 냈고, 지금도 쉬지 않고 새로운 분야의 문화를 일구어 내고 있다. 이같은 오랜 인기의 비결은 난세를 살아가야 하는 인간의 행동 지침이 고스란히 담겨 있기 때문일 것이다.

역사는 위나라의 승리로 끝났다. 하지만 소설은 유비와 제갈량을 주인공으로 하는 촉한 정통론에 근거한다. 촉한 정통론은 위정자들이 정치적 이데올로기의 창출과 이를 통한 권력의 유지를 위해 만들어 낸 장치다. 충성, 믿음, 의리, 덕망 등은 민중을 지배하는 데 유용한 도구일 뿐더러, 중국 대륙을 차지한 민족에 대항하는 한족의 대응 논리로도 훌륭한 것이기 때문이다. 촉한 정통론은 한족의 기질과 역사적 소망 그리고 대륙적 통일의 염원을 담고 있는 것이다. 『삼국지연의』를 숙독하면 중국인을 알 수 있다는 말도 이러한 까닭에서다. 『삼국지연의』는 중국에서도 광풍처럼 인기가 높은데, 그 열풍은 예전과 다르다.

　개혁·개방 정책을 거쳐 세계 2위의 경제 대국으로 성장한 중국은 세계 최고의 인구를 발판으로 세계 시장 대부분을 점유하고 있다. 특히 최근에는 '일대일로(一帶一路)'와 '중국몽(中國夢)'에서 보듯 7~8세기 실크로드의 전성기를 되찾고자 동분서주하고 있다. 이제 분구필합(分久必合)의 정신은 중원을 넘어선 지 오래이며, 영토 개념 없이 전 세계를 종횡무진하고 있다. 이러한 흐름의 앞과 뒤에 『삼국지연의』가 있다.

　천하를 차지하기 위한 인간의 쟁투, 그것이 역사다. 이러한 쟁투는 각자의 소망을 담는다. 하지만 역사는 무뚝뚝하여 소망이나 가정을 필요로 하지 않고, 소망대로 진행되지도 않는다. '소망하는' 역사란 오직 인간의 사고 속에서만 존재한다. 역사는 천하의 모든 민족에게 골고루 기회를 준다. 천하는 개인이나 한 민족의 것이 아닌 공물(公物)이기 때문이다. 그럼에도 불구하고 인간은 오늘도 영원히 차지할 수 없는 것에 대한 무한한 동경, 천하를 다 가지고 '위대한'이라는 수식어를 붙이고 싶은 욕망에 사로잡혀 있다. 인간의 천성적 기질이 개인일 경우에는 공자의 편이지만, 집단일 경우에는 순자의 편을 들기 때문인가.

> 인간사 시비성패 부질없는 것
> 청산만 예전 그대로 있으니
> 한 병 탁주로 반갑게 마주 앉아
> 동서고금 이야기로 밤새 웃어나 보자

　흥망성쇠의 변주도 결국은 자연을 벗어나지 못하고, 인간의 욕심과 사고도 자연 속에 있는 것이니 천하가 공물이되 그 주인 역시 자연인 것이다.

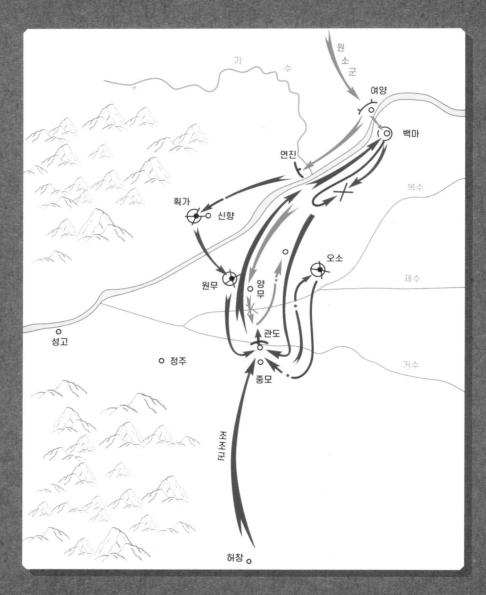

관도대전도

적벽대전도

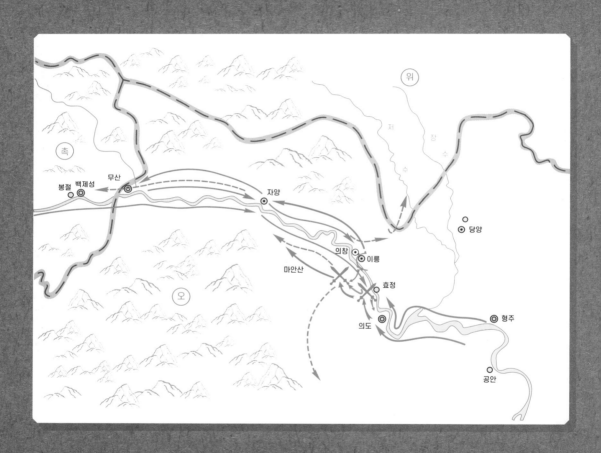

이릉대전도

삼국지 기행

❶❷

Foreign Copyright:
Joonwon Lee
Address: 3F, 127, Yanghwa-ro, Mapo-gu, Seoul, Republic of Korea
          3rd Floor
Telephone: 82-2-3142-4151, 82-10-4624-6629
E-mail: jwlee@cyber.co.kr

삼국지 기행 2

2009. 10. 30. 1판 1쇄 발행
2010. 10. 20. 1판 3쇄 발행
2023.   5. 24. 개정증보 1판 1쇄 발행

지은이 | 허우범
펴낸이 | 이종춘
펴낸곳 | BM (주)도서출판 **성안당**

주소 | 04032 서울시 마포구 양화로 127 첨단빌딩 3층(출판기획 R&D 센터)
      | 10881 경기도 파주시 문발로 112 파주 출판 문화도시(제작 및 물류)

전화 | 02) 3142-0036
      | 031) 950-6300
팩스 | 031) 955-0510
등록 | 1973. 2. 1. 제406-2005-000046호
출판사 홈페이지 | **www.cyber.co.kr**
ISBN | 978-89-315-5992-7 (04910)
정가 | 25,000원

이 책을 만든 사람들
기획 | 최옥현
진행 | 오영미
교정·교열 | 신현정
본문·표지 디자인 | 강희연
홍보 | 김계향, 유미나, 이준영, 정단비, 김주승
국제부 | 이선민, 조혜란
마케팅 | 구본철, 차정욱, 오영일, 나진호, 강호묵
마케팅 지원 | 장상범
제작 | 김유석

■ 도서 A/S 안내

성안당에서 발행하는 모든 도서는 저자와 출판사, 그리고 독자가 함께 만들어 나갑니다.
좋은 책을 펴내기 위해 많은 노력을 기울이고 있습니다. 혹시라도 내용상의 오류나 오탈자 등이
발견되면 "좋은 책은 나라의 보배"로서 우리 모두가 함께 만들어 간다는 마음으로 연락주시기
바랍니다. 수정 보완하여 더 나은 책이 되도록 최선을 다하겠습니다.
성안당은 늘 독자 여러분들의 소중한 의견을 기다리고 있습니다. 좋은 의견을 보내주시는 분께는
성안당 쇼핑몰의 포인트(3,000포인트)를 적립해 드립니다.

잘못 만들어진 책이나 부록 등이 파손된 경우에는 교환해 드립니다.